DESNUDO

JOMARI GOYSO

HarperCollins *Español*

Editora en Jefe: *Graciela Lelli*
Edición: *Marta Liana García*
Diseño Interior: *Grupo Nivel Uno, Inc.*

ISBN: 978-1-41859-793-1

Impreso en Estados Unidos de América
18 19 20 21 22 DCI 9 8 7 6 5 4 3 2 1

CONTENIDO

JOMARI... UN LIBRO ABIERTO...

Por María Antonieta Collins

No pertenezco al círculo íntimo del diario ir y venir en sus redes sociales. Es más, quizá solo en una ocasión me tomó una foto que ha subido en su cuenta de Instagram; a pesar de eso, primero sin pensarlo y después sin pretenderlo, me ha tocado vivir dos decisiones fundamentales en su vida profesional: la primera vez que estaría como presentador en un show de televisión en vivo, y años después, esta puesta en escena de su vida hecha un libro.

De lo que hubiera sido su primera aparición en vivo, en la televisión, no me enteré sino hasta años después, cuando él me lo contó, y leí el capítulo en el que a todo lo fallido en su vida le llamaba «la maldición Collins», porque resulta que el día más soñado por él: cuando iba a debutar haciendo lo que tanto quería... yo, «la Collins», precisamente ese día le arruiné su sueño, ya que decidí anunciar que no renovaría contrato y, por lo tanto, ya no hubo show para Jomari.

Después, la vida unió nuestros caminos y, a la distancia, en ocasiones le hice sugerencias, sin lugar a dudas encaminadas a que escribiera un libro.

Estuve segura de que lo haría cuando lo vi llorar en televisión nacional recordando uno de sus más dolorosos pasajes personales, o cuando se vio envuelto en la controversia por un malentendido con Ana Patricia Gámez, presentadora del show Despierta América, y a raíz del cual la gente tomó partido a favor y en contra.

La forma en que salió avante en aquellas dos ocasiones, con dos riesgosos temas, y la manera en que el público lo respaldó, me hicieron decirle que esa era la clave para poder escribir un libro que enseñara a otros cómo salir adelante con la corriente en contra.

Pero el asunto del libro no fue fácil.

Él hizo las cosas «a su aire», como dicen en su tierra. Y de pronto, un buen día me entregó uno de los pocos manuscritos que imprimió. Este tenía mi nombre, y con su brutal claridad, «el niño terrible» de la televisión vespertina me lo dio con una especial petición...

«Espero que lo leas y me digas qué te parece y qué no. No necesito halagos, Collins, sino únicamente la verdad. Como sea, pero la verdad».

Le prometí tener el veredicto en una semana, y así sucedió. Le dije no solo lo bueno, sino lo que creía debía ser modificado, y así lo recibió.

Lo que menos me imaginé es que días después me daría el honor de escribir este prólogo, que es como ser escogida madrina de bautizo de un hijo. En este caso, del primogénito, lo que tiene un doble significado.

Bien dicen que las mejores historias no son las que se publican, sino lo que queda en el tintero; así sucedió con estas memorias.

Un buen día, Jomari, con esos enormes ojos que al mirar son como los de Bambi, el de Walt Disney, vino a preguntarme: «¿Podrías escribir el prólogo de mi libro?». Me quedé gratamente sorprendida, en especial porque cuando lea las páginas siguientes, se dará cuenta de que el universo de amigas-estrellas de Jomari es infinito, y que cualquiera de las que han vivido su historia desde el principio: Alaska, Penélope Cruz, su hermana Mónica, o la misma madre de las Kardashians pudieron haberlo escrito con una firma rimbombante, pero Jomari me escogió a mí, a «la Collins» como siempre me llama.

Y hoy soy yo la que le dice a usted que está leyendo estas líneas:

Aquí va a encontrar el alma de un joven tan inmigrante como somos todos, que supo del hambre y de no tener dinero, tan sincero y apasionado de lo que cree como deberíamos ser todos, y en especial, alguien para el que la palabra no, simplemente no existe, y también alguien que ha construido una coraza contra lo malo que le lancen.

En estas líneas se explicará la compasión y el entendimiento hacia sus entrevistadas, a quienes transforma con su «Jomari Love» para que tengan una vida mejor, porque él mismo requirió de otros personajes que lo llevaron hasta donde había soñado.

Ahora soy yo la que quiero decirte algo, mi querido Jomari:

Gracias, porque al leerte pude sentir que te acompañaba en este recorrido, y gracias también por enseñarnos en todas estas páginas, que lo importante en la vida no es cómo atraviesas el escenario... sino la forma en que lo haces y la ovación que te llevas en el trayecto.

Amén.

MIAMI, FLORIDA, ENERO DE 2018

1.

¡Salta!

Me miré en el espejo del camerino que llevaba mi nombre. Enfundado en mi traje nuevo azul oscuro me sentía elegante, preparado para hacer realidad mi gran sueño. ¡Estaba tan emocionado que hasta me veía guapo! Dios estaba de mi lado, porque esa mañana amanecí incluso sin mis acostumbradas ojeras. Todo parecía confabularse para que mi gran debut fuera perfecto: en pocas horas sería el cuarto juez de Nuestra Belleza Latina, algo que jamás había pasado antes en la historia del programa. Iba a ser uno de los principales personajes del *show* número uno de la televisión en Estados Unidos. Mi jefe me había llamado una semana antes con la noticia: «Te has ganado ser el cuarto juez, el público te quiere y pondremos una silla más por primera vez». ¡Wow! No me lo podía creer. Tantos sacrificios y años de trabajo, al final se iban a ver recompensados. Y para semejante ocasión, me había ido a Tom Ford y me había comprado ese traje de diseño que apenas podía pagar. Mi público merecía eso y mucho más; ellos esperaban verme triunfante y yo quería que me vieran mejor que nunca.

Mientras salía de mi camerino y caminaba hacia el set, sentía que la emoción me hacía estremecer. Solo quedaban veinte minutos para que iniciara el *show*, y una productora salió a mi encuentro para acompañarme hasta la silla. Mientras el técnico me acomodaba el micrófono en la solapa, llegó otra productora medio alterada y exclamó:

—¿Por qué le pones ese micrófono? Jomari no es juez.

Yo, todavía más nervioso de lo que estaba, le respondí:

—Sí, esta semana comienzo, voy a ser el cuarto juez.

—Déjame checar, porque a mí no me dijeron eso —me replicó la mujer.

Y ahí mismo, rodeado de productores y técnicos, y ante los cientos de ojos de la audiencia sentada en las gradas, escuché las malditas palabras.

—No, me acaban de confirmar que Jomari ya no va a ser juez, quítenle el micrófono.

En ese instante, todo se tiñó de negro a mi alrededor. Yo quería desaparecer, que me tragara la tierra, que se fundieran todos los focos y ese set quedara a oscuras, y que nadie me viera salir derrotado y humillado. Mi cabeza daba vueltas; no lograba entender nada. Por momentos, pensé que se trataba de un malentendido, de una broma pesada que alguien me estaba gastando. Pero cuando vi a los otros jueces llegar y hacer gestos entre ellos con cierta complicidad, me di cuenta de que ahí yo no pintaba nada. Me sentí despreciado, fuera de lugar y rechazado. Y lo único en lo que podía pensar era en saltar... saltar al vacío y terminar con esa pesadilla. Saltar y ponerle fin a todo lo que me hería por dentro y por fuera. Entonces mi mente voló lejos en el tiempo, hasta el Josemari de cinco años parado frente a aquel enorme ventanal...

✳✳✳

Era invierno. De eso me acuerdo porque el sol se escondía temprano, y el pueblo quedaba oscuro y frío. Yo veía ese atardecer por el ventanal grande de la sala principal de la casa, situada en el segundo piso. Toda la primera planta la ocupaba un almacén donde mi padre guardaba las máquinas y los útiles del campo. Arriba teníamos la vivienda, cómoda y caliente, aunque para mí no resultaba ni tan cálida ni tan acogedora, porque lo único que veía era ese enorme ventanal de la sala principal, que me llamaba con desesperación.

Esa sala estaba repleta de fotos de mis abuelos, en blanco y negro, y tapetes de ganchillo que mi madre tejía. Un sofá de piel oscura ocupaba el centro de la habitación, y frente a ese enorme ventanal que tanto me atraía, había una mesa redonda de madera, de esas antiguas que tenían espacio para un brasero debajo.

En esa tarde en específico, que recuerdo como si fuera hoy, mi padre llegó como siempre a las ocho. La hora de la cena era sagrada, y todos debíamos sentarnos juntos en la mesa de la cocina. Mi madre comenzó a servirnos los platos, con el menú habitual: sopas de ajo acompañadas de la típica tortilla de patata. Mi padre estaba más silencioso que de costumbre. Mi madre le debía de haber contado algo que lo molestó; lo podíamos leer en su rostro.

—Josemari, ven —me ordenó mi padre de repente, mientras se ponía de pie y me agarraba de la mano. En dos zancadas me llevó hasta la sala y se detuvo frente al enorme ventanal.

—Me dice tu madre que otra vez estás con la misma tontería ¿Que te quieres tirar por la ventana? Pues tírate... —mi padre me hablaba firme, pero sin levantar la voz, mientras abría el ventanal y el frío de la noche se colaba por toda la sala—. ¿No le dices a tu madre que quieres saltar? Pues salta.

Me quedé helado frente a esa ventana abierta de par en par. Helado de miedo, no del frío que venía de afuera.

—¿Vas a saltar? —me retó por última vez, antes de cerrar la ventana y dejarme solo, todavía inmóvil, en medio de esa sala llena de muebles gigantes y retratos antiguos.

Recuerdo esta escena detalle a detalle, aunque no me acuerdo muy bien por qué quería saltar. Recuerdo que siempre le gritaba a mi madre:

—¡Me voy a tirar por la ventana, me voy a tirar!

Me acercaba a esa ventana y mi madre me decía, consumida por los nervios:

—Hijo mío, no digas eso... ¿pero por qué?

Se lo decía muchas veces, con ganas y con coraje, y mi madre me guardaba el secreto, no se lo contaba nunca a mi padre para no meterme en problemas. Lo recuerdo perfectamente. Lo que no recuerdo es exactamente por qué sentía esa terrible necesidad de saltar al vacío.

Yo solo sabía que tenía seis añitos y muchas ganas de desaparecer. Solo sabía que no era lo que todos esperaban que fuera, y me aterraba la idea de que para sentirme aceptado tuviera que cambiar. Me daba miedo dejar de ser yo.

T odo es el principio,
nada es el final. Todo
es un acto de defensa
generado por el dolor.

JOMARI GOYSO

2.

El hijo que no era

—Josemaría, por el amor de Dios, estás loco, vas a matar a tu hijo —mi tía le rogaba a mi padre desde el balcón, llorando, asustada ante la escena que veía frente a la casa.

—Que no le va a pasar nada. Yo a su edad ya trabajaba en el campo. Mira —me decía mi padre, ignorando las súplicas de mi tía Pura—, pon el pie aquí, en este pedal, y si no alcanzas, ponte de pie sin soltar el volante.

Yo tendría unos diez años, y el enorme tractor donde me había subido mi padre me aterraba. Me aterraba la cosechadora, con sus aspas afiladas, y me aterraban las máquinas de labrar. Pero más me aterraba decirle a mi padre, el héroe de la familia, el que se partía la espalda trabajando duro todos los días, el que soñaba con ese hijo que un día se quedaría con todas sus tierras, que a mí no me gustaba el campo, ni los animales, ni sembrar, ni cosechar, y mucho menos los tractores ruidosos y con ruedas que parecían que iban a aplastarme si me caía del asiento. Yo lloraba en silencio, agarrado con todas mis fuerzas a ese volante enorme de metal, porque no podía ser quien mi padre quería que fuera.

—Bueno, así, muy bien. Ya sabes frenar y acelerar. Te veo en la granja en diez minutos. Arranca —mi padre me dio la orden, se bajó de mi lado y se fue por el camino en su Citroen viejo, dejándome solo al mando de semejante monstruo.

Ese día, cuentan los vecinos, vieron pasar un tractor rumbo a la granja de los González, y más de uno creyó que estaban viendo una aparición: que un fantasma manejaba el vehículo que daba vueltas y se detenía por el camino del río sin nadie al volante.

—Juro que el tractor iba solo —le comentaba un granjero vecino al otro, esa tarde en el bar.

Y es que, con diez años recién cumplidos, yo apenas podía levantar la cabeza por encima del volante. Estiré tanto el cuello y el pie, que alcancé a ver por donde iba y a frenar cuando tenía que frenar. No pasé de segunda velocidad, pero llegué de una pieza a la granja, donde mi padre me esperaba.

—Aquí estás, ¿no? —me gritó mi padre feliz, mientras me daba una palmada en la espalda—, ¿ves que no era tan difícil?

A mí no me dio ninguna alegría. Ninguna. Quería salir corriendo de regreso por ese mismo camino que había llegado, y no parar hasta perderme de vista.

Al año siguiente, el sueño de mi padre y su heredero seguía creciendo, y yo seguía mirando el enorme ventanal, pensando que era muy difícil ser lo que los demás quieren que seas.

—Este verano ya estás más grande, Josemari —me dijo mi padre cuando estaba a punto de terminar tercer grado—, y si apruebas todas las materias con buenas notas, te pondré a trabajar conmigo en la granja solo hasta el mediodía. Si suspendes alguna, trabajarás todo el día, sin ir a la piscina ni a jugar. ¿Te queda claro?

Me quedó clarísimo. Tanto que aprobé todo con excelentes calificaciones. En gran parte fue porque mi madre se sentaba conmigo y con mi hermana María todos los santos días para ayudarnos con las tareas. Pero reconozco que esos meses me esmeré más que nunca para no tener que trabajar en la granja desde la mañana hasta la noche.

El primer día de vacaciones, mientras mi hermana y mi prima se alistaban para pasar el día en la piscina con las amigas, mi padre me esperaba subido al Citroen para llevarme a la granja. Mi primera tarea sería caminar entre los más de diez mil pollos que estaban criando, y recoger los que estuvieran muertos. Yo me sentía diminuto por esos pasillos interminables, entre las filas de aves ruidosas, deteniéndome aquí y allá cuando veía a algún pobre animal que no se movía. Primero los tocaba con un dedo, deseando que se levantaran, que estuvieran vivos. Si no se meneaban, los agarraba por las patas, y colgando boca abajo, los sacaba a un cubo de basura enorme junto a la puerta. Luego, me los quedaba mirando, con sus alas abiertas y sus ojos cerrados. ¿Estarán ahora en paz? Me preguntaba, pensando en esas vidas siempre encerradas, sin nunca llegar a saber lo que es la libertad.

La siguiente tarea de ese verano para el hijo heredero fueron los cerdos. Mi padre me ordenó vacunar a los que estaban enfermos. El veterinario llegó y marcó a los que tenían alguna infección y los puso a todos juntos en una misma cochinera. Diariamente alguien les tendría que inyectar los antibióticos, y ese sería yo. Mi padre me dio una especie de pistola que disparaba jeringas, y en cinco segundos me dio la explicación:

—Entra, agarra este marcador rojo, y uno a uno los vas vacunando. Solo les pones un golpe en la zona de la pierna y ya. Mira, así. —Y de un brinco, saltó la valla, se metió entre los cerdos, y comenzó a dispararles como quien dispara un dardo en un bar jugando con sus amigos—. Toma, dale tú ahora, agarra la pistola, que no te va a morder.

A mí la pistola no me asustaba. ¡Los que me aterraban eran los cerdos! Los cerdos sí que muerden, y muy fuerte. Como sabemos todos los que nos hemos criado en un pueblo, los cerdos son medio agresivos, y más cuando entras a un recinto con doscientas hembras amontonadas.

—Cuando termines, te puedes ir a la piscina con tu hermana —me dijo mi padre antes de marcharse y dejarme solo, con pistola en mano y terror en el rostro.

Tieso como palo de escoba, entré en la cochinera y, caminando por la orillita, pensé: *Por un día que no se vacunen no se van a morir.* Y, sin que nadie me viera, les marqué a todos una raya roja, para que todos pensaran que ya estaban vacunados. Yo era incapaz de clavarles esa aguja, gruesa como un clavo, a esos animalitos que estaban más asustados que yo. Cuando terminé con el marcador, me quedé media hora más dentro de la cochinera, para que pensaran que estaba cumpliendo con mi tarea. Me la pasé hablándoles a los animales más grandes, que me miraban con cierta desconfianza, y acariciando a los más chiquitos. Cuando consideré que ya nadie sospecharía si me iba, me largué corriendo por un sendero que unía la granja con la casa de mis padres. Era un caminito junto a la acequia que regaba los campos, y que quedaba alejado de la carretera principal. En ese caminito, sin nadie que me pudiera ver, me ponía a jugar a mi juego favorito: yo era un vaquero, que galopaba en mi caballo imaginario, y nadie me podía alcanzar. Era invencible, podía llegar hasta el infinito, y rescataba a todos los cerditos, y nadie me dictaba qué hacer o qué no hacer. Era el *cowboy* con su caballo.

Mi sueño era galopar libre, y el de mi padre, no lo culpo, era tener un hijo que continuara con su legado. Así es la vida, o era antes, cuando los negocios y las tierras pasaban de padres a hijos, y de abuelos a nietos. La historia se repetía, yo era el hijo tan deseado, el que continuaría con la tradición familiar. Y en lugar de nacer ese granjero fuerte y dedicado, nací yo, con tanta rebeldía que no cabía en ese diminuto cuerpecillo. Nadie, ni siquiera mi querida abuela, que tanto deseaba ese otro nieto varón que algún día tomara el mando, pudieron imaginar que el crío les saliera con esa personalidad tan marcada, tan diferente a lo que ellos esperaban.

A mis seis, siete y ocho años, ya tenía la personalidad muy formada, y las cosas muy claras: odiaba bañarme, y mi madre me metía en la ducha con ropa incluida; odiaba que me dijeran qué pantalones o qué suéter me tenía que poner para ir a misa; y odiaba que extraños y vecinos me abrazaran o me besaran. Por mucho que mi padre y los demás me quisieran moldear a su gusto, no lo iban a lograr. Esta no era una batalla personal entre mi padre y yo. Él simplemente hacía lo que todos los padres del mundo hacen: amar a su hijo, y proveer-le lo que creía era lo mejor para él. Pero nadie contó con la rebel-día del chaval. La rebeldía me salvaría de caer en esa mentira que viven muchos: en la de complacer a todos los que te rodean hasta que te pierdes para siempre y ya no sabes quién eres. Yo, desde aque-llos días entre los cerdos y los pollos, tenía muy claro quién era yo y quién jamás sería. El reto sería lograr que los demás me aceptaran y respetaran.

Comprendía, y comprendo mucho más el día de hoy, que si mi padre me trató con mucha dureza fue por amor. Él creció en el cam-po, trabajando desde que tenía uso de razón, levantando esa granja y esos corrales con mi abuelo, mi tía, y con sus propias manos. Las cosas no se las dieron fácil en esta vida. Y cuando yo me negaba a salir a jugar a fútbol con los demás niños, o me negaba a ir a matar pájaros con la carabina junto con los demás compañeros de clase, mi padre se quedaba triste y silencioso. Yo creía que se quedaba callado porque no me quería, porque yo no le gustaba. Sin querer, le empecé a tener resentimiento al hombre que más me amaba en esta vida.

Los largos silencios y los sueños tan diferentes que teníamos los dos nos alejaron durante muchos años. Ni yo lo entendía a él ni él a mí: el granjero testarudo y el vaquero lleno de fantasías.

Mi hermana María es tan solo un año mayor, así que tampoco podía hacer mucho por ayudarme o entenderme. Solo me cuidaba como si fuera su muñeco. Y mis abuelos maternos, Vitoriana y Teófilo, siempre elegantes, extremadamente educados y muy bien vestidos, eran mi sorpresa, llegaban de visita, ajenos a mi rebeldía, y me traían regalitos y dinero para poner en mi hucha.

Mi madre era la única que veía mi lucha y me entendía con su enorme corazón, pero tenía que balancear su papel de madre con el de esposa, respetar a mi padre y lograr que todos nos lleváramos bien. Era el «pegamento» de la familia. Además, tampoco podía aplaudir todas mis rebeldías porque si no, hubiera terminado criando a un hijo maleducado. Era consciente de que, por mucho que me amara, el rol de «mamá educadora» era más importante que el de consentidora.

El papel de consentidora le tocaría a otra gran mujer en mi vida, la primera persona que vio que me estaba rompiendo por dentro. Y sería ella la que me daría, con el paso de los años, muchas de las respuestas que se hacía este «hijo que no era».

Los que más daño te pueden hacer son tus más grandes maestros. Los que te intentan hacer daño son solo parte de una lección de vida.

JOMARI GOYSO

3.

Príncipe capitán

«¡M i príncipe capitán!».

Ni esas palabras ni la voz que las gritaba con tanto cariño se me borrarán jamás de la memoria, aunque pasen mil años. Esas tres palabras son el mejor recuerdo de mi infancia.

Puedo cerrar los ojos en cualquier momento del día, no importa dónde esté, y la voz y el rostro de mi abuela Rosalía regresan a mi mente. Con los ojos cerrados, me convierto en ese niño que corría a verla después del colegio, antes de bajar a casa de mis padres a comer.

Mi abuela Rosalía y mi abuelo Andrés, padres de mi padre, vivían en una ladera de mi pueblo, a la que se llegaba por la cuesta de Solana. Yo subía esa cuesta corriendo, sin respirar, con una sonrisa de oreja a oreja, dando saltos de un lado al otro del surco, en medio del empedrado, que servía de desagüe en tiempo de lluvias. Por todo el camino, el olor de campo se mezclaba con el sonido de los animales que tenían en las casas vecinas. Al pasar junto al corral ya podía escuchar a mi abuela cantar, siempre alegre. A veces la acompañaba la radio, con las típicas canciones de las folclóricas españolas, pero casi siempre cantaba sola, como los que cantan cuando piensan que nadie los escucha. Junto a la entrada había una pequeña ventana por la que yo la llamaba: «¡Abu, abue!». El viejo portón se abría y ahí estaba siempre ella, dispuesta a estrujarme en un abrazo, mientras me decía: «Mi príncipe, mi capitán general». Para ella, yo era todo lo que no era para otros. Ella no me observaba ni me analizaba, simplemente se limitaba a quererme sin más.

Mi abuela Rosalía era una mujer corpulenta, guapa, con curvas, y pelo negro azabache siempre recogido en un moño italiano. Solo cuando nos quedábamos a dormir en su casa la veíamos con el cabello suelto, temprano en la mañana, mientras se lo cepillaba para volver a recogerlo en lo más alto con dos horquillas y mucha habilidad. Sus ojos negros intensos estaban llenos de amor, hacia mí y hacia todo el mundo. Y a diferencia de muchas mujeres de su edad, mi abuela siempre se vestía con faldas o trajes de colores vivos, llamativos, con flores y estampados alegres. Su sello personal eran sus aretes, siempre grandes y brillantes. No recuerdo verla ni una sola vez sin estas joyas, o sin su cadena de oro con un crucifijo enorme. Sí, mi abuela era mujer de fe, y esa sería una de las muchas enseñanzas que me transmitiría.

Mi abuela siempre me tenía preparados todos mis caprichos. Recuerdo una época en la que vivía obsesionado con los flanes de huevo, y ella me hacía uno diario. No importaba quién comiera en su cocina, les advertía: «El flan no lo toquen, que es de mi capitán». Quiero creer, bajo peligro de sonar egoísta, que yo fui su gran amor, su gran consentido, aunque en el corazón de Rosalía había espacio para todos.

Tan grande era su generosidad que, a media tarde, cuando terminaba de recoger la mesa y lavar los platos, me decía: «Acompáñame donde la Quica». Recuerdo subir hacia la montaña, por el camino de la acequia, y en una casa medio en ruinas, tocábamos una pequeña puerta azul, y una mujer mayor, que no tenía ni hijos ni esposo, asomaba la cabeza y mi abuela le daba una cazuelita con comida de la que había preparado para los demás en casa. Lo más increíble es que mi abuela Rosalía hizo ese recorrido todos los días por más de treinta años, y la Quica comió caliente hasta el día en el que abandonó este mundo.

Pero la anciana solitaria tras la puerta azul no era la única por la que se preocupaba mi abuela. Hubo una época en la que en su casa comían dos señoras mayores, de esas medio amargadas, y dos loquitos del pueblo. «La cocina es un sitio sagrado», decía mi abuela, «y la comida es un regalo de Dios que no se le niega a nadie».

Tanta bondad y caridad no le gustaron a mi padre y a mi tía, preocupados por que alguno de esos extraños comensales le hicieran algo a la abuela, así que le pidieron que no los metiera más en la casa a comer. Mi abuela los escuchó, como solo ella sabía escuchar, y les dio la razón. Rosalía jamás argumentaba con nadie, así que mi tía y mi padre quedaron satisfechos y ahí terminó el cuento. O al menos eso creyeron...

A los pocos días, subí la cuesta de Solana justo a la hora de comer y vi que, junto a la ventana de la cocina de mi abuela, estaban los extraños invitados que antes se sentaban dentro, saboreando unos enormes bocadillos con unas cervezas frías, ahora sentados en la acera.

—Abuela —le dije nada más entrar—, si se entera mi padre se va a enfadar.

—No hijo mío, ya no entran a la casa a comer, tal y como prometí; ahora les doy el almuerzo por la ventana... mira... —me respondió mientras señalaba la reja con una sonrisa.

¡La abuela siempre se salía con la suya! Creo que esa es otra lección que aprendí de ella: si no sabes cómo lograrlo, te las ingenias, pero nunca dejes de hacer lo que te dicte tu corazón, aunque te llamen raro, loco, lunático o diferente. A mi abuela eso nunca la detuvo. Mi abuela sabía ver en la gente la necesidad de cariño y aceptación, entendía que todos cometemos errores, pero que no era la encargada de juzgar. Ella estaba ahí simplemente para abrazarnos el alma.

El problema es que mi abuela sabía que yo no era «todo el mundo», aunque los demás se empeñaran. Mi personalidad tan marcada generaba mucho conflicto a mi alrededor. Y mientras yo comprendía que mi carácter me hacía diferente, y aprendía a defenderme, la abuela se encargaría de cuidar a su capitán general, y se encargaría también de hacerme reír.

Cuando las canas comenzaron a asomarse por su frente, Rosalía decidió teñírselas justo antes de ir a un funeral. Entramos juntos a la iglesia, de la mano, el capitán y su reina, y una vez sentados, vi algo raro entre su pelo.

—Abue, ¿qué te has puesto en la cabeza que se te ve azul? —le pregunté cuchicheando para que no nos regañara el cura.

—¡El betún! —exclamó la abuela, soltando una carcajada.

Resulta que no le había dado tiempo de ir a la peluquería, y ella, tan coqueta, agarró un tinte de betún de zapatos y se lo puso. Lo malo es que, mi abuela la presumida, no quería usar lentes, y ya no veía tres en un burro, así que terminó untándose el betún azul en lugar del negro. Con el pelo más azul que un pitufo tuvimos que salir los dos del velorio abrazados para no estallar en más carcajadas, ante las miradas asesinas de las vecinas arrodilladas rezando el rosario.

Con Rosalía hasta un funeral podía terminar en fiesta. Y en las cenas familiares, ella era también la encargada de que todo terminara a tono de mariachi. A mi abuela, como a mi padre, les fascinaba cantar rancheras clásicas, de las de Pedro Infante. Creo que me aprendí la letra de *Una piedra en el camino* antes que el abecedario. No sé por qué, pero mi familia siempre tuvo esa conexión con México, país que, curiosamente, con los años me brindaría tanto amor y tantas oportunidades. Durante esas cenas-concierto, mi padre nos arrancaba puras carcajadas con sus imitaciones de Vicente Fernández, y mi abuela nos hacía llorar con sus versiones de *Amor eterno*.

Aunque, sin ánimo de sonar aguafiestas, las risas por esos años no eran tan frecuentes para mí.

—No hables así —me decía mi padre cuando le respondía algunas de sus preguntas.

—Pero esta es mi voz —le contestaba yo todavía más bajito. Debía de tener cinco o seis años, y no podía comprender por qué mi voz irritaba tanto a mi padre.

—A ver, repite eso con fuerza —insistía el hombre, deseando escuchar a su único hijo hablar con autoridad—, repítelo como un hombre, no como un niñito.

Yo, nervioso, repetía la frase una y otra vez, mirando de reojo ese ventanal de la sala y soñando de nuevo con saltar al vacío.

—Ya, Josemari, déjalo, deja al chiquillo en paz —le rogaba mi madre, tan dulce como preocupada.

—Espera, que ya casi lo dice bien —le respondía mi padre, mientras volvía a la carga.

Aunque mis padres se respetaban, era él quien siempre se salía con la suya. Rara vez mi madre lo podía frenar. Solo mi abuela tenía la suficiente autoridad para detenerlo. Ella lo miraba y le decía firmemente:

—Ya, Mari, deja al chiquillo.

Mi padre, que amaba a su madre sobre todas las cosas y la respetaba más que a nadie, se callaba. Entendía que si Rosalía, la que nunca argumentaba, había dicho basta, era basta. Él seguiría soñando con ese hijo que yo no era... y yo seguiría soñando con ser ese *cowboy* por el camino de la acequia, montado en mi corcel negro brillante, galopando por esas calles empedradas a la hora de comer, cuando no me cruzaba con nadie que pudiera interrumpir mi película. Una película donde yo era el héroe y todos me querían por mi manera de ser. Al final de mi historia fantástica, siempre estaba mi abuela, mi cómplice, la única que sabía que este *cowboy* tenía en verdad mucho miedo de los pistoleros, y necesitaba mucha comprensión.

—Hijo mío, tú no has nacido para *cowboy* —me decía ella con la sinceridad con la que siempre me habló, como si fuera un adulto—, tú has nacido para estar en la televisión y para triunfar.

En sus ojos, yo ya era toda una estrella. Le gustaba verme bailar. En su corazón, nada me sobraba, nada me faltaba. No importaba las payasadas que hiciera, yo era el más talentoso y así me hacía sentir.

—Baila, mi príncipe capitán general, que todo va a estar bien —me animaba entre risas y aplausos.

Ay, pobre mi abuela, no sabía que lo peor todavía estaba por comenzar. Dicen que antes de ponerse mejor, se tiene que poner peor, y para allá iba yo derechito.

E

scucha a los que te aman, porque ellos pueden ver en ti lo que tú no puedes ver.

JOMARI GOYSO

4.

Gordo feo

a luz del sol me deslumbra, pero me dicen que no me ponga mis acostumbradas gafas negras, enormes. «No vas a salir bien en la entrevista con ellas», me dice un productor, antes de comenzar.

Estoy sentado en un parque frente a las cámaras, con Karla Martínez, la presentadora de Despierta América. Luz María Doria, la productora ejecutiva del popular programa, me había propuesto una entrevista para que el público supiera un poco más de mí y de mis numerosos tatuajes. Sería una de mis primeras oportunidades de dejar el rol de entrevistador y ser el entrevistado, y me sentía extraño.

—¿Cómo fue tu infancia, Jomari? —Karla inicia la entrevista con cariño y curiosidad, sin esperarse lo que iba a desencadenar esa simple pregunta.

Primero, me quedo en silencio. Luego siento ese nudo en la garganta que te anuncia lo irremediable... y en dos segundos, las lágrimas empiezan a resbalar por mis mejillas. La emoción y los recuerdos me ganan, se amontonan en mi cabeza, y mientras el productor dice «corten», o «sigan, sigan grabando» para ver si me calmo, y mientras

Karla me agarra fuertemente del brazo y me consuela, yo solo escucho: «¡Gordo, feo, gordo, feo!». Y las más horribles imágenes se apoderan de mí: las risas y burlas de niños crueles, los platos de comida escondidos, los castigos, y el frío metal de un cuchillo.

¡Mi infancia! Hacía años que nadie me preguntaba por eso. Y si alguien lo había hecho, seguro que no le respondí. Yo a nadie le hablaba jamás de mis primeros años, de mi pueblo, de mi escuela. Mi infancia la he tenido enterrada durante tanto tiempo que, sentado aquí, delante de las cámaras, no puedo hacer más que llorar, y llorar.

En la entrevista de Despierta América no pude contar mucho, pero ahora, sentado frente al papel, sin gafas de sol ni cámaras, los recuerdos regresan con más claridad, para continuar con la historia de ese niño que tal vez no era como los demás querían que fuese.

***

—Te estás poniendo como tu abuelo —me gritó una vecina del pueblo al verme salir de la escuela.

Era oficial: recién había cumplido doce años y estaba gordo. Yo no lo veía, pero los demás sí. El comentario de la vecina me quitó la venda de los ojos y fui corriendo al espejo. Con mi corte de pelo estilo principito (corto de los lados y largo de arriba, como un casco), y mis cachetes enormes, era innegable que me veía redondo, como mi abuelo Andrés cuando enfermó de Alzheimer y subió de peso una barbaridad.

—Con ese pelo pareces un fraile franciscano —la mujer insistía, desde su ignorancia.

Toda mi infancia fui un «palo de escobón», como decía mi tía, un «tirillas», puro pellejo y huesos, y ahora, de repente, había empezado a crecer, pero para todos los lados. No era tragón ni goloso, aunque se me antojaba algún pastelito de vez en cuando; era mi metabolismo, que no desaprovechaba nada de lo que comía, y lo guardaba todo por si llegaba la guerra o algo así, para estar listo con reservas. Ese año llegué a engordar sesenta libras. Pero, en el colegio, antes de que los michelines se me empezaran a pegar, ya me insultaban con algún que otro nombre. Recuerdo que mis orejas eran tema de fascinación para los benditos *bullies*.

—¡Parecen una pista de aterrizaje! —me gritaban en el recreo, cuando me las intentaban agarrar.

Mientras escapaba de mis agresores, ningún amigo salía a defenderme. Tal vez porque nunca tuve ningún amigo en el colegio. No quiero pensar que todos eran malos conmigo; la culpa era en parte mía: yo vivía muy encerrado en mi mundo, y mi personalidad introvertida, rebelde y marcada, no me ayudaba en lo más mínimo a la hora de socializar. Era y soy de pocos amigos, y esos años de escuela fueron, sin duda, de muchos enemigos para mí. Siempre había alguien que me amenazaba por «algo», o me quería decir «algo» a la salida del colegio. Eso significaba que tocaba correr. Mi forma de ser en aquella época era una excusa fácil para que muchos disfrutaran mostrando su superioridad ante los demás conmigo, utilizándome de chivo expiatorio. Para ellos, yo era como un saco de boxeo que puedes golpear pero que jamás te va a devolver el golpe.

Un día, en mi clase, había un chico que era mayor que nosotros, de esos que repiten curso. El chico llevaba tiempo molestando.

—A la salida te veo —me amenazó cuando la maestra no podía escucharlo.

En mi cabecita, rápido, empecé a planear cómo escaparía de esta. Tenía que salir antes que los demás para correr y no enfrentarme al grandullón.

—Profe —sin pensarlo dos veces, levanté la mano cuando faltaban solo dos minutos para que sonara la campana—, ¿puedo ir al baño?

La maestra me miró con cara de fastidio y me dio permiso. Ignorando al grandullón, que no me quitaba ojo, recogí mis libros y salí como un rayo de la clase. Corrí por el pasillo de la escuela, corrí por la calle que subía a la plaza y corrí aguantando la respiración por la cuesta de

Solana. ¡A salvo! Una vez más, la casa de la abuela era mi refugio. Allí nadie me podía hacer daño. Si hubiera intentado llegar a casa de mis padres, a las afueras del pueblo, seguro que el grandullón me hubiera dado alcance. Dos minutos de ventaja no son muchos a la hora de salvar el pellejo.

En casa de mi abuela, esperando a que pasara el peligro para poder bajar a comer con mis padres, me senté a clasificar los insultos que me decían los compañeros, y ver cuál me hacía más daño. Gordo y feo eran los que, después de todo, me molestaban menos. Decidí entonces que, cuando me los dijeran, reaccionaría muy molesto, para asegurarme de que solo me insultaban usando esos nombres. Por el contrario, cuando me dijeran esas otras palabras que realmente me estaban rompiendo por dentro, esos otros insultos que aquí no voy a repetir, pues todavía duelen, actuaría como si nada, sin prestarles importancia, para no darles el gusto y evitar que los repitieran. Cuando alguien te insulta, lo único que espera a cambio es ver tu dolor. Esa cara de dolor o de tristeza es su mayor recompensa. Así funciona la crueldad en este mundo.

—Hoy Josemari salió corriendo de la escuela —comentó un día mi hermana, sin mala intención, mientras comíamos en casa.

—¿Y eso por qué? —mi padre me preguntó intrigado.

—Es que... —dudé por un instante, pero preferí contar la verdad— hay unos chicos que me querían pegar a la salida.

—¡Mañana mismo voy al colegio a hablar con la profesora! —Mi madre no pudo reprimir su instinto protector.

—No, Marijose, no vas a ir a ningún sitio —la interrumpió mi padre—, que él se defienda solo y solucione sus problemas.

Y así lo hice, tal como mi padre me ordenó: yo solito solucioné ese problema... corriendo más rápido e inventándome toda clase de tretas para escaparme y salir airoso. Aunque, no lo negaré, en el fondo soñaba con que mi padre saliera a defenderme y les diera un par de cachetadas a esos mocosos y a sus padres que los dejaban acosarme e insultarme delante de ellos y hasta gracia les daba.

Corriendo por las calles del pueblo, frente a los ojos de todos, nadie parecía darse cuenta de mi calvario, ni siquiera mi propia familia. Nadie veía esas carreras como lo que verdaderamente eran. Nadie parecía ver el mundo a mi manera, y eso me llevaba a la conclusión de que yo era el que estaba mal. ¡Tal vez me merecía las correteadas y los insultos! Automáticamente, después de estos pensamientos, yo no me gustaba y odiaba todo de mí. Aunque, curiosamente, mis momentos de más felicidad eran cuando me quedaba en soledad, conmigo mismo, por poco que me quisiera. Los otros momentos de paz llegaban cuando estaba con mi abuela Rosalía, la única que me abrazaba, sin hacerme preguntas, cada vez que llegaba a su puerta sudando, con la respiración entrecortada, de tanto correr por esa cuesta.

Por esos días, la salud del abuelo Andrés había empeorado, y mi abuela no se separaba de su lado. Justo entonces, cuando mi abuela menos atención me podía regalar, sucedió algo que me cambió para siempre. Con el paso de los años me he dado cuenta de cuánto pueden marcar dos minutos con un cuchillo junto al cuello.

Eran las fiestas de mi pueblo, en honor a la Virgen del Villar, que siempre caen en el primer domingo de septiembre. Todos los niños esperábamos con ilusión la llegada de esos días. Yo estaba a punto de comenzar mi último año en la escuela del pueblo, y después me podría escapar de ese infierno. Para estudiar bachillerato (*high school*) había que ir a otros pueblos más grandes.

Esa tarde, recuerdo que era viernes, 31 de agosto, y las ferias ya estaban instaladas y funcionando. Siempre las montaban en una explanada cerca de la casa de mis padres, que era la última del pueblo. Ya oscurecía y esa noche me dejarían dormir con mi abuela. En un corral de su casa, en la cuesta de Solana, me habían permitido por primera vez tener mi propia bodega o club para pasar los días festivos, y eso me había hecho tan popular que un grupo de compañeros de la escuela me aceptaron en su pandilla. No eran mis grandes amigos, pero al menos tendría con quién divertirme esos días. Recuerdo ir caminando por la acera, cerca de la noria, con un llavero enorme en mi mano. Me sentía importante, con tanta llave: las de mi casa, las de mi abuela, las de mi bodega.

—Eh, tú, ¿dónde vas? —Tres muchachos más grandes que yo salieron a mi encuentro—. Ven con nosotros al río, vamos a explotar estas bombetas.

Yo me asusté un poco, pero no quise que se enojaran, así que empecé a caminar con ellos por el sendero que bajaba al río. Tenía curiosidad por esos fuegos pirotécnicos que decían que llevaban, y ver cómo estallaban en la oscuridad con todas sus luces y colores. De pronto, uno de los muchachos se puso detrás de mí, y sentí cómo toda la energía de los otros dos cambió también. Caminaban en silencio y se miraban los unos a los otros. Me puse muy nervioso, y rápido me di cuenta de que había sido un error seguirlos, lejos de la feria y del pueblo. Esperé a pasar por unos matorrales y ahí tiré las llaves que apretaba fuertemente en mi mano sudada; llegué a pensar que lo que querían era quitármelas para entrar a robar en mi casa y en la de la abuela.

De repente, cuando estábamos a punto de llegar a la orilla del río, sentí algo frío en el cuello. El muchacho que iba detrás me había puesto un cuchillo amenazador en la garganta mientras me agarraba fuertemente por la espalda.

—Ni te muevas ni grites, o te corto —me dijo muy tranquilo, casi en un susurro.

Empecé a llorar en silencio, esperando que la oscuridad de la noche no me delatara. No quería que se dieran cuenta los tres matones de que tenía miedo.

—No llores, no seas una nena... —Se burló uno de ellos, que descubrió el brillo en mis ojos.

Lo que sucedió después me tomó años comprenderlo, de la misma manera que me tomó años entender que si Dios me quería, por qué dejó que me pasara algo así. Me tomó muchos años darme cuenta de que, en todo momento, Él estuvo ahí, junto a mí, a la orilla del río, ayudándome a reaccionar inteligentemente, para que no me hicieran más daño. Me tomó años entender que ese carro que acertó a pasar por el camino de enfrente, y que se detuvo a mitad de la cuesta con la música a tope y las ventanillas abiertas, tal vez lo había enviado Dios mismo. Los tres matones se asustaron con las luces y el ruido del auto, y yo aproveché para subirme los pantalones y salir corriendo.

Corrí. Corrí como un hombre, ya no como un niño asustado. El niño se había quedado junto al río. Yo ya era un luchador, y no me iba a dejar vencer tan fácilmente. Nadie iba a llegar a rescatarme, a impedir que esos tres jóvenes, mucho mayores que yo y con crueles intenciones, completaran la maldad que habían planeado. Yo solito, me las tendría que arreglar el resto de mi vida.

Esa noche de fin de agosto se paralizó mi mundo, el que yo conocía. Algo murió en mí y algo nuevo nació. Comencé a percibir todo de otra manera, y a ver una realidad muy diferente. Aunque estaba acostumbrado a sobrevivir en un ambiente hostil, yo me sentía seguro. Había aprendido a controlar los insultos que me decían en la escuela y a decidir cuánto daño me ocasionaran. Dentro de mi pequeño mundo solitario, yo estaba a salvo. Después de esa noche, nunca más recuperé esa sensación de seguridad. Aunque reaccioné con calma e inteligencia, sin dejar que el pánico se apoderara de mí, desde aquel día sentí la necesidad de siempre estar con los ojos muy abiertos.

Hasta la fecha recuerdo el olor a alcohol y cigarro de los tres atacantes. Y allí mismo, cuando alcancé la calle, y las luces de la feria y las risas de los demás niños del pueblo me rodearon, me hice una gran promesa: jamás iba a beber o a drogarme. ¡Jamás! Drogarse o emborracharse es perder el control sobre uno mismo, y yo, con la vida que me había tocado vivir, no me podía permitir ese lujo. Desde esa noche y por el resto de mis días, me tenía que cuidar, y estar alerta veinticuatro horas al día. Ya me quedaba claro que yo era el blanco favorito de las mentes perversas, y esto iba a seguir así por muchos años.

Hasta el día de hoy no he probado una copa ni he probado ninguna droga. «Un poco, solo un poco». Me insisten muchos amigos, especialmente en el mundo del entretenimiento donde trabajo. «Una copa de vino, lo recomienda hasta el médico, venga, no seas tonto, por una vez no pasa nada». Me intentan convencer sin éxito. Y mi ruego favorito: «Va, hazlo por mí, fúmate este, o bébete esto por mí». No. No entienden que, si aquel día junto al río, yo hubiera estado borracho, como se ponen muchos críos de la edad que yo tenía en las fiestas de los pueblos, si yo hubiera estado fumado, tal vez me hubieran encontrado flotando en la orilla, con dos navajazos en el estómago. Las intenciones de esos tres individuos no eran las de jugar conmigo y dejarme ir. Solo Dios sabía hasta dónde eran capaces de llegar, y solo Dios me ayudó a salir corriendo camino arriba.

Sé que va a ser muy duro leer esto para toda mi familia; nunca lo había contado antes. Posiblemente les duela enterarse después de tantos años y no cuando todavía podrían haber hecho algo para ayudarme o vengarme. Evitarlo, nadie podría haberlo evitado. Estas cosas suceden hasta en los mejores pueblos. Y no quiero que se sientan mal pues, aunque yo les hubiera contado, poco podrían haber hecho por mí. Hace tiempo aprendí que todo pasó porque estaba escrito en mi historia, y era necesario que así fuera para poder ser quien hoy soy, y poder entender y ver qué hay detrás de una mirada con tan solo observar a alguien. No soy adivino, pero estuve ahí, y le vi la cara al diablo.

Se lo hubiera contado a quien se lo hubiera contado, mi padre hubiera terminado enterándose, y esa hubiera sido la verdadera desgracia en la familia. Mi padre los hubiera matado, porque el dolor te hace a veces perder la razón, y la desgracia hubiera sido doble.

—¿Josemari, estás bien? —A los pocos días de terminarse las fiestas del pueblo, mi madre me escuchó llorar en mi cuarto—. ¿Qué te pasa?

Yo, tendido en la cama, no sabía cómo explicarle lo que me estaba sucediendo. Lo único que quería era irme lejos de ahí y comenzar en otro sitio, donde me pudiera sentir a salvo y pasar desapercibido.

—Me voy. Me voy del pueblo, mamá— alcancé a decirle entre el llanto.

—¿Que te quieres ir? Pero... ¿por qué, ¿dónde, ¿con quién? —Mi madre no concebía que a los trece años su hijo quisiera emprender el vuelo.

¿Cómo rayos le podía contar lo sucedido en el río, lo que sucedía siempre a la salida de la escuela, y lo que pasaba dentro de mi cabeza? Necesitaba empezar de cero, lejos de todo el mundo que me quería pero que no me dejaba ser yo mismo. Arriba de la casa, me esperaba aquel apartamento ya construido para mí; abajo, las máquinas y herramientas para trabajar los campos. Y yo, allí, en medio, tirado en la cama, mientras mi madre me miraba con toda la pena del mundo.

—¿Qué pasa? —Era la voz de mi padre, que acababa de regresar cansado de esos campos que soñaba que un día fueran para mí.

—Que se quiere ir. Que quiere ir a estudiar fuera. —Mi madre se sentó al borde de la cama y me intentó consolar.

—¿Cómo se va a ir? ¿Y a dónde? Es muy pequeño. —Mi padre no iba a ceder a la primera.

—A estudiar plomería —le dije de repente, pensando que si le pedía esa profesión me dejaría ir, pues él era dueño, junto con mi tío Ramón, de un negocio de plomeros. A mí, ese oficio no me gustaba, pero entre granjero o agricultor, se me ocurrió que plomero no estaría tan mal, y cualquier cosa sería buena con tal de salir del pueblo.

—¿Y dónde? —Mi madre seguía preocupada, pensando en su hijo lejos de casa.

—En Zaragoza hay una buena escuela —respondí rápido.

En Zaragoza no teníamos familia ni amigos. Ahí estaría a salvo y podría comenzar de cero. O al menos eso creí.

—Vale —para mi sorpresa y la de mi madre, mi padre accedió—, mientras estudies y seas el mejor de la clase, nosotros te dejamos ir.

Con esa simple condición, se me abrió la puerta de la esperanza. ¡Me iría del pueblo, de los matones, de mi familia y del mundo entero! Lo malo es que nadie me advirtió que, cuando huyes de ti mismo, ni en el fin del mundo te libras. El gordo feo se venía conmigo, y los malos recuerdos junto al río también.

De alguna manera extraña, en mí se había despertado un lado oscuro también, que me hacía ser más egoísta y pensar solo en mis cosas. Ya no me importaba caerle bien a la gente, ni las lágrimas de mi familia. Tenía necesidad de encontrarme a mí mismo antes de perderme completamente.

La vida es una constante lucha, lo que no sabes es cuándo se va a despertar el luchador que llevas en ti.

JOMARI GOYSO

5.

Querida anorexia

Solo una vez en mi vida me he levantado de un set de televisión en vivo y me he ido en medio del *show*, dejando a productores, presentadores y al público en casa con el Jesús en la boca. Y lo volvería a hacer mil veces.

Sucedió hace poco, en pleno debate sobre la más reciente gala del programa Mira Quién Baila. Esa mañana, me invitaron a participar en Despierta América para comentar las mejores y peores juagadas del concurso junto a Poty Castillo, Gabriel Soto, Francisca Lachapelle, y la presentadora Ana Patricia Gámez.

—Tú te crees la voz del pueblo, pero no creo que toda la gente tenga la misma opinión que tú —me dijo Ana Patricia cuando le comenté sobre el error que ella había cometido en la pista de baile.

Intenté explicarle a la presentadora que ese título surgió de los *hashtags* que ponían los televidentes en las redes sociales, y que yo jamás me lo había adjudicado, pero me fue imposible hablar. A ese punto de la conversación sentí que todos en el set parecían estar de acuerdo en que yo no me podría defender, y que tal y como pintaba el panorama, no me iban a dejar expresarme con calma. No lo estaban haciendo con mala intención, pero sin querer, el ambiente se inundó de esa típica energía del «todos contra uno» ... una vieja sensación que yo conocía muy bien.

Sin pensarlo, y como había hecho en muchas ocasiones ante estas situaciones, le dije al público cuánto los quiero, me levanté y me fui. Ni siquiera la voz cariñosa de Francisca diciéndome *baby, baby*, ni su mano en mi brazo lograron retenerme. Para poder dar mi punto de vista tenía que quedarme y elevar la voz más que nadie, y eso para mí es cruzar la peligrosa línea entre conversación y pelea. Además, quedarse a hacer daño con las palabras jamás ha sido mi estilo. En mi cabeza solo podía pensar: *nunca te arrepentirás de lo que no dijiste.*

Las palabras hacen mucho daño, más de lo que pensamos, yo lo sé muy bien. Lo he vivido en carne propia. Aunque han pasado muchos años, esas palabras siguen resonando con fuerza en mi cabeza...

***

—¡Eh, gordo! —me gritó un estudiante el primer día en la escuela profesional—. Pásame las tenazas.

Tal parecía que, en Zaragoza, por mucho que yo lo deseara, no me había vuelto invisible. Los kilos y los insultos me los había traído en la maleta al internado de la Sagrada Familia donde me hospedaría, y a la escuela profesional donde asistiría a mis clases de plomería.

Y de gordo no tardaron en ascenderme a relleno, y muy pronto a cerdo. Y yo simplemente me levantaba y me iba sin rechistar. No lo hacía por cobardía, sino porque así soy yo. Soy consciente, más que nadie, del daño que hacen las palabras, y también sé que tengo el extraño don de ver las debilidades de la gente de inmediato. Si me quedaba a pelear, a discutir, a defenderme, y le entraba al tú por tú, los podía destrozar. Yo, el gordito raro de la clase, podía ser mil veces más hiriente y cruel que ellos con su aburrida cantinela de «gordo-feo-gordo-feo».

Pero, ¿de qué sirve herir a muerte solo para satisfacer nuestra sed de venganza? Por eso me levantaba de esas horribles sillas del salón y me iba sin decir ni adiós.

Y esa «impopularidad» del gordito que escapaba de los insultos creció todavía más cuando comencé a hacer las cosas bien y el maestro me ponía como ejemplo.

—Mirad, este es el trabajo de Josemari —anunció el profesor al resto de la clase, mostrando dos piezas que yo acababa de soldar—. Así os tiene que quedar a todos.

Esa fue la chispa que hizo estallar el polvorín.

—Cara de cruasán, espérame fuera, te voy a partir esa cara redonda en dos —me susurró en la nuca el estudiante que se sentaba detrás de mí.

Nada había cambiado. Ni los más de doscientos cincuenta kilómetros de distancia que había puesto entre mi pueblo y Zaragoza me iban a absolver. En mi mente imaginé la calle empedrada que subía hasta la casa de mi abuela, y con tristeza pensé que, cuando sonara esta campana, no tendría cuesta por la que correr para ponerme a salvo. Esto iba a ser más duro de lo que pensaba. En inglés dicen *save by the bell*, salvado por la campana. Para mí, las campanas se habían convertido en el castigo, no en la salvación.

Otra campana que me sonaba a puro infierno era la del desayuno en el internado. Cuando tocaba, teníamos que sentarnos todos en la ruidosa cafetería para nuestra primera comida del día.

En esas mesas empezaba mi primera pesadilla. Yo, cada vez más redondo y gordo, y el plato que me ponían delante, cada vez más lleno de comida. Intenté esconder los espaguetis y el pan aplastados debajo de los platos, pero pronto descubrieron mis tretas, y los supervisores, humillándome ante todos mis compañeros, me castigaban, mientras se escuchaban cuchicheos: «El gordito, el gordito, pillaron al gordito».

¡Ah, no! Pero yo no me iba a dar por vencido. Tenía que inventarme algo nuevo para dejar de tragar y bajar de peso como fuera. La misma silueta de mi sombra cuando caminaba por la acera me daba asco. Cada vez que me veía reflejado en un escaparate de una tienda, me daba pena. Ese no era yo, y yo no quería ser ese.

Así que recurrí al viejo truco de vomitar. Recuerdo que la primera vez que lo intenté, lo único que logré expulsar fueron lágrimas y mocos. Me metí los dedos en la boca, y pensé en más comida, y nada, no lograba sacar todo lo devorado. Lo seguí intentando, semana tras semana, de rodillas frente al inodoro, en ese absurdo ritual, pero nunca pude vomitar. ¡No podía ser! Yo era el único ser viviente que no sabía vomitar en este mundo. Extraña maldición. Me llevaba las manos a mis lonjas de la cintura y a mis cachetes, y todo me daba asco, pero no lo suficiente como para vomitar.

Mi siguiente gran idea fue la de regalar mis raciones de la bandeja. Si le tiraba el pescado, el yogur, el pan y el postre a los cocodrilos que me rodeaban, además de bajar de peso, me ganaría alguna que otra amistad. Y así sucedió. Regalando todo lo de mi plato, yo era capaz de pasar hasta doce horas sin probar bocado.

Con este truco de dar mi comida a otros y matarme de hambre, inauguré, sin saberlo, una de las etapas y de los hábitos más horribles de mi vida: el de la anorexia. En esos años, ni se hablaba de este problema, ni se conocía esa palabra. Tardaría mucho tiempo en entender lo que estaba haciendo. No sería hasta que entré en contacto con el mundo de las modelos, mucho tiempo después, cuando escucharía por primera vez ese término: anorexia. Hasta decirlo en voz alta suena horrible. Y más horrible fue en mi caso, porque ni los malos hábitos en los que estaba cayendo me ayudaban a bajar de peso.

Los fines de semana, tal y como acordamos con mi padre, me iba al pueblo, y allí mis tías y mi madre se percataron de que había perdido unos kilos.

—Mira a ver ese chiquillo —se quejaba mi tía Pura—, lo veo desganado, sin lustre.

Y ya veías a mi abuela cocinando pucheros enormes de pasta, o carne guisada, y yo comiéndome unos platos enormes para hacerla feliz. Así entré en la dinámica del sube y baja. Realmente nunca caí en una total anorexia, porque esos viajes al pueblo me libraron de esta terrible enfermedad que se me podría haber hecho crónica, pero sí que pasaba días sin llevarme nada a la boca. En Zaragoza bajaba unos kilos, en Igea los subía. A mis catorce años me llené de estrías. Ahora, además de odiar mi cara redonda y mis piernas gordas, podía odiar esas marcas que habían hecho acto de aparición por toda la cintura y la barriga.

Las horas en las que me mataba de hambre eran las más felices. Sentir esa sensación de vacío en el estómago era un recordatorio de que estaba castigando a mi cuerpo por gordo, y a la vez me castigaba a mí, por no gustarme. No sé cuánto de la anorexia y de la bulimia que sufrimos muchos es para adelgazar, o muy en el fondo, para castigarnos por no ser capaces de amarnos a nosotros mismos. Todos los problemas que he tenido con la comida han sido reflejo de esos momentos de bajón donde la crítica y las miradas pudieron más que yo, en esas ocasiones en las que «el que dirán» fue más fuerte que mi autoestima y mi amor propio. Es cierto que uno es su peor enemigo, un enemigo al que no puedes esquivar como yo esquivaba a los *bullies* de la clase. No importa que tan rápido corras y en qué dirección vayas, ese enemigo interno va contigo. Yo me lo llevaba de la ciudad al pueblo y del pueblo a la ciudad.

En el pueblo, por mis ansias de ser aceptado, hice un esfuerzo ese año, y los fines de semana comencé a juntarme con un grupo de chicos. Eran los más *cool*, los chicos con los que todos querían salir. Sin ánimo de ofenderlos, porque no siento que hicieron nada con maldad, pero se convirtieron en mis amigos porque yo necesitaba tener amigos y hacía lo inhumano para que me aceptaran. Nunca llegaron a conocerme realmente, en parte porque yo mismo no les permití entrar en mi mundo ni les conté todo lo que me pasaba. Yo ponía esas paredes por temor a que se burlaran de mí. Aun así, ya casi iba a cumplir quince, y como en

Zaragoza no había hecho ni un solo amigo, sentí que al menos con los del pueblo podría intentarlo.

El punto de reunión de mi nueva cuadrilla era la bodega que mi abuela me prestaba para las fiestas del pueblo. Ahí nos pasábamos los fines de semana charlando, y algunos de ellos, fumando y tomando, y poco a poco aparecieron las drogas. Algunos las usaban y otros las vendían. Mi padre presentía que en la bodega no solo jugábamos a las cartas, y un día aporreó la puerta por sorpresa y entró gritando: «¡Aquí huele a hierba! Como os pille algún día con droga os cierro la bodega para siempre». El hombre se temía lo peor, pero de alguna manera confiaba en mí, en que yo jamás fumaría o me metería una raya. Me conocía bien. Como él solía decir a sus amigos: «Mi hijo es rarito, no hace lo que los demás», y eso le daba cierta tranquilidad. Mientras, yo, fiel a mi promesa de jamás drogarme o beber, me limitaba a ayudar a los amigos *cool* a fabricar bolsitas de plástico para meter los gramos de cocaína que luego salían a vender. Como era el más hábil y creativo, me puse manos a la obra, a cortar con pulcritud rectángulos de una bolsa de supermercado para construir envoltorios diminutos.

Me sentía aceptado, me sentía parte de «algo», aunque obviamente no era algo fantástico ni de lo que pudiera estar muy orgulloso. Pero, al menos, ya era parte de un grupo, o eso me creía. Si no encajas fácilmente, es común que te convenzan de todo, hasta de empacar gramos de cocaína, y así poder sentirte importante cuando no lo eres en realidad. Y yo me enteré de lo poco importante que era por casualidad.

Ya era verano, había terminado con buenas notas mi curso de plomería y atrás quedó Zaragoza. Pensando cuál sería mi siguiente excusa para escapar del pueblo, me pasaba las tardes en la bodega, arreglando cosas y esperando a que llegara el resto de la cuadrilla. Una tarde escuché que estaban en la puerta, y decidí esconderme en «el cuartito secreto», ese lugar donde algunos se encerraban para darse besos con las chicas. *Les voy a dar un buen susto*, pensé, divertido, y esperé a que entraran todos. Eran unos seis. Dejé pasar unos minutos para que empezaran a conversar y se relajaran, cuando de pronto estallaron en risas. ¡Se estaban riendo de unos regalos que yo les había traído ese verano de un viaje que hice con mi familia!

—Yo lo tiré en la taza del baño y me aseguré de que se lo llevara el agua. —Se burló uno con toda la saña del mundo.

Los demás le siguieron con sus historias supuestamente chistosas de cómo se habían deshecho de mis regalos. Se mofaban de mí y de mis buenas intenciones, y sus burlas parecían no tener fin. Yo me quedé ahí callado, aguantando las lágrimas y la respiración durante varias horas por temor a que me descubrieran, y no salí hasta que todos se fueron.

Fue muy duro descubrir que no eran mis amigos de verdad. Creo que ese día también me hice otra promesa: ser honesto. A partir de entonces intentaría ser más honesto con la gente, les doliera o no. Duele más descubrir una mentira a que te digan la verdad en la cara desde el primer instante.

A partir de ese momento, continué siendo «amigo» de todos ellos por muchos años, pero sin engaños en mi corazón. Ellos me necesitaban para la bodega y otros favores, y yo los necesitaba para no estar solo. La verdad siempre por delante, aunque no se diga en voz alta.

Por suerte, mi mundo no se limitaba a los amigos y la bodega. Había otro lugar donde me gustaba pasar horas y noches enteras en el pueblo: el bar de mi tía Isabel. Isabel era prima de mi padre, y era también mi tía favorita. Sensual, llamativa, siempre buscaba ser el centro de atención. ¡Y siempre lo lograba! Los hombres se desvivían por ella. Mi abuela la amaba, porque en algunas cosas eran idénticas. Ambas eran coquetas y presumidas, y vivían la vida sin temor a amar y a demostrar su amor.

El bar de Isabel se llamaba Bar Bolero, y era una de esas cantinas de pueblo que se llenan en verano cuando llegan los turistas o los familiares que viven en la ciudad. En las noches de mucho trabajo, yo me metía detrás de la barra a ayudar. Y en una de esas noches, después de cerrar el local con mi tía, sucedió lo que tarde o temprano tenía que suceder. Dejé de ser virgen de la manera más inesperada.

Era tarde, y me esperaban dos amigos y tres amigas, mayores que yo, que habían venido a pasar unos días de vacaciones al pueblo.

—Tres para tres, hoy mojamos —dijo uno de ellos, mientras se llevaba a una de las chicas al cuartito secreto de la bodega y cerraba la puerta.

La otra pareja decidió irse a otro bar que todavía estaba abierto, y ahí pasaron horas besándose, pegados como ventosas. Y yo me quedé con cara de idiota, callado como una tumba e inseguro hasta la sepultura junto a la tercera chica, que sería unos diez años mayor que yo. No entiendo cómo la pobre chava no se levantó y se largó ante tan «divertida» situación.

—Vámonos a la piscina —me dijo de pronto, con toda la espontaneidad del mundo.

—Pero está cerrada, son las dos de la mañana —le contesté muerto de miedo.

—Pues la abrimos —me cortó mientras me agarraba de la mano y me empujaba hacia la calle.

Su seguridad me dejó apabullado e hipnotizado. Sin darme cuenta, hizo que saltara la valla detrás de ella. Sin darme cuenta, se desnudó y se zambulló en el agua. Y sin darme cuenta me quité toda mi ropa y me tiré junto a ella.

No seré muy específico en lo que luego sucedió. Solo diré que el agua con cloro hace todo muy difícil; en el agua de una piscina nada fluye con facilidad. Yo, primerizo y frustrado, y ella con tremendo exceso de seguridad. Éramos, sin duda, una combinación cómica y extraña. Terminamos fuera del agua, acostados en el césped, y ahí sí que puedo decir que fue la primera vez. Mi primera vez. Y fue una verdadera catástrofe. Con las rodillas llenas de arañazos por la hierba recién cortada, tuvimos que salir corriendo, pues un vecino escuchó algo y encendió la luz de su casa, junto al recinto. Sin zapatos y por el camino lleno de piedras, acabamos la noche con rasguños en los pies y muertos de la risa.

A la mañana siguiente, desperté confundido. No entendía nada de nada. ¿Eso era el amor del que todo el mundo hablaba? ¿Eso que me había sucedido en la piscina era «lo más alucinante del mundo», «lo máximo», como decían los chicos del grupo cuando pasábamos horas hablando de sexo en la bodega? Yo seguía perdido, sin encontrar respuestas ni el camino.

Y así, confuso y sin mi virginidad, llegó el fin del verano, y tendría que inventarme algo nuevo para escapar lejos. Si no, como habíamos acordado con mi padre, tendría que quedarme a trabajar en el campo.

—Papá, me voy —me armé de valor y le pedí nuevamente—: me voy a Logroño a seguir estudiando con mi hermana.

—Pero si ya terminaste plomería, ¿ahora qué más quieres? —Mi padre no perdía la esperanza de que me quedara a cumplir sus sueños.

—No, padre, quiero estudiar bachillerato y necesito otro curso puente para transferir, y voy a estudiar *cosmetology* —intenté explicarle.

—¿*Cosmetology*? ¿Eso es algo de química, como lo que va a empezar tu hermana? —Ciertamente mi padre no me entendió.

—No, no, *cosmetology* es peluquero y esteticista —no tuve más remedio que explicarle bien de qué se trataba y esperar su reacción.

Una cosa es que me hubiera ido a estudiar plomería el año anterior, otra cosa era pedirle que aceptara que su heredero quería ser peluquero.

—Bueno, si es lo que quieres, dale. —Me sorprendió después de un largo silencio.

Ah, mi padre. Si yo estaba confundido, él más. De hecho, era yo quien lo confundía, con mis decisiones y mis caprichos. Y mientras hacía las maletas para emprender rumbo a Logroño, pensé que en la nueva ciudad todo sería diferente. Estaba convencido de que allí descubriría quién era yo en realidad, y se acabaría tanta confusión.

Imposible imaginar que en mi nuevo destino me esperaba lo más inesperado: el amor de mi vida. El problema sería que llegaba cuando nadie lo estaba buscando.

Todos los castigos a los que sometemos a nuestro cuerpo son una consecuencia de nuestra necesidad de aceptación.

JOMARI GOYSO

6.

El amor de mi vida

El amor, dice una amiga mía, es una fantasía de la que todos queremos ser protagonistas, pero el mundo solo entiende de sexo, dinero y poder. Estas palabras pueden sonar nefastas y negativas, pero es innegable que esconden cierta dosis de verdad. Las grandes historias de amor ya no se escriben tan a menudo como antes.

Yo crecí en un núcleo familiar muy unido, donde nadie se separaba ni se divorciaba, de esos que dicen: «Contigo me caso, contigo me quedo». Siempre han permanecido juntos de por vida, generación tras generación. Hoy difícilmente sucede así. No es que hayamos cambiado, lo que han cambiado son las circunstancias.

Ahora es relativamente fácil decir adiós, me voy. Si lo pienso, tal vez mis antepasados también soñaban con dejar atrás cada historia de amor que iniciaban para salir a buscar la próxima, pero no se atrevieron. Antiguamente, era más importante y más valioso el sueño de fundar familia y echar raíces para siempre que las ansias de libertad. Los tiempos han cambiado y ya estamos abiertos a todo; nos rehusamos a estancarnos en la vida y menos por alguien más. No nos queremos sacrificar ni por la persona que más amamos, y eso precisamente me sucedió a mí. El gran amor con el que tanto fantaseamos llegó a mi vida, tal vez demasiado pronto, y no llegó para quedarse. Quién sabe, si nos hubiéramos conocido en los tiempos de mis abuelos, seguro que estaríamos todavía juntos, pero no fue así.

El escenario fue Logroño, la ciudad más cercana a mi pueblo, y en la que nací. Ahora, a mis quince recién cumplidos, regresaba a instalarme en el apartamento de mi hermana, donde ya llevaba viviendo un año con su amiga Luci. Las dos estudiaban en la universidad, y yo sería su nuevo *roommate* casi invisible. Era tan independiente y silencioso que creo que ni cuenta se daban de mi presencia. Lo único que rompía la monotonía en ese piso de la calle Bara de Rey eran las esporádicas peleas herma-na-hermano, a puro grito y drama, para luego reconciliarnos en un minu-to, como si nada. Mi hermana María y yo pasamos una etapa de intenso amor y odio, como les suele suceder a muchos hermanos en el mundo. Con los años, el odio se perdió, y solo nos queda un gran amor y respeto, y ella se ha convertido en mi ancla que me empuja a la normalidad.

Esa primera semana en mi nueva vida en Logroño la pasé peleando con mi hermana y comprando materiales para mi curso de peluquería.

Llegó el primer día de clase, y con un simple «hola» todo comenzó.

—Hola —le contesté tímidamente.

Como imán al metal, ella gravitó hacia mí y se sentó a mi lado, en las últimas mesas del fondo. Había muchas sillas vacías, pero, incons-cientemente, vino junto a mí, y sin quererlo ni planearlo, se presentó.

—Me llamo Clara, soy de Arnedo —me dijo con mucha simpatía.

—Ah, es el pueblo de mis abuelos, ahí nació mi madre —le respondí sin ningún esfuerzo, y me sorprendí. ¡Eso no era normal en mí! Yo sufría cada vez que tenía que conversar con un extraño.

La conexión se dio al instante, y los dos nos dimos cuenta. Clara era increíblemente guapa y con una personalidad fascinante. Lo que más me atrajo de ella fue la seguridad con la que caminaba, hablaba y miraba a la gente. Siempre me han gustado el aplomo, la confianza en los demás, tal vez porque soy lo contrario y los opuestos se atraen. Clara era mi igual y mi opuesto, y nuestra historia iba para largo, sin duda.

Los días pasaban, y pronto nos hicimos inseparables, juntos hasta en la sopa. Ella iba y venía cada día a su pueblo, que quedaba a media hora de Logroño. Cuando la vi al volante de su propio auto me pregunté cuántos años tendría. Me dijo que diecinueve, cuatro más que yo. ¿Por qué se habrá fijado en mí, si soy un mocoso? Me preguntaba embobado, mientras la observaba estacionar y bajarse del vehículo como las chicas de los anuncios: con una naturalidad y una seguridad desbordante.

Pronto me presentó a su familia con esa misma naturalidad que hacía todo: «Chicos, este es Josemari, mi compañero de clase». Y así de fácil me integré en su mundo.

De «compañeros de clase» pasamos a algo más. Las tardes se nos iban en conversaciones eternas, y en juegos tan triviales como cortarme el pelo o ir al cine. Yo me convertí en su capricho y ella en mi todo.

Recuerdo perfectamente la primera vez que la invité a Igea a conocer a mis padres. Llegó con unos dulces típicos de su pueblo en una caja blanca con un lazo rojo con lunares. Esa caja no se me olvida porque ¡mi madre todavía la tiene en casa! No importa cuántas veces le digamos que se deshaga de ella, la mujer no la tira.

Mi madre quedó fascinada con la cajita de su pueblo, y mi padre con Clara. ¡El hombre sentía que le había tocado la lotería! Mi padre la aceptó desde que la vio entrar por la puerta, y sus sueños de una vida más convencional para su hijo volvieron a resucitar.

—¿Y tú vivirías en un pueblo pequeño como este? —le preguntaba mi padre a Clara, tanteando el terreno.

—No sé, todo depende, creo que es muy pronto para pensar en cosas así —le respondía Clara con sonrisa de mil watios, y a mi padre se le olvidaba su plan de casar a su hijo y llenar el piso de arriba de nietos, nuera y heredero.

Mi padre no fue el único que cayó bajo los hechizos de Clara. Aquellos ojos negro intenso enmarcados en su melena negra y larga ejercían en mí un efecto mágico. A su lado yo me quería un poquito más. Solo un poquito, pues mis estrías, cada vez más visibles, y esas lonjas en la parte baja de mi espalda me recordaban todos los insultos recibidos de escuela en escuela. A mi llegada a Logroño había adelgazado lo suficiente para que me colgara algún pellejo, pero todavía me veía rechoncho.

¿Qué habrá visto Clara en mí? Me iba preguntando cuando pasamos por delante de un estudio de tatuajes. No era el mejor estudio ni el más limpio, pero nos pareció divertido.

—¿Qué tal si nos hacemos uno? —dijo Clara con su acostumbrada espontaneidad.

—Vale, yo me voy a poner un corazón por ti, con un tribal. —La sorprendí con tanto romanticismo.

—A que no te atreves —me retó, mientras abría la puerta del negocio y sonaba la campanita: tin-tin.

Esa tarde de invierno en Logroño inauguré otra de mis manías, o mis técnicas para lidiar con lo que no me gustaba. Así como seguía matándome de hambre, así como seguía ocultando mis miedos al mundo, ahora intentaría tapar mis estrías y mi cuerpo con tinta, mucha tinta. Ese pequeño corazón en el brazo derecho fue el primero de muchos tatuajes más. Al menos, este primero tenía y siempre tendrá un significado muy especial: me enamoré, no cabía duda. Estaba enamorado de Clara.

Las clases de peluquería se me daban todavía mejor que las de plomería, la compañía de Clara me daba fuerzas, y hasta los fines de semana en el pueblo se pusieron más interesantes. Ese iba a ser mi año, o al menos eso pensaba yo.

Mi tía Isabel estaba teniendo problemas con el bar, y empecé a encargarme de abrirlo y trabajar allí de viernes a domingo.

—Josemari, mi vida —me propuso un día tía Isabel, mientras se arreglaba el cabello y el pintalabios—, ¿por qué no te quedas con el negocio? Yo ya estoy cansada y no tengo tiempo, y cada vez que lo abres tú se llena y nos va bien.

—Ni se te ocurra. —Mi padre se metió en la conversación—. Tú no vas a estar sirviendo bebidas a nadie. Si quieres trabajar, ven a las granjas, yo te doy trabajo.

Otra vez le destrozábamos a mi padre su sueño del heredero. ¡Que si plomero, que si peluquero, y ahora cantinero! Ignorando las quejas de mi progenitor, al día siguiente firmé contrato con el dueño del local y me convertí en empresario a mis quince años. Ya era propietario del Bar Bolero. Jamás tuve miedo a trabajar, eso se lo debo a mi padre; desde que tengo uso de razón he trabajado en los negocios de mi familia como si fuera un adulto. Pero tengo que admitir que, por esos días, la compañía de Clara me hacía más valiente, casi invencible. Ya no estaba solo. Alguien me quería con mis estrías y mis manías.

Y llegó el verano y el pueblo se volvió a llenar de familiares y turistas. Atrás quedó Logroño, el apartamento de mi hermana, y el curso de peluquería que terminé con excelentes notas. Me ofrecieron quedarme a trabajar en el salón donde hice las prácticas, pero no quise. Como cada verano, mi cabeza daba vueltas, pensando cuál sería mi próxima jugada para escapar del destino. En el bar no dábamos abasto, y yo, siempre con mis ansias de trabajar, ganar y ahorrar, me alisté a la recogida de la pera. Cada mañana empezábamos en los campos a las cinco, cuando todavía estaba el cielo oscuro, y continuábamos llenando cajas y cajas hasta el mediodía, sin parar. Luego, dormía una siesta y me iba a abrir el bar, hasta la una de la madrugada. No me importaba, no sentía el cansancio, porque todo el dinero que estaba ganando sería para ir y tocar el cielo: Madrid. Sí, Madrid sería mi próxima estación. Le dije a mi padre que quería cursar bachillerato de artes en la capital, y por supuesto fue otro *shock* para la familia. Madrid era lo más lejos que me permitirían ir, así que lo elegí sin dudar.

—Te vas a ir, ¿verdad? —Clara paró el auto en medio de la carretera que unía mi casa con el pueblo—. Dime la verdad.

Desde que terminamos las clases, Clara venía a visitarme a Igea dos veces por semana. No podíamos estar mucho tiempo lejos el uno del otro.

—Por eso te quiero, porque me conoces y sabes lo que pienso sin que te lo diga con palabras. —Me preparé para confesarle la verdad, a pesar de que sabía que le iba a romper el corazón. A Clara, como a mi abuela, no le podía mentir. Ambas me conocían tan bien que mentirles era una pérdida de tiempo.

—Sí, sé que no te vas a quedar todo el año trabajando en el bar ni vas a volver a la peluquería de Logroño. —Clara sabía perfectamente que no estábamos destinados a quedarnos juntos, pero eso no la hacía quererme menos.

—Madrid —le contesté mientras perdía la vista en esos campos que me habían visto correr, montado en mi caballo imaginario—. Dicen que de Madrid al cielo, así que voy a ver si es verdad.

Después de ese día, las visitas de Clara se distanciaron, y en mi tonto egoísmo ni cuenta me di. Pronto iba a perder al gran amor de mi vida. Dicen que uno no sabe lo que tiene hasta que lo pierde, sabias palabras. Jamás encontraría otra Clara en mi camino, al menos hasta este día en el que estoy escribiendo estas páginas. Esa clase de amores son como el cometa Halley, pasa uno cada setenta y cinco años.

Y por el Bar Bolero pasaba medio mundo, y comencé a socializar como nunca en mi vida. De pronto, logré vencer un poco mi timidez, y me volví *nice* con la gente. Me di cuenta de que cuanto más convivía con los clientes, más éxito tenía el negocio. Es la regla de todo bar o restaurante: la hospitalidad. Y a mí, esa hospitalidad me sirvió para sacarme un poco de mi cascarón. Tan popular me estaba convirtiendo, que hasta me invitaron a ser el presentador de la plaza de toros en esas fiestas de septiembre. Con el micrófono en mano, hacía reír a la gente, entre chistes y ocurrencias. Allí de pie, dirigiéndome a la plaza llena a rebosar, sentí algo extraño: cuando me ponía frente al público, mis penas desaparecían, y las ansias de entretener y hacer que los demás también se olvidaran de sus propias miserias, despertaba en mí una fuerza mágica. Pasarían muchos años antes de que lograra entender que, en parte, ese era el destino que yo tanto buscaba: hacer sentir bien a los demás, ya que yo no podía hacerme sentir bien a mí mismo.

Pero no todo fue fiesta y logros en ese verano de 1996. Por esas fechas, mi abuelo Andrés estaba cada vez peor. Ya no alcanzaba ni a sentarse en su silla de ruedas, y se la pasaba acostado en cama, con mi abuela junto a él, cuidándolo como al bebé más querido y mimado del mundo. En la casa de la cuesta de Solana ya no se oían las alegres canciones de la Pantoja o de la Jurado. Los rezos constantes de mi abuela eran la nueva música de fondo. Rosalía rezaba con toda su alma, pidiéndole a Dios que no se llevara a su Andrés. Insisto: amores como los de antes, ya no se dan. Cincuenta años juntos, y Andrés y Rosalía todavía no estaban preparados para decirse adiós. Yo, con menos de un año junto a Clara, y ya planeábamos cómo sería nuestra despedida.

Una tarde, mi padre me despertó de la siesta.

—Sube con tu hermana a ver a tu abuelo un rato —me pidió muy serio.

Al llegar a la casa más feliz del mundo, al menos para mí durante toda mi infancia, la tristeza nos envolvió de pies a cabeza. El abuelo apenas se movía. Dormía y respiraba con dificultad. Nos quedamos un buen rato observándolo, junto a su cama, y luego salimos resignados, para continuar con nuestras obligaciones.

Esa misma noche, al cerrar el bar y llegar a casa, me invadió un pensamiento: *El abuelo ha muerto*. Una hora exacta más tarde llegó mi padre y nos despertó a todos. No fueron necesarias las palabras, supimos de inmediato lo sucedido.

—¿Y la abuela? —Esa fue mi primera preocupación: mi abuela adorada.

—Se quedó en casa con él. No quiso bajar a dormir con nosotros —me respondió mi padre con la voz del que está a punto de llorar, pero no puede.

Mi padre no derramó ni una lágrima frente a sus hijos, ni siquiera el día del funeral. En su cabeza, los hombres no lloran. En la mía, en cambio, llorar es el acto más noble y valiente que puedes llevar a cabo. Yo esa noche lloré, sin pena ni vergüenza, pensando en el abuelo, siempre sentado en su silla viendo la televisión.

Y mi abuela, después de ocho años cuidando a su Andrés día y noche, no estaba preparada para estar sola en esa casa tan llena de recuerdos.

—Quédate conmigo unos días —me pidió entre lágrimas y rosarios.

Mi madre asintió con la cabeza, así que no se habló más. Pasé el resto del verano viviendo con mi abuela. Del bar al campo, del campo a la casa de Solana, y allí, entre platos de sopas, macarrones, paellas y guisados, yo me sentía cada vez más alto y más guapo. Se me había olvidado que los cariños y las atenciones de mi abuela eran mi mejor medicina. También se me olvidó que mi metabolismo era un verdadero sinvergüenza, y terminé engordando... ¡veinte kilos!

Una mañana, bajé a casa de mis padres, y decidí darme una ducha rápida. Al salir de la bañera me vi reflejado en el espejo y quise morir. ¡No me reconocí! Inmediatamente odié todo más que nunca: me odié a mí, odié el pueblo, las calles, la gente que me miraba en el bar y me decía con sorna: «Qué buen verano Josemari, el veranito te está sentando rebién».

Después de ducharme, regresé a casa de mi abuela. Estaba muy nublado, parecía que iba a empezar una de esas buenas tormentas eléctricas tan típicas de mi tierra. Al entrar, sorprendí a mi abuela sentada en la mesa de la sala sola, infinitamente triste. Nunca la había visto tan triste, ni siquiera durante el funeral del abuelo días antes. Atrás habían quedado las visitas, las flores y los mensajes de consolación, y ahora el silencio y el vacío se habían apoderado de su casa y de su vida. No supe qué decirle, ni cómo consolarla. Ahí estaba ella, pasando por el peor trance de su vida, y yo sintiéndome tan mal conmigo mismo que no podía ni ayudarla. ¡No podía ayudar ni a uno de los seres que más quería! En ese instante me quise todavía menos.

Zaragoza no logró cambiarme por dentro ni por fuera; Logroño, aunque me regaló el amor de Clara, tampoco pudo con mi falta de amor propio. ¿Hasta cuándo tendría que pelear con estos demonios internos? ¿Hasta dónde debería huir para dejar de ser quien era y empezar a ser quien quería ser?

Sin que mi abuela se diera cuenta, salí al corral y me asomé a la terraza. El cielo se ponía cada vez más oscuro, cubierto de nubarrones, y el ruido de los cerdos golpeando las puertas de metal de sus cochineras no cesaba. Ya tenían hambre. Un par de gallos cantaron, desorientados con tanta oscuridad en medio del día. Con esa extraña música de fondo, me subí a la tapia y me senté con los pies colgando al vacío. Era un muro de varios metros de altura. Desde ahí veía la puerta de la bodega donde todavía nos reuníamos con los amigos, y recordé cómo se habían reído de mí aquel día mientras yo me escondía en el cuartito secreto. Con cada pensamiento me iba metiendo yo solito más y más en mi propia novela depresiva, en mi propia película patética y gris. Yo solo estaba cavando más y más hondo ese hoyo del que pronto nadie me podría sacar. No es que el mundo me odiara: ¡es que yo me odiaba! Ya no iba a decir que quería saltar, simplemente quería hacerlo, sin que nadie lo supiera y para que no me detuvieran. Sentado en ese muro, pensé en el ventanal de la sala de mi casa. *Esto está más alto, es al menos como tres pisos*, me dije, para consolarme de que del golpe no quedaría vivo. Lo único que me detenía era la imagen de algún vecino contándole a mi madre que su hijo se había quitado la vida. ¿Quién le daría la noticia? ¿Y cómo se lo dirían? Ella se culparía a sí misma de mi locura y, aunque todavía le quedaría mi hermana, jamás se recuperaría de un trauma así. Es difícil de explicar lo que pasaba por mi cabeza, porque el dolor es más fuerte que los propios recuerdos, pero, en ese instante, cuando llegas al precipicio, estás tan roto por dentro, que no piensas que el problema tenga solución. En mi delirio, analicé la posibilidad de dejar una nota, o no escribir ninguna explicación. Tal vez era mejor dejarles pensando que se trató de un accidente, para que no sufrieran tanto. También sopesé si sería mejor saltar con los ojos cerrados o abiertos. Cerrados, esa fue mi conclusión.

No sé cuánto tiempo pasé perdido en esos terribles pensamientos. ¿Un minuto? ¿Una hora? Lo único que sabía era que no había forma de encontrar la luz en tanta oscuridad. La única luz que veía era esa que brilla al final del túnel, después de acabar con todo.

Con la imagen de ese túnel de la muerte y esa luz que nos espera al otro lado, me llegaron estas palabras: «Es hora de comenzar en otra vida». Un viento suave empezó a soplar y escuché el silbido del aire. Luego, silencio total. «Es hora de comenzar en otra vida, de volver a nacer». Esas palabras se repetían en mi cabeza. ¿Volver a nacer? No entendía bien ese mensaje. Yo creía y creo en la reencarnación, pero no era eso exactamente lo que me quería decir ese viento allá arriba de la tapia.

—Mi capitán. —La voz de mi abuela llegó desde lejos, suave, implorante, mientras yo seguía en mi trance—. Mi capitán, deja de jugar ahí arriba, no te vayas a caer y tengamos otra tragedia. —Mi abuela me miraba desde el corral, con las manos en forma de oración, rogándome que me saliera de allí y bajara a sus brazos—. Tú eres mi vida.

Sin pensarlo, y con cierta vergüenza porque mi abuela me había descubierto en un momento tan vulnerable, bajé del muro y la abracé.

—Tu madre me mata si algo te pasa, prométeme que no vas a hacer ninguna tontería —me regañó mi abuela con mucho amor y quintándole importancia a lo que acababa de ver, aunque yo sabía que se había dado cuenta de mis intenciones.

—Prometido, abue. —La tranquilicé en pleno abrazo—. Josemari ya no hará más tonterías. Se acabó Josemari.

Y se acabó Josemari, porque en los días siguientes a esa tarde de tormenta, todo empezó a tomar sentido. Comprendí que yo no tenía que morir para nacer de nuevo, que lo que esa voz me intentó decir arriba de aquel muro era que podía reencarnarme en otro ser, en esta misma vida, sin necesidad de pasar por la muerte.

Mientras hacía las maletas para irme a Madrid, elegí por decisión propia nacer de nuevo. Ya no sería Josemari, ahora sería Jomari Goyso. Ese sería mi nombre a partir de entonces. Y hasta me inventé otra fecha de nacimiento que le diría a todos a partir de ahora. En cuanto llegara a la capital pondría mi plan en marcha. Era más fácil reinventarme que morir.

Dicen que de los momentos más oscuros nacen las esperanzas más puras.

JOMARI GOYSO

Si no has vivido la oscuridad más densa, no puedes ver la luz más pura.

JOMARI GOYSO

7.

El morbo sin más

espués de esa tormenta de final de verano que nunca alcanzó a estallar, llegó la tormenta final entre Clara y yo.

Mis maletas me esperaban repletas sobre la cama, mientras mi madre me miraba resignada. Ya se estaba acostumbrando a tanto ir y venir.

—No te olvides de los calcetines nuevos. ¿Y el abrigo azul con cremallera? —Mi madre querida me daba sus últimos consejos.

—Sí, madre, ya metí todo. —La tranquilicé como siempre hacía.

Aunque no estaba totalmente preparado para cerrar esas maletas y largarme. Faltaba una cosa: Clara. ¿Qué iba a hacer con Clara? ¿La metía o la sacaba de mi equipaje para siempre?

Creo que es el momento de «aclarar» lo de Clara, es hora de contar lo complicado que es esto del amor que, irónicamente, siempre pintamos con un sencillo corazón rojo.

La gente vive curioseando sobre los amoríos y la sexualidad de los demás; me imagino que lo hacen porque les da miedo asumir la suya en libertad. Siempre quieren saber, en entrevistas o en cualquier otra conversación, de quién te enamoras y qué clase de amor es el que tú practicas (porque hay infinitas maneras de amar: con o sin respeto, con o sin sexo, con o sin exclusividad, con o sin futuro). Y con o sin inocencia, tras cada pregunta que te hacen sobre tu vida amorosa, se esconde un morbo y un juicio. En este caso sé que he despertado el morbo con mi historia de Clara; morbo sin más, y lo voy a intentar aclarar tanto como mi corazón me dicte y mi razón me aconseje.

El amor de mi vida fue y será Clara. Obviamente, a mis quince años no lo sentí así. A esas edades no se habla de amores de tu vida, ni de lo que la gente significa para ti, pues no tenemos todavía con quién compararlos, ni hemos vivido lo suficiente para llegar a esas conclusiones tan serias.

A mis quince sabía que Clara era lo más grande, lo máximo, la persona con la que podía pasar horas y días y no sufrir pensando si me quería de veras o era mi amiga por interés. Era la única persona, fuera de mi círculo familiar, a la que le podía confiar mis más oscuros pensamientos, mis más horribles dudas, y ella asumía con cariño su papel de cuidarme, de comprenderme, y de querer rescatarme de mi propia cárcel. Clara era mi confidente, mi psicóloga, mi consejera, mi todo. Insisto en esa palabra: todo. Eso es el amor, cuando alguien significa todo para ti. Un todo que se convierte en nada si tú no te sabes querer a ti mismo. El odio que me tenía era más fuerte que el amor que sentía por ella. ¡Qué pena aceptarlo ahora, que han pasado tantos años!

Es ahora, a la hora de escribir este libro, cuando le pongo nombre a lo que sentí por Clara: el amor de mi vida. Y le otorgo ese importante título porque no he vuelto a querer así, ni a ser querido de igual manera.

¿Nunca más llegará otra Clara a mi vida? No lo sé, no soy adivino. Ni siquiera sé si, en esa próxima vez, si es que llega, me enamoraré de un hombre o de una mujer, o de ambos. Lo único que tengo presente hoy es que desconfío del amor, sea de la clase que sea. En los círculos en los que me muevo, por mi trabajo y mis proyectos, el amor verdadero escasea, y no es fácil encontrar quien se enamore del que yo solo conozco, y al que tú estás empezando a conocer un poco más a través de estas páginas. Sin ánimo de sonar a derrotista o amargado, pero no veo a ese verdadero amor llegar a mi puerta y llamar de nuevo; por lo tanto, Clara es lo más cercano al amor de mi vida que jamás he tenido y sentido, y no necesito explicar nada más.

Esa mañana, antes de partir de Igea a continuar mi camino por el difícil arte de quererme, decidí sacar a Clara de mi equipaje.

Es que, en esta novela de morbos y juicios, e historias a medio contar, se me había olvidado mencionar que Clara tenía novio. Todo ese tiempo durante el que construimos una amistad única y genuina, Clara tenía un novio de esos con los que te casas y todo el mundo va a tu boda y exclama: «¡Qué bonita pareja!».

En una de nuestras eternas conversaciones sentados en su auto, viendo la noche caer por los campos de Igea, Clara insinuó que lo dejaría todo por mí. Ahí mismo tomé la decisión. Yo me odiaba demasiado como para poder ser lo que ella merecía. Una mujer dispuesta a tanto por otro ser merecía algo más que un mocoso inseguro.

Los títulos y los nombres que intentan definirte, solo frenan y condicionan tu capacidad de evolucionar, aprender y cambiar.

JOMARI GOYSO

8.

De Madrid al cielo

Existe un viejo dicho, que yo escuchaba cada verano cuando los hijos o nietos de las personas mayores del pueblo regresaban de vacaciones.

—De Madrid al cielo —les decían los que nunca se habían ido a los que cambiaron el campo por la capital.

Yo no lo entendía muy bien, pero quise ponerlo a prueba. ¿Sería Madrid el cielo que tanto buscaba? Al menos, en mi cabeza, Madrid era el destino que necesitaba para empezar con mi plan. Desde aquel día de tormenta, encaramado en la tapia del corral de mi abuela, la decisión estaba tomada: nada más llegar a la capital, yo dejaría de ser yo. Tan fácil como eso. Usaría mi nuevo nombre, Jomari, y haría como aquel viento me dijo en lo más alto del muro: volvería a nacer.

Ahora ya no me angustiaría por ser rechazado, no mendigaría aceptación, ni sufriría si los demás me insultaban. No me importaría el qué dirán ni las miradas inquisidoras escaneándome con morbo para ver si yo era así o asá. Ya no quería complacer a nadie. Se acabó.

Desde el momento en el que me dispuse a salir del pueblo lo supe. Estaba tomando las riendas de mi futuro.

El adiós fue fácil para mí. Lo único que me entristecía era despedirme de mi madre y de mi abuela.

—Te he preparado una bolsa de comida con todo para que te lleves a Madrid, mi capitán —me dijo la guapa Rosalía, todavía enfundada en un triste vestido de luto—, porque a saber qué comidas tienen por esas ciudades tan grandes.

Le acepté la bolsa llena de chorizos, jamón, pan y quién sabe qué más, y lógicamente, no me la llevé. La dejé en mi casa, con mi madre. Lo que menos necesitaba en mi nueva vida eran esos embutidos adictivos a los que, una vez hincabas el diente, no podías parar.

Y así, sin chorizos y con ganas de comerme el mundo, llegué solo con mis dos maletas a Madrid. *Esto es enorme*, recuerdo que fue mi primera sensación cuando el autobús me dejó en la Avenida América, *aquí es imposible encontrarme a nadie conocido, aquí podré perderme y desaparecer para siempre*. Aunque no iba a estar totalmente solo. Esos primeros meses, hasta que encontrara algo más permanente, compartiría piso con una prima segunda que estaba estudiando derecho. Sí, mi madre se salió con la suya y me encontró familiar al que arrimarme, pero no sería por mucho tiempo. Mi prima Raquel se la pasaba estudiando y trabajando, y yo, desde el primer día, callejeando. Ahora podría experimentar el mundo con total libertad. ¡Por fin!

El primer día de clases en el Instituto de Bachillerato Gregorio Marañón llegué emocionado. Los nombres de las asignaturas me fascinaban: historia del arte, filosofía... Iba tan alucinado que, olvidándome de mi timidez, me senté en primera fila, algo que no solía hacer. No sé si fueron imaginaciones mías, pero Madrid ya me sonreía: los compañeros comenzaron a entrar en el aula y todos me saludaban muy amables. Nada que ver con mis pasadas experiencias en Zaragoza y Logroño. ¿Será cierto que de Madrid al cielo?, me pregunté mientras una guapa pelirroja se sentaba a mi derecha, una morena a mi izquierda y un chico con cara simpática justo detrás de mí. Zoraida, Mercedes y Javi, mis tres primeros verdaderos compañeros de clase en mi vida. Como me sucedió con Clara, los cuatro gravitamos juntos de inmediato. Mercedes, loca como ella sola, era la líder. Zoraida era muy educada, pero igual de extrovertida que Mercedes. Y Javi, artístico y soñador, siempre andaba dibujando en pedacitos de papel. Todavía recuerdo el caballo que hizo ese primer día de clases mientras se presentaba la nueva profesora. Desde ese instante, nos convertimos en los cuatro mosqueteros. ¡Yo no sabía que era tan fácil hacer amigos! Esto resultaba totalmente nuevo para mí.

—Chicos, mi colega trabaja en una de las discotecas más *guays* de Madrid, la OHM, y nos deja pasar —dijo Javi recién estrenada nuestra amistad.

—Yo no puedo ir el sábado, los fines de semana cuido a mi hermanito. —Zoraida puso cara de resignación.

—A mí no me van a dejar, pero me escapo y ya está. —A Mercedes todo le daba igual, era la más atrevida.

Quedamos el sábado a la una de la mañana en la Gran Vía. Los tres llegamos nerviosos y puntuales. Después de todo éramos unos críos de dieciséis y diecisiete años, y la discoteca a la que íbamos era la más solicitada de Madrid en aquellos días. En la puerta, el amigo de Javi nos dejó pasar con un gesto como el que te perdona la vida, y sin más, como tres pueblerinos, aunque el único de pueblo era yo, nos plantamos en medio de la pista. Recuerdo perfectamente que yo llevaba una camiseta negra con el nombre del diseñador en blanco estampado enfrente: PACO RABANNE.

—¡Paco! —me gritó por encima del ruido un tipo—. Rafael Amargo os quiere invitar al privado de la discoteca.

—No me llamo Paco —le respondí con esa rebeldía mía que nunca se quedaba en casa. —Qué Paco ni qué coño, no quiero ir a ningún privado.

—¿Rafa Amargo? —exclamó Javi cuando el tipo se fue—. Es el bailador de flamenco, lo fui a ver hace una semana al Teatro Real y es una pasada.

Yo todavía no entendía el rollo de los famosos, y me daba igual. Mi cabeza funcionaba de otra manera, y no comprendía esas ansias que tenían todos de acercarse a las celebridades para ver si algo mágico les sucedía. Casi veinte años después, te puedo decir que esa magia nunca llega. Por codearte con los famosos tu vida no va a cambiar. Pero aquella noche, el destino quería que conociéramos a Rafa Amargo, quién sabe para qué.

—A ver Paco —esta vez era el mismo bailador que bajó del privado y me tocó la espalda—, que parece que no quieres aceptar mi invitación.

Javi no me dejó contestar. Rápidamente le sacó conversación al apuesto artista, para evitar una de mis groserías (que no recuerdo si se la dije o no). A Rafael mis desplantes le importaban poco. No era hombre fácil de disuadir. Con una sonrisa de anuncio de Colgate se despidió y regresó a su privado, como el rey de la noche que era. Nosotros, los pollos remojados del gallinero, nos fuimos al camerino porque Javi conocía también a la chica que trabajaba de relaciones públicas en la discoteca.

—¡Amber mi vida! —gritó Javi al entrar al cuartucho.

Yo, dos pasos detrás de mi amigo, me tapé los ojos con la mano, como monje en convento. Sentada en la única silla que había estaba una rubia imponente, con las tetas al aire, y un hombre de pie, detrás ella, que se las masajeaba como terapeuta obsceno.

—Hola, Javito, veo que traes carne fresca —la tal Amber me señaló con un dedo, mientras regañaba al misterioso masajista—. ¡Y tú, déjalo ya, que pareces maricón, sobándome las tetas, ni para eso vales!

De un brinco se puso de pie y se subió el vestido de licra. Vino hacia mí y me agarró la mano. Tardaría años en soltarla.

—Vamos, muñequito, deja que te muestre la disco, ¿cómo te llamas? —Me sacó del camerino y me arrastró de regreso al estruendo y la música.

—Jomari. Me llamo Jomari —le respondí medio atontado ante tanto arranque y arrebato. ¡Pero me sentí bien! ¡Era la primera vez que me presentaba con mi nuevo nombre! Mi plan ya estaba en marcha: mi nueva realidad.

—Sí, vamos, Josito, vamos a la barra. —Amber ignoró por completo mi nuevo nombre, y me rebautizó al instante y sin mi permiso.

Ahí nació Jomari para mí y para el mundo, y nació Josito para Amber, la «relaciones públicas» que dormía cada noche en una cama ajena, y regresaba con unos euros y unas flores en la mañana.

Amber, obvio, no es su nombre de pila. Ni siquiera es su nombre de guerra. La he rebautizado para este libro, por razones obvias, como ella me rebautizó aquella noche en la famosa OHM.

Qué curioso. Siempre son las mujeres las que ven algo especial en mí, me llame Jomari, Josemari o Josito. Amber, dentro de su locura delirante, vio en mí lo mismo que vio mi abuela y lo mismo que vio Clara. Me vio por dentro desde el primer segundo, y con ella tampoco serían necesarias las mentiras, los miedos, ni los secretos. El terremoto Amber me impulsaba y me sacudía a ser mi mejor versión, y lo fui desde ese primer paseo por la discoteca, colgando de su mano.

La noche terminó a la hora que termina la fiesta en España, a las seis y media de la mañana, y Amber le dijo a Javi que nos íbamos todos a un *chill out* con un amigo suyo a casa de otra amiga. Resultó que el «amigo» de Amber era Rafa Amargo, así que, entre las risas de todos, burlándose de mi camiseta de Paco Rabanne, caminamos en grupo por las calles de Madrid hasta llegar al portal de la casa de la «amiga del amigo». Amber llamó al timbre como la que quiere despertar a todo el vecindario.

—¡Coño, Rafa! —La que salió a abrirnos era Paz Vega, una de las actrices más famosas (y más guapas) de España—. Siempre llegas con toda la porquería de la discoteca, tío.

Javi y yo nos quedamos fosilizados. Tierra trágame. La mismísima Paz Vega nos estaba mandando a la mierda.

—Nena, son unos niñitos divinos, carne fresca —la intentó convencer Amber, aunque de nada sirvió.

Creo que Paz estaba cansada de toda la gente que Rafa y Amber llevaban a su casa, así que Javi y yo nos miramos, nos encogimos de hombros, y nos fuimos escaleras abajo. Hasta la semana que viene, Amber, porque la fiesta en Madrid nunca termina.

Con los años, Paz Vega, su hermana Sara y su madre Mari Paz se convirtieron en grandes amigas y parte de mi familia. El destino nos unió en muchas ocasiones por trabajo y por amistad. De vez en cuando le recuerdo a Paz la escena de la puerta y nos reímos como locos. Las buenas historias no son buenas por sus comienzos, sino por sus finales. La nuestra no pudo acabar mejor.

Esa mañana, desvelado, andando por las calles del centro de Madrid, mientras pasaban la barredora, y algunas dependientas ya subían las persianas de las zapaterías y de los restaurantes, el que se iba a dormir agotado era Jomari. Jomari Goyzo. Tuve el presentimiento de que, en ese mundo recién descubierto, iba a encajar un poco mejor.

Ya contaba con verdaderos compañeros en clase, y con una nueva aliada: Amber, con sus tetas recién operadas, y sus miles de amigos nocturnos.

Si dicen que, de Madrid al cielo, ¿eso significaba que Amber sería mi ángel guardián? Un ángel un poco especial, porque además de alas, este ser tan carismático e indomable, llevaba cuernos...

Rodéate siempre de la gente que es libre de mente porque ellos te ayudarán a conseguir tu libertad.

JOMARI GOYSO

9.

La prostituta

as clases en el instituto de Madrid eran cada vez más duras, y cada vez me iba peor en las calificaciones. Historia del Arte, Filosofía y hasta Inglés, todo me resultaba más complicado de lo que imaginé. Me la pasaba sufriendo entre el gótico, el neolítico, Nietzsche y Kant. ¡Y no podía ni decir *hello*! *Qué pesadilla todos estos filósofos y arquitectos*, pensaba frustrado cada noche, intentando memorizar las características que diferenciaban las esculturas griegas de las romanas. «Mejor me hubiera quedado de plomero o de peluquero», gritaba cuando veía las notas que sacaba: cinco, seis, siete... Los sobresalientes que le había prometido a mi padre brillaban por su ausencia. Cada vez me sentía más estresado, tanto que estuve a punto de tirar la toalla y regresarme a Igea.

—No pasa nada, nene —me calmó mi madre por teléfono—. Tú sigue ahí, en Navidad, cuando vengas al pueblo, decides qué vas a hacer o tomas clases extras para recuperar.

El tono de mi madre me calmó y, cómo no, Amber también llegó para darme ánimos. Llevábamos ya tres meses de intensa amistad.

—Tú te quedas porque te quedas —me regañó como siempre hacía ella, apuntando con ese dedo lleno de anillos y su uña larga postiza puntiaguda, de color rojo tomate.

Amber te podía convencer de cualquier cosa. Su amiga Jill siempre decía que era capaz de venderle un televisor a un ciego. «Esta loca lo convence de que le sirve como radio y al mismo tiempo le decora la casa». Se burlaba la también exótica Jill. «Y si el ciego le dice que no, que mejor se compra una radio, la loca le insiste que la tele también le sirve de mesa, y la radio no».

Jill no exageraba. Amber tenía un don especial, un magnetismo irresistible. Veía la vida con una naturalidad brutal, muy honesta con todo, y muy sana en sus costumbres, por lo general. No era adicta a nada, y sabía controlarse muy bien. Podía pasar días sin beber ni hacer ninguna locura, pero tampoco era una santa cuando la invitaban. Como decía ella, quitada de la pena: «Por una pastilla de vez en cuando no pasa nada, por una raya de coca, tampoco, que está de moda, fumar cigarrillos es *cool*».

Tal vez, dejando a un lado su locura, lo bueno que Amber sabía de la vida lo había aprendido de sus padres. Ambos eran psicólogos, y vivían en alguna ciudad del sur de España. Amber, o quién sabe cuál era su verdadero nombre (Ana, Pilar o Carla), también llegó a la capital con miles de sueños, al igual que yo, y pronto sintió la necesidad de reinventarse, cambiarse el nombre, y salir a buscar su pedacito de cielo en Madrid, tal y como me sucedió a mí. ¡Éramos tan distintos y, a la vez, tan iguales! Yo jamás he tenido el desparpajo que ella tiene, ni el atrevimiento, ni el valor. Porque para ser Amber, hacía falta valor.

—Josito, esta noche te paso a buscar que nos vamos a la fiesta del conejo —me dijo una tarde de viernes.

—¿Qué fiesta es esa? —le pregunté acostumbrado a sus sorpresas y a los mil líos en los que me metía.

—Josito, qué te importa de quién es, si vas a ir conmigo. —Amber siempre tenía respuesta para todo, sin llegar a contestarte jamás lo que preguntabas.

Así que yo, calladito y cooperando, fui con ella a la dichosa fiesta. Resultó ser en casa de Jill, a quien yo había conocido en un par de ocasiones. Amber la llamaba Lady Hurto, porque cuando iban al Súper, siempre se robaba un par de cremas. «Josito se pagan muchos impuestos, las cremas son como un regalo del supermercado porque somos buenas clientes». Me intentaba explicar Amber, defendiendo a su querida amiga.

La fiesta apenas estaba empezando, pero en el apartamento ya no cabía un alma más. Amber me pidió que la acompañara al baño, para retocar su maquillaje, cuando vio una caja de Tampax en la vitrina, junto al espejo. Mi amiga, pura dinamita, agarró la caja y salió agitándola hasta el medio de la sala, y echando humo por las orejas.

—Maricón —le gritó a Jill con esa manera tan graciosa que tenía de decir las cosas—, no me digas que ahora tienes la menstruación y vas a ser madre en unos años. ¡Que te acabas de hacer el conejo y se ve natural, vale tío, pero tampoco inventes fantasías!

Los invitados estallaron en risas y silbidos, y así fue como me enteré de que Jill era una mujer transgénero, que se acababa de operar sus partes íntimas, y que por eso la fiesta se llamaba «del conejo».

Jill se enojó, le gritó a Amber, Amber le gritó al amigo de Jill, y en un suspiro estaban todos peleando, fumando, bebiendo y discutiendo.

—Vámonos, Josito, que aquí no saben aguantar ninguna broma. —Amber me agarró de la mano que nunca me soltaba, y me empujó hacia la puerta—. Además, ya me aburrí.

Esa noche, al llegar a su casa, me convenció para que me quedara con ella. «Josito, que no te voy a violar». Me insistió con sus dotes de encantadora de serpientes, hasta que accedí. Una vez en la cama, cada uno en su lado, como buenos amigos, me dijo que me bebiera un té antes de dormir.

—Mira, Josito, este té de jengibre es bueno p'a esto, p'a lo otro, y bla bla bla —me recitaba mientras me ponía la taza frente a la cara.

Me lo bebí de golpe para que se callara, y me abracé de la almohada, dispuesto a cerrar los ojos. En esos tres meses, habíamos dormido juntos antes en sofás y en casas de amigos, siempre como hermanos, aunque a ella le gustaba bromear y me pellizcaba y me intentaba besar para hacerme reír.

Esa noche, no fueron necesarios ni risas ni pellizcos. Estaba a punto de conciliar el sueño cuando sentí que se me paraba aquella cosa y no se bajaba de ninguna manera. Amber, muy astuta, me daba pataditas y codazos, mientras repetía:

—Josito, tengo frío... osito Josito qué seco eres, ven aquí, abrázame.

Y yo, cada vez más pegado al lado de la pared, como una ventosa, hasta que, a media noche, se cansó de rogarme, y se levantó como loca.

—¡Mierda de viagra, sabía que era una estafa!

Así fue como entendí lo que me pasaba ahí abajo. ¡Me había drogado con viagra para enredarme en sus rollos de cama! Amber, Amber... Ella tenía una forma muy genuina de hacer lo que le diera la gana; era una estrella, un espíritu rebelde, irreverente y libre, por eso todos la queríamos mucho y no podíamos enojarnos por sus locuras. Todos deseábamos tenerla cerca, porque con ella no había ningún minuto aburrido. A pesar de sus atrevimientos, todos terminábamos perdonándola, porque Amber sabía entretener como nadie, y sabía hacernos sentir especiales.

Ese sábado nos despertamos tarde y no me dejó ir a mi casa.

—Josito, te quedas conmigo, porque esta noche es el cumpleaños de mi mamá artística, y te la quiero presentar. —Amber ya tenía todo el fin de semana planeado para mí.

Oh, cielos, pensé entre divertido y aterrado, *sobreviví la fiesta del conejo y el viagra, a ver qué sorpresa me deparará esta noche.*

—¡Pero no puedo ir a la fiesta con estos pelos! —gritó Amber, mirándose al espejo—. Vas a tener que hacer algo, Josito. Ponte creativo.

—Si quieres te pongo una escoba en la cabeza —le bromeé al verla tan desesperada—. Genial, sí, hazme algo como una cresta, superroquera —me retó muy en serio.

Así que bajé a la ferretería, compré un poco de silicona industrial, y con unas extensiones rubias que tenía en un cajón le hice una cresta postiza con la que Amber se sintió como una diosa. Ya estábamos listos para ir a la fiesta de su amiga, que sería en un club nocturno muy conocido.

—Mi amiga canta, y esta noche tiene concierto —me aclaró Amber mientras esperábamos el taxi para ir al club—. El cumple se lo celebraremos luego, cuando termine su *show*.

El taxi nos dejó en la puerta lateral del lugar, y entramos como VIP, por detrás del escenario hasta llegar a los camerinos.

—Hola, guapa, feliz cumpleaños —le dijo Amber a la mujer de pelo rojo fuego que se maquillaba frente al espejo rodeado de focos.

Yo me quedé petrificado. La cantante y cumpleañera a la que veníamos a festejar era Alaska, la reina de la movida madrileña.

—Niña, ¿él es tu novio? —preguntó la legendaria artista, intrigada con mi presencia.

—Josito es mi peluquero personal —Amber le contestó sin pensarlo dos veces—. Y anoche me lo quise tirar, pero la pastilla que le puse en el té no funcionó.

Las dos divas estallaron en carcajadas y se abrazaron de nuevo, como colegialas, felices con sus picardías.

—¿Y tú le hiciste esta cresta tan espectacular? —me preguntó Alaska, famosa precisamente por sus peinados atrevidos y vanguardistas.

—Sí. —Fue lo único que salió de mi boca.

—Ah, niño, pues tú me puedes peinar esta noche. Toma. —Y la reina de la movida me pasó la plancha del pelo.

… Y el resto es historia. Ese día comenzó mi carrera profesional. No sería plomero, no sería cantinero, no sería historiador de arte. Ese sábado noche, con la plancha del pelo en mano, y por obra y arte de Amber, me convertí en el estilista de las estrellas.

Un día aquí, un día allá. Empecé a compaginar mis estudios con ir a peinar a las amigas de Amber, de Jill, de Alaska, y de cuanta diva nocturna me lo pidiera. Yo estaba tan verde que todavía ni les cobraba. La primera que comenzó a pagarme por mis servicios fue Alaska, cuando me pedía que la acompañara a sus conciertos para arreglarla antes de salir a cantar. Mientras ella cantaba, yo me ponía a un costado y bailaba como loco todas sus canciones. La guapa mexicana (porque su verdadero nombre es Olvido, y nació y creció en México) me miraba y sonreía, hasta que un día me llamó al escenario y me invitó a bailar con ella.

—*Hey* —exclamó el manager— ¿por qué no hacemos un grupo de bailarines que te acompañen en este *tour*?

—Pues me parece genial. —Aceptó la enigmática pero siempre encantadora Alaska.

Ya estaba decidido. Amber sería la líder y la encargada de coordinar a todos los bailarines.

—Nos llamaremos «Special K» —gritó Amber, feliz con su gran idea.

Cabe aclarar que el nombrecito para el grupo no tenía nada que ver con los cereales del desayuno. En esos tiempos, Special K era el nombre que le daban a una droga nueva que circulaba por bares y discotecas; un fuerte anestésico que producía alucinaciones, y que se puso muy de moda en los *after*.

Con las famosas y el escenario, y los VIP, la gente empezó a mirarme de otra manera. Me volví más visible, o tal vez ya lo era y no me había dado cuenta. Algunos hubieran matado por estar ahí, en ese recién estrenado círculo de amigos tan populares. La verdad es que de nada sirve rodearte de gente tan especial si tú, por dentro, todavía no te sientes así. Yo seguía con mis miedos y mis inseguridades. Algunos de esos miedos del antiguo Josemari de Igea se habían mudado con el Jomari de Madrid. Pero, al menos, en este nuevo círculo de artistas y aves nocturnas, me sentía más cómodo. Era gente extremadamente liberal, que jamás se asustaban de nada. Así que nadie se preocupó de juzgar a ese niño recién llegado del pueblo que muchas veces no saludaba y que se sentaba en un rincón.

Precisamente por esos días, Alaska empezó a llamarme «el niño». Se dio cuenta de que yo nunca bebía, no me drogaba, y siempre estaba pendiente de las cosas. Era y sigo siendo muy responsable.

—El niño es muy talentoso María, por si lo necesitas para cualquier cosa —le dijo una noche Alaska a la legendaria María Jiménez.

La palabra de Alaska es muy respetada, así que, al día siguiente, yo estaba en casa de la famosísima cantante folclórica María Jiménez, peinándole esa melena rubia salvaje teñida que ha lucido toda su vida.

—Elsita, el niño es el que mejores trenzas hace —le decía Alaska a Elsa Pataki, otra actriz española, pero mucho más joven.

Y yo, que jamás había hecho una trenza profesionalmente, me ponía manos a la obra. Elsa iba a asistir a una fiesta y tenía que deslumbrar. Luego, llegó a mis manos la mismísima Naomi Campbell, y la querida Elsa, que era parte del grupo, me traducía lo que la guapa modelo británica me decía, mientras yo la miraba con cara de tonto, y no entendía nada. Poco a poco, mi lista de clientas iba aumentando.

Alaska sabía que no la iba a defraudar con sus amistades, y también sabía que, a las cinco de la mañana, en las fiestas en su casa, yo era el único que iba sereno.

—Niño, quédate un rato y asegúrate de que nadie me robe nada, y luego si quieres te vas —me rogaba con mucha educación cuando se quería ir a dormir, pero los zombis seguían pululando por su apartamento.

Lógicamente, no le podía negar el favor. Ella era divina conmigo. Así que me quedaba paseando de la cocina al salón, observando de vez en cuando a los invitados que no conocía bien, y prestando atención para que no desaparecieran las piezas de arte pop que la gran Alaska coleccionaba por toda la casa. Cuando la fiesta comenzaba a decaer, y me preparaba para marcharme, alguien del grupo siempre me mandaba en un taxi por un encargo. Yo bajaba, me metía en el taxi que ya tenía la dirección, llegaba al lugar, y otro «alguien» me daba el paquete. Yo jamás preguntaba, pero no había que ser Sherlock Holmes para adivinar que dentro del misterioso paquetito no había pastillas para la tos. Yo lo entregaba de regreso en el apartamento y, buenas noches, por fin me iba a dormir. Tenía que recuperar fuerzas para volver a bailar en unas cuantas horas en el próximo *show*.

Recuerdo una noche en especial en la que teníamos actuación en una sala de Madrid. Alaska cantó con todo el dramatismo con el que solo ella sabe cantar, y nosotros, los Special K, bailamos como endiablados. Al terminar la presentación, entró Pedro Almodóvar en el camerino, y me dijo: «Muchacho, te robaste el *show*». Le di las gracias, y no supe qué más decirle. Me quedé mudo, tonto, lelo. Así que Almodóvar se fue a hablar con otro de los bailarines. Inmediatamente, pensé en las palabras de mi abuela, que siempre me decía que yo iba a terminar trabajando en la televisión. Hay ocasiones en las que el futuro se manifiesta ante ti y tú ni lo ves. Y así estaba yo: en total negación, todavía sin creer en mí, ni quererme, ni sentirme uno más. Los fantasmas del pasado me hacían desconfiar hasta de las palabras del mismísimo Almodóvar.

El verano llegaba, el curso se terminaba, y yo seguía empeñado en estudiar bachillerato quién sabe para qué. Al final no obtuve las grandes calificaciones a las que estaba acostumbrado, y tendría que volver al pueblo a enfrentar a mi padre.

¿Cómo explicarle al señor Josemaría que su hijo ya no iba a ser ni plomero, ni cantinero, ni agricultor? Ahora era peluquero-bailarín. Y todo se lo debía a una prostituta divina.

Por una prostituta, aunque suene loco, inicié esta carrera de estilista que tantas satisfacciones me ha dado. En las entrevistas me resulta complicado explicarlo cuando me lo preguntan, porque es muy fácil malinterpretarlo. Ahora ya lo saben: me convertí en estilista de las estrellas gracias a una loca que a veces hacía el amor gratis y a veces cobraba, pero que supo ver en mí algo más que el muchacho tímido que apenas saludaba, y que no dejaba que nadie se acercara a su corazón.

Nunca dejes que la ignorancia te haga juzgar y alejarte de la gente.

JOMARI GOYSO

Todos tenemos
necesidad de
amor.

JOMARI GOYSO

10.

Padre nuestro que estás en el pueblo

—¿Cómo te ha ido? —Fue la primera pregunta que me hizo mi padre al llegar al pueblo después de terminar las clases de mi primer año de bachillerato.

—Bien, bien, preparado para empezar el siguiente curso —le respondí sin más explicaciones y cambiándole de tema. No quería confesarle que, por primera vez, mis grados habían bajado—. Me voy a abrir el bar, que este verano voy a tener mucho trabajo.

¡Y lo tuve! Los dos siguientes meses los pasé del bar a las granjas de mi padre, y de las granjas al bar, hasta que mi padre se empeñó en que, a finales de agosto, nos iríamos todos juntos a nuestras primeras vacaciones familiares en la playa. Mi madre no cabía en sí de felicidad. Al fin podría dejar de lavar, planchar y cocinar durante unos días y vivir como una reina. Mi hermana también estaba encantada de ir a la playa y comprarse todo lo que se quería comprar. El único que pasaba de ir era yo. Eso de ir a la playa, y tener que ponerte en bañador y que todos te miren, no me seducía en absoluto. Además, todavía le guardaba cierto resentimiento a mi padre, acumulado de mis años de infancia.

Al tercer día de nuestras vacaciones playeras, mientras comíamos en el chiringuito de turno, saltó la chispa. Mi padre se arrancó con uno de sus monólogos sobre su tema favorito: yo. Que si yo no escuchaba a nadie, que si yo hacía lo que me daba la gana. Esa cantinela la llevaba repitiendo año tras año, pero, por primera vez, le contesté de regreso. Hasta esa fecha, yo jamás les había contestado o levantado la voz a mis padres. Había sido un niño en cierta manera rebelde, pero nunca maleducado, y jamás les había faltado el respeto. Sin embargo, ese día le paré los pies al jefe de la familia. Tal vez lo vivido ese año en Madrid me había hecho más fuerte, sin darme cuenta.

—Siempre he sentido que me has tratado diferente a mi hermana —le dije mientras mi madre me ponía una mano sobre el hombro para que me calmara—. Siempre me has puesto a trabajar, a hacer tareas, a sacar los negocios adelante, y a mi hermana, nada de nada. A vivir la vida.

Mi padre no sabía ni qué decir, estaba pasmado porque rápidamente se dio cuenta de que yo ya era casi independiente, había volado del nido y había desconectado del entorno familiar. No me daba miedo comenzar de cero en ningún sitio.

No sé cómo sucedió, pero, por arte de magia, mi padre no se enfrentó a mí. Sopesó la situación, y se quedó callado. No tuve ni que llegar a la parte de mi discurso donde me proponía explicarle que yo ya era estilista, que probablemente así me iba a ganar la vida a partir de ahora, que bailaba en clubs por la noche, y que mi mejor amiga ejercía la profesión más antigua del mundo. No fue necesario llegar tan lejos. Su silencio me frenó.

Ese día, en pleno chiringuito de playa, mi padre enterró sus últimos sueños que había guardado para mí desde el momento en que nací. Ese día, mientras nos servían la paella con una jarra de sangría y otra de gaseosa, mi padre comprendió que nunca me mudaría al piso que había construido con tanta ilusión encima del suyo.

—Perdón. Perdón, tienes mucha razón. —Fueron sus únicas palabras antes de que nos sirvieran el postre.

¡Fue la primera vez que escuché a mi padre pedir perdón a alguien! Automáticamente comprendí lo importante que yo era para él, y lo mucho que me quería. Él siempre había sido mi protector, y todo lo que había hecho por mí lo había hecho con el corazón, y con muy buena intención, aunque a veces a mí no me gustara o no me pareciera bien.

Desde ese extraño día de playa todo cambió entre nosotros. Josemaría había aprendido a querer a su hijo tal y como era, y yo, finalmente, había logrado comprender que ese hombre, a veces tosco conmigo, era en verdad un hombre noble, de campo, trabajador, generoso, honesto y amante de su familia. Yo para él soy un aprendizaje de vida, y él para mí es mi mejor maestro. A él le debo mi ética y mi integridad laboral, le debo que no me den miedo las responsabilidades ni las largas horas de trabajo, y le debo saber cumplir con mi palabra. Al señor Josemaría le debo mi perseverancia, y el respeto que profeso hacia los demás; le debo la imagen que tengo de lo que un buen padre y un hombre de bien debe ser. A mi padre le debo tanto que me faltarían páginas para poder contarlo. Gracias, tocayo, porque en el fondo no somos tan diferentes como creíamos ser.

Los que te dieron la vida son tus más grandes maestros, aunque te tome mil años aceptarlo y reconocerlo.

JOMARI GOYSO

11.

Happy birthday lipo

—Tu padre dice que si quieres que miremos un piso para comprarte en Madrid —me dijo mi madre al regresar al pueblo, tras esos explosivos días de playa y familia.

Yo me quedé pasmado. Eso significaba que mi padre no se opondría a mi regreso a la capital en otoño, estudiara o no estudiara más el bachillerato. Significaba que no se opondría a mis sueños, fueran los que fueran, a partir de ese instante. De verdad que la conversación en el chiringuito había obrado milagros.

—No, mamá, ya me compraré yo uno cuando gane lo suficiente —le respondí agradecido y sorprendido a la vez.

—Mira, hijo —esta vez fue mi padre quien tomó las riendas de la conversación—, es una inversión; si te vas a quedar a vivir en Madrid, y espero que te quedes, es mejor comprar que seguir pagando alquiler. Tú busca uno que te guste, y vamos a ver.

—Porque... ¿no pensarás irte a vivir a otro lugar más lejos? —interrumpió mi madre, con la duda en sus ojos.

Como madre astuta, se temía que el cielo de Madrid no fuera mi destino final, y la compra de ese piso le daba cierta tranquilidad de que su amado hijo no volara más lejos todavía.

—No sé, mama, no sé dónde acabaré. Solo tengo diecisiete. Pero por ahora Madrid es mi lugar, así que mejor compremos algo ahí —la tranquilicé como pude, porque cómo explicarle que yo no era, ni soy, de los que se atan a ningún lugar, ni echa raíces, ni se enamora de ninguna ciudad para siempre.

Un día, caminando por el centro de Madrid, vi un cartel de un piso en venta, llamé al teléfono y entré a verlo. Estaba prácticamente destrozado, pues llevaba deshabitado más de veinte años, pero yo me enamoré. Fue flechazo a primera vista. Tenía claro dónde iría mi cuarto, la cocina, y los otros cuartos que alquilaría para que mis padres no tuvieran que pagar toda la hipoteca solos.

La compra del piso fue otra odisea, porque mi padre, con su forma de ser, sintió que lo querían engañar y se enfureció en plena negociación. Al parecer, todo el lío fue porque no le habían explicado bien algo de los papeles del título de propiedad, así que don Josemaría no tuvo ningún problema en decirle por teléfono al agente de bienes raíces: «No te preocupes, me presento en Madrid en un dos por tres, y como me estés queriendo estafar, voy y te pego dos tiros con la escopeta de caza». Mi padre jura que eso nunca sucedió. Hasta el día de hoy niega esa conversación telefónica, pero yo tengo mis dudas porque, días después, me llamó el agente aterrado y me dijo que la venta del piso no iba a ser posible. Cuando le pregunté por qué, me confesó lo de la dramática llamada. «Deje esto en mis manos», calmé al agente, «yo me encargo de mi padre, usted no se preocupe». Tres meses más tarde, me mudaba a mi piso, y ¿quién venía conmigo?: Amber, mi nueva y flamante *roommate*. Y como no hay dos sin tres, un amigo de Javi alquiló la habitación restante.

Del amigo, no hay mucho que decir. Era un buen tipo, estudioso y trabajador. Con Amber, en cambio, las anécdotas y las historias

increíbles seguían escribiéndose día tras día. Amber vivía la vida desnuda por la casa, sin ningún pudor ni complejo, feliz, con esa lipo
que se había hecho un año atrás y las tetas tan respingonas como
descaradas.

—Josito, ¿a que ni parecen postizas? —me decía mientras se las
miraba de perfil en el espejo de la sala.

Cierto, se veían supernaturales, perfectas, y no tenían esa forma de
balón duro como todas las que veo ahora.

—Un día te voy a llevar con mi cirujano para que te haga unos arre-
glitos —Me tentaba, pícara y provocadora. Conocía muy bien mis lonjas
y mis complejos; a ella no la podía engañar.

—¡Jamás! —le respondía yo, no del todo convencido. —Estás loca,
no quiero pasar por el quirófano.

—Sí, estoy loca, eso no te lo niego. —Se reía de sí misma y se iba con
su desnudez a la cocina, a preparar una ensalada estilo porno.

En esos días Amber andaba de dieta. En breve sería la Semana
Grande de la moda en Madrid, lo que llaman Pasarela Cibeles, y ella se
quería ver divina. Amber nunca fue delgada, y como prueba viviente
de que «todo está en tu cabeza», todos la veíamos esbelta y perfecta,
a pesar de que tenía también sus libritas de más. Pero ella, coqueta a
muerte, quería tomarse fotos con esas *top model* flacas como mantis
religiosas y no verse como un bollito de Bimbo.

De hecho, en una de las fiestas, esa semana, Amber, mi hada madrina, me presentó a una estilista y maquilladora muy conocida en España, y dio la casualidad que era la encargada de todos los peluqueros
para la gran Pasarela.

—Josito es el mejor, lo necesitas, tienes que contratarlo. Peina de
miedo. —Ahí iba a la carga otra vez mi «representante» y mi mayor fan.

Beatriz Matallana, que así se llama la gran estilista, se rio y sin más
explicaciones me dio su teléfono y me dijo que me presentara el lunes
en su agencia y le llevara mi portafolio.

—¿Portafolio? Yo no tengo portafolio... —dije medio confundido.

—No importa, ven y ahí vemos cómo hacemos. ¡Chao! —Bea se fue sin darle más importancia.

El lunes llegué a la agencia puntual y más nervioso que nadie. El mundo de los estilistas siempre me ha causado mucho respeto, incluso hasta la fecha. Era (y es) un ambiente muy competitivo y yo solo estaba acostumbrado a peinar a mis amistades, o a las amigas de mis amigas en privado, aunque muchas fueran famosas.

Beatriz me recibió con una sonrisa consoladora, y desde el primer abrazo se convirtió en otra visionaria de mi vida. Como Clara, como mi adorada abuela, como Amber y Alaska, Bea vio algo más en mí y me dio la oportunidad, a pesar de que sabía que yo no estaba listo para ese mundo tan exigente.

—Quedas contratado. Serás mi asistente. Estos son los bocetos de los diseñadores, y estas las instrucciones —me anunció Bea como quien anuncia la llegada de un avión—. Bienvenido a Cibeles, Jomari.

Admito que me temblaron las piernas cuando salí de la agencia. ¡En unos días estaría en una de las pasarelas más prestigiosas de Europa! Sí de Madrid al cielo; para un estilista, aunque te paguen una miseria como me pagaron a mí, la sensación es ¡de Cibeles, al paraíso!

Pero la semana de la moda no era mi mayor preocupación en esos instantes. Mi cabeza andaba dando vueltas en otro asunto: ya iba a llegar mi cumpleaños, los famosos dieciocho. Ya era otra persona, me llamaba diferente, trabajaba en algo que me apasionaba, y tenía mi verdadero círculo de amigos. Gran parte de mi plan de reinventarme de Josemari a Jomari se estaba cumpliendo, y sentía que merecía regalarme algo importante, algo que me ayudara en ese proyecto de ser alguien totalmente nuevo.

Ese año mi cumple caía en lunes, y el domingo, Amber compró flores para la casa después de llegar de la parranda del sábado.

—¡*Happy birthday*, Josito! —me gritó mientras me dejaba las flores en la mesa, y me daba un abrazo—. Vamos a celebrar ahora mismo tu *happy birthday* lipo *party*.

Sí, Amber me había convencido, como siempre hacía, y al día siguiente me haría la liposucción con su «doctor milagro». Confesaré que, muy dentro de mí, yo también soñaba con deshacerme de esas lonjas al final de mi espalda, los últimos recuerdos que me quedaban después de haber perdido sesenta libras en toda mi adolescencia. A esas lonjas las llaman *love handles*, asas del amor. ¡Qué ridiculez! El que las tiene no siente ningún amor por esos pellejos que no sabes dónde esconderlos.

En menos de veinticuatro horas cumpliría la mayoría de edad y eso significaba que no necesitaría la firma de mis padres para acostarme en la fría mesa del quirófano. Lo tenía todo planeado. ¡Feliz cumpleaños, Jomari Goyso!

Ese lunes, 11 de octubre, salí muy temprano en un taxi rumbo a la clínica. Había estado ahorrando a escondidas parte del dinero que ganaba cada vez que abría el bar del pueblo en vacaciones, y ya tenía toda la cantidad considerando el descuento que me hicieron por ser amigo de Amber.

Una vez llegué a la consulta, rellené un montón de papeles, y me detuve en una hoja que decía: En caso de defunción, Persona de Contacto, Teléfono, Nombres, Apellidos, Relación con el paciente. Se me cortó la respiración.

Hacía dos años que había dejado de pensar en mi muerte. Aquellas ganas locas de quitarme la vida que me habían acompañado desde pequeño, habían desaparecido por completo tras esa tarde de tormenta subido al muro del corral de mi abuela. Después de aquel incidente decidí que me quedaba a seguir luchando, que la muerte no era una opción, y que la idea del suicidio era de Josemari, no de Jomari.

—No te preocupes —me calmó la enfermera al percatarse de lo pálido y silencioso que me había quedado—. Esto son solo cosas legales, unas formalidades, pero nada va a pasar, lo que te vas a hacer es muy fácil.

Tanto me impactó lo de «en caso de muerte», que la dulce enfermera tuvo que ayudarme a terminar de rellenar los últimos papeles.

De ahí me llevaron a un cuarto donde me quité toda la ropa y dejé mis pertenencias y el teléfono. El día antes había llamado a mi madre y le había dicho: «Madre, esta noche voy a salir con todos mis amigos de fiesta y no sé a qué hora me iré a la cama. No me llaméis mañana para felicitarme, yo os llamo en cuanto me despierte, así sean las siete de la tarde. Es mi cumpleaños y quiero dormir». Mi madre, que es una santa, dijo que se encargaría de decirle a todos en casa que no me molestaran, y que no se preocuparan si no les respondía las llamadas.

Con todos los cabos atados y todo bien calculado, cerré los ojos, y la enfermera me clavó en la mano la aguja del catéter para el I.V. Al instante me desmayé. Cuatro horas después desperté en un cuartito privado. Me sentía medio atontado, pero pedí mi teléfono de inmediato. Sin pensarlo, y todavía mareado, llamé a mi madre. Uno por uno, todos se fueron turnando para felicitarme: mi padre, mi hermana, mi abuela. No recuerdo ni qué les contesté. Solo sentía que estaba todo fajado y vendado y me moría del frío debajo de las mantas que me tenían atrapado como un burrito en esa camilla.

—Ay, hijo mío, mi capitán —recuerdo que me dijo mi abuela, —te escucho muy cansado, no trasnoches tanto, y ten cuidado por esos sitios donde vas.

—Madre, ya es mayorcito para hacer lo que quiera. —Alcancé a escuchar a mi padre en el fondo.

A las dos horas, y con mi familia ajena a lo que acababa de suceder, ya iba de camino a casa en otro taxi. Mi plan había salido a la perfección.

—A ver, a ver, enséñame las vendas. —Nada más llegar, Amber me esperaba ansiosa, para darme su visto bueno de experta en cirugías—. Pero, ¿solo te hiciste la lipo en la espalda? ¿Por qué no te quitaste por todos los lados?

Para ella, eso de «menos es más» no tenía sentido. Más era más, y si hubiera podido, se hubiera hecho liposucción hasta en las orejas. En su mundo todo se ejecutaba con exceso y exuberancia.

—Deja de molestarme, Amber, que todavía vengo mareado —la mandé a callar como pude—. Ahora me tengo que cuidar.

El médico me recomendó que reposara y que no me quitara la faja para nada, y yo obedecí al pie de la letra. Pasado un mes, me quité la incómoda faja y, para mi sorpresa, las lonjas ya no estaban, pero la piel se había quedado con grumos y con una parte colgando, justo donde me habían sacado toda la grasa.

—Eso se va a ir —me decía el doctor en cuestión—, dale tiempo, la piel se ajusta, pero tarda unos seis meses que los resultados se vean bien.

Los seis meses pasaron, y otros seis más, y los pellejos solo empeoraban.

Fue sorprendente cómo desaparecieron aquellos michelines y en su lugar apareció algo más con lo que seguir obsesionándome. Parecía como si mi cerebro, traicionero, fuera quien dibujara mi físico, y nunca quisiera complacerme. Con esta operación, el miedo solo cambió de nombre (de «lonjas» a «pellejos») y la cirugía no logró curar mi alma. Creo que hasta me la dejó más dañada, porque le había puesto tantas esperanzas a la dichosa lipo que, ante el resultado tan poco satisfactorio, me desmoroné.

A esta operación le siguieron varios años de lucha interna sin tregua. Mi única escapatoria era siempre mi trabajo. Desde niño, mi padre me había inculcado el arte de trabajar duro, pero por aquel entonces me volví un verdadero *workaholic*. El trabajo era lo único que podía controlar en mi vida, era en el único aspecto en el que podía mejorar y sentirme apreciado de veras. El trabajo me validaba y ahogaba mis penas. De mis clientas privadas iba directo a bailar; de bailar al pueblo; en Navidad y Semana Santa, a abrir el bar; y el resto de los días a estudiar. No dejé las clases y continué avanzando en mi bachillerato como pude. No sé cómo lograba llegar a la escuela mal comido y mal dormido, pero no tiré la toalla y me gradué.

Corre, corre, corre; estudia, trabaja, peina... no importa qué tan ocupado te pongas, en la noche vuelves a estar a solas contigo mismo, y cuando te desnudas para meterte en la cama, tu cuerpo es tu cuerpo, y no te gusta. Esos pellejos colgando y esas estrías tan brutales eran mi última imagen antes de apagar la luz.

Solo el que ha sufrido del mal de no quererse me comprende, y comprenderá el siguiente capítulo. Había que seguir tapando incluso mi desnudez, fuera como fuera.

Una vez que el virus de la inseguridad y del autodesprecio entra en tu sistema y anida en tu cerebro, no hay cirugía (ni buena ni mala) que lo extirpe.

JOMARI GOYSO

12.

Tatoos en el alma

—Tú destrózate el cuerpo de esa manera. —Recuerdo que estas fueron las palabras de mi padre cuando, años antes, les llegué con el tatuaje del corazón tribal a casa, ese que me hice dedicado al amor por Clara.

—Mi capitán, se ve tan artístico eso que te has pintado en el brazo. —La reacción de mi abuela fue muy diferente. Para ella, aunque me pusiera una cebolla en la cabeza, yo era el más bello.

También recuerdo que, el día que estaba haciendo las maletas para venirme a Madrid por primera vez, me miré en el espejo de mi cuarto, y lo único que me gustó de mí fue, precisamente, ese corazón rojo con diseños negros alrededor.

Poco a poco, la idea de que con tinta me podría gustar más mi cuerpo iba creciendo en mi cabeza. La lipo había dado cierto resultado, pero no los deseados. Solo tenía que encontrar la siguiente excusa para volver a sentarme en la silla del tatuador y cerrar los ojos muerto de miedo. Ya quedó claro que las agujas no me apasionan.

Por aquel entonces yo andaba más obsesionado con el trabajo que nunca, en la etapa más *workaholic* de mi vida. En mi desesperación por trabajar y ser mejor en todo, y poder llegar a todos los lados, vivía muchas veces sin dormir. Ya había pasado la prueba de fuego trabajando de asistente para Bea, la gran estilista en Pasarela Cibeles. Eso me abrió todavía más puertas y me dio más prestigio. Mi teléfono sonaba constantemente, como musiquita del carrito de los helados. Si alguien me necesitaba, ahí llegaba raudo y veloz, y si otra persona me necesitaba, pues ahí llegaba también, por arte de magia, aunque la cita fuera al mismo tiempo. No sé cómo rayos lo hacía. Mi teoría es que, cuanto más ocupado estás, más cosas te da tiempo de hacer.

Bea, mi jefa de la pasarela, también me llamaba mucho para sesiones de fotos y videos musicales que le encargaban. Era muy exigente conmigo, y por cualquier cosa me daba un discurso matador delante de todo el mundo. A mí, sus regañadas no me intimidaban, al contrario, yo aún me esforzaba más para demostrarle que se equivocaba. El *tough love*, o amor con mano dura de Bea no me impresionaba, pues mi padre me tenía entrenado después de tantos años.

Un día, Bea la exigente me contrató para una sesión de fotos de la portada de *GQ magazine*. Y, como el mundo es un pañuelo, resultó que la modelo elegida para esa ocasión era mi amiga Paz Vega. Esa misma mañana me llamó Alaska, de emergencia, que necesitaba un peinado especial para no sé qué evento «im-por-tan-tí-si-mo», y así mismo me lo deletreó. Paz y mi primera portada de revista, o Alaska, mi hada madrina a la que le debía tanto... ¿Cómo iba a resolver este dilema? A mitad de la sesión de fotos con Paz, le dije a Bea que me iba al baño un momento y me escapé a casa de Alaska. Obviamente, la escapada duró dos horas. Cuando regresé al estudio, Bea me esperaba con el discurso de mi vida, aunque no fue tan dura como me temía. Se limitó a explicarme el error que había cometido. Me imagino que ella había pasado por lo mismo para llegar donde estaba, sabía que las artistas te llaman a último minuto, y se van a peinar estés o no estés tú; que nadie es indispensable en este negocio, y que rapidito te reemplazan por otro si no apareces. El *show* debe continuar, y esa expresión es muy real.

Bea, al terminar la santa regañada, me miró fijamente a los ojos, y me dijo:

—Deja que la vida siga su curso, no quieras correr más que la vida, deja que la vida te dé tu momento, grábate eso en el disco duro de ese cerebro loco que tú tienes.

Al día siguiente, me hice mi segundo tatuaje. El mensaje y el motivo ya estaba grabado en el alma; ahora estaría escrito en mi cuerpo. En mi brazo derecho me tatué: «deja la vida...», y en el izquierdo: «que te dé vida». Poco a poco, frente al espejo, mis brazos se iban robando el protagonismo de mi mirada. El resto de mi cuerpo seguía siendo un recordatorio de ese «gordo psicológico» que me perseguía hasta en sueños. Pero los tatuajes me distraían, me daban la libertar de ser el propio pintor de mi cuerpo, de ser mi propio artista y diseñador. Poco a poco, y sin darme cuenta, ese cuerpo que tanto odiaba se cubría de algo que me gustaba.

Pronto regresé por más tinta y retoqué y cubrí un poco el tatuaje que me hice por Clara, para añadirle mi visión más personal. Muchas veces, cuando maquillo o peino a la gente, o les cambio su color de pelo y las transformo, termino haciendo lo mismo que yo hice con mis tatuajes: camuflar, esconder, distraer, enmascarar aquellas cositas que no nos gustan. Todos buscamos, de una manera u otra, una forma de gustarnos, de mirarnos al espejo y de querernos más.

En aquella época, los tatuajes todavía tenían un poco de mala reputación. Con los años, ha cambiado mucho, pero yo jamás recibí un comentario negativo al respecto. Cierto que el ambiente en el que yo me muevo es muy liberal, y la mayoría van tatuados. «A mí me gusta sorprender y romper estereotipos», escuché que Alaska les decía a unos amigos un día en su camerino. Y no hay duda de que ella es la reina de ese arte de «sorprender» y no ser lo que los demás creen que eres. Cuando la gente la ve con el pelo rojo infierno, sus tatuajes, y su manera

tan personal de vestir, jamás se imaginan que esa diminuta mujer tiene tres carreras universitarias, y que si hablas con ella, en menos de
treinta segundos te deja con cara de bobo por lo inteligente que es, y lo
estúpido que fuiste tú al juzgarla por su apariencia.

A mi vida, los tatuajes llegaron poco a poco, sin juicios ni críticas,
de una manera muy orgánica y privada, pues apenas los mostraba a
alguien. En cuestión de diez años cubrí parte de mis brazos, y todo
mi torso. Con cada diseño tapaba un centímetro más de mi piel, mis
estrías, y esos bultos indeseados. Sería a mi llegada a Los Ángeles
cuando más horas pasé bajo la aguja y cuando los *tatoos* me ayuda-
rían a verme incluso atractivo. Aunque tardaría muchos años en revelar
toda esa tinta alrededor de mi cuerpo, esa armadura que yo mismo me
confeccioné. Sería para la revista *People en Español*. Decidí mostrar al
mundo mi obra de arte, mi más vulnerable yo, sin camisa. Admito que
lo pasé muy mal el día de la sesión de fotos. Hasta ese instante, como
ya dije, mis tatuajes habían sido solo para mí. Nunca me los hice con
la intención de presumirlos ni exhibirlos. No me los había hecho por
motivos estéticos; para mí, cada tatuaje representaba una necesidad
de encontrar algo en mi cuerpo que me gustara y me hiciera quererme.

Pero, con o sin *tatoos*, me faltaba todavía un largo trecho por recorrer hasta llegar a quererme. Y, al parecer, yo no era el único que se
escondía detrás de una máscara en este mundo de moda, famosos y
artistas. Porque, en esta novela, las guapas también lloran.

El mayor regalo que te puedes hacer es crear tu propia obra de arte con tu visión.

JOMARI GOYSO

13.

Las guapas también lloran

—¿Y este crío de dónde ha salido? —Fueron las palabras que escuché el primer día que Bea la implacable me llevó como su asistente a la prestigiosa Pasarela Cibeles.

La pregunta se la hacían en voz alta, sin preocuparles que yo estuviera presente. Yo era tan invisible y tan insignificante que les importaba un pepino herir mis sentimientos. El mundo de la moda de alta costura es el más cruel de todos. Ni el de la música, o la televisión, o el cine se comparan; los latigazos que te dan en las grandes pasarelas son de los que más duelen. Pero yo, acostumbrado a los insultos, pedradas y tirones de orejas con los que me habían «alegrado» la vida en la escuela, si un diseñador francés con pelos de escoba me llamaba inepto, me resbalaba por la piel. Yo venía entrenado y curtido por el mismísimo doctor Desprecio: el mío propio.

Al segundo año, ya se acordaban de mi nombre, Jomari, y llegué en calidad de estilista, no de asistente. Por supuesto que me pagarían una miseria. En el campo del estilismo tardas siglos en «merecer» un sueldo digno. Ni peinando a las famosas me alcanzaba para vivir, así que

101

seguía trabajando como mula todos los veranos y navidades en el bar y en los negocios de mi padre, y de ahí ahorraba para el resto del año. De las fiestas de mi pueblo, a principios de septiembre, donde ganaba más con el bar, salía corriendo para llegar a tiempo a Cibeles y trabajar prácticamente gratis.

Por esos días habían publicado un artículo en el periódico regional de La Rioja dedicado a mis logros en Madrid. «El estilista de las estrellas» fue el título que le dieron a las dos páginas a todo color donde hablaban de mi trabajo con Alaska y demás artistas. Juro que lo leí y me dije: *Quiero ser ese del que hablan, quiero tener esa vida*. En papel, todo suena siempre más bonito. La realidad era que me mataba trabajando, ganaba muy poco, y no siempre me agradecían mis esfuerzos. Sin embargo, el artículo sonó tan convincente que, de pronto, aquellos que me habían insultado o se habían reído de mí en la escuela, ahora se paraban a felicitarme. «Enhorabuena, Josemari, ¿cómo te va todo por Madrid?». Me preguntaban por el pueblo. Yo les decía que gracias, que muy bien, y adiós. Jamás caí en sus hipocresías. Es triste ver cómo la gente que no tiene ni gota de personalidad se comporta como marioneta, e igual te insulta que te alaba, según sople el viento.

Y en esa primera Pasarela Cibeles como estilista oficial, tampoco iba a quedar exento de hipocresías, celos y malos rollos. Para empezar, yo no me sentía bien preparado para ese trabajo tan duro. Eran diez horas seguidas cada día, sin un minuto para ir al baño, y en las que teníamos que hacer ocho desfiles, uno tras otro. Por cada desfile, empleaban doce peluqueros para peinar a treinta modelos. Como la mayoría de las modelos se repetían en todos los desfiles, tenías que hacer y deshacer trenzas, recogidos, cardados y rizados, y poder empezar el nuevo peinado. ¡Para volverse locos! Todo eran gritos, y más gritos, retrasos y más gritos, con esa presión que existe en todo *show* en vivo, y más en uno tan exigente como este. Patrocinadores, diseñadores, compradores, periodistas... Cibeles mueve millones de dólares cada día, y eran cinco días sin descanso.

Recuerdo perfectamente mi primera modelo. Llegó quince minutos tarde, y como yo era novato, no le dije nada. Lucía supercansada, y pronto me dejó saber que andaba de un humor de perros. Era una *top* muy famosa, y tenía a su agente pegado a ella todo el rato, besándole el trasero. Le mostré el *look* del desfile con el que ella iba a abrir y no le gustó para nada. «Vaya mierda», dijo mientras se encendía un cigarrillo y pedía un café como desesperada. Frente a nosotros había un cartel enorme que decía: prohibido fumar en el recinto; por mí, si fumar la iba a calmar, que se fumara una cajetilla entera.

Ya le habían traído su café, ya iba por su segundo cigarro, y todavía no me dejaba tocarle un pelo. ¡Me iban a matar si no estaba a tiempo! Sin mediar palabra, comencé a cepillarle el cabello (que, por cierto, no se lo había lavado esa mañana).

—Ok, *stop*, *stop*, primero quiero terminarme el café. —La diva me detuvo y se apartó para agarrar la taza de expreso negro como la noche. ¡A saber cuántos de esos llevaba ya en el cuerpo!

A punto de explotar, me fui hacia el fondo de los camerinos, y allí me crucé con Koke, uno de los estilistas más veteranos de Cibeles que, desde el primer día, me aplaudía y me daba ánimos. Koke se convirtió con el tiempo en muy buen amigo.

—Tú regresa y gánatela. Sonríele, cuéntale cosas, hazla reír y ¡zas! Antes de que se dé cuenta ya estará peinada —me dijo mientras me empujaba hacia la *top model* desquiciada—. Ese es nuestro trabajo: embellecer por dentro y por fuera, y muchas llegan más feas por dentro que por fuera.

Gracias al consejo de Koke, aprendí que tenía que cambiar de técnica. A partir de ahora, llevaría a las modelos a mi territorio, y les mostraría lo bellas que pueden ser con solo dejarse querer unos minutos. Les daría un poquito de amor de Jomari.

Al llegar al camerino me encontré a la *top* llorando en la puerta, con su mánager. Pasé de largo, y me fui a esperarla dentro, junto a la silla. La muchacha entró y se sentó, secándose las lágrimas, y juro que se encontró con otro Jomari.

—En el anuncio del perfume de Dior te ves impresionante —le dije para subir los ánimos, porque a nadie la amarga un dulce ni un piropo—. Te ves bárbara toda bañada en oro. No te preocupes, que el *look* que te voy a hacer hoy es muy parecido.

—Odio ese anuncio y odio ese *look* —me respondió después de un largo silencio.

—A mí tampoco me gusta... Te lo dije por decir... —Y nos echamos los dos a reír ante tal ataque de honestidad.

Y entre risas y palabras sinceras, la fui conquistando. Lo malo es que me quedaban solo quince minutos para hacer lo que debería haber hecho en media hora. La maquilladora ya había llegado con su maletín enorme de pintalabios, brochas y mil cremas, y me miraba amenazante. O terminaba de alisarle los mechones a la modelo, o me mataría con el rizador de pestañas.

No sé cómo diablos lo hice, pero terminé en quince. Las luces se encendieron, sonó la música, y mi primera víctima fue la primera en salir, divina, con paso enérgico, gestos de diosa y mirada poderosa. Toda una gran profesional. De aquella niña flaca, llorosa e histérica que llegó a mi silla, no quedaba ni rastro. ¡Qué increíble es el *show-business*! ¡Cómo nos transforma a todos! Los aplausos resonaron por toda la sala, y respiré profundo: la chica se veía imponente, al menos para mí. Para Bea, en cambio, no fue suficiente.

—Ese pelo está sin terminar, se ve pajoso, pobre y sin brillo. —Me disparó mi jefa sin piedad.

—Es que... —No me dejó ni terminar de contarle el mega-drama que acababa de sobrevivir en el camerino.

—No «es que», no me interesan las excusas, tu trabajo es que estén peinadas perfectas y a tiempo, así les tengas que cantar una saeta andaluza.

¿Cantar? Bea, en plena regañada, me acababa de dar una gran idea. Al día siguiente, cuando llegó mi primera *top model* del día, no esperé a que llorara, ni pidiera café ni encendiera un cigarro. Desde que entró, le canté una ranchera de esas de Rocío Dúrcal que siempre oía cantar a mi abuela en la casa de la cuesta. No sé si pensó que estaba loco, o le gustó. Lo importante es que se sentó en la silla y no rechistó para nada. Cuando terminé la canción y acabé de peinarla, hablamos de su novio, de sus viajes, y le di consejos de amor. Pura terapia musical-amorosa. *Hmmm, Ok, no se me da tan mal*, pensé satisfecho, *si puedo arreglar puntas resecas, tintes mal puestos y melenas mal escaladas, también puedo curar algún mal de amor, alguna tristeza o algún complejo, ¿por qué no?* La belleza, que es totalmente interna, se me daba muy bien.

En cinco días sin descanso pasaron por mi diván de psicólogo-estilista más de cincuenta modelos. Y cincuenta que salieron a la pasarela dispuestas a comerse el mundo. Mi trabajo daba sus frutos.

Una de las supermodelos más famosas ese año en España era Laura Sánchez, y con ella todo fue diferente. Desde el instante en el que nos presentaron hicimos clic. No fue necesario que le cantara una jota. Laura me abrazó, me besó, y al segundo día, por los pasillos abarrotados de gente, me gritaba: «¡Te amoooo!».

—Cántame, cántame algo como a las otras —me pedía el ser más feliz de todo Cibeles.

Yo le cantaba a Laura las canciones de Alaska y otras que me sabía de memoria, y reíamos como payasos, imitando a los cantantes. Pero, al parecer, tanto amor y alegría no estaba permitido en una pasarela de alta alcurnia. Pronto surgieron los primeros celos, tan típicos de esta profesión. El niño tímido y callado del año anterior, aquel que vino de asistente de Bea, ya no estaba tan perdido ni tan calladito.

Y la chispa final que hizo estallar el polvorín fue la llegada de la reportera de *El País*. La mujer entró escoltada por Bea, mi jefa, que le iba dando un tour de todo el *behind the scenes* o entre bambalinas.

—Mira, este es Jomari, nuestra joven promesa —dijo Bea dejándome en *shock*. Con la misma frialdad que me había regañado dos días antes, me acababa de subir a lo más alto.

—Oh, ¿no te importa si lo entrevisto? —le pidió la reportera, urgida de buenas historias y buenos titulares.

—No, por supuesto, Jomari es de lo mejorcito que tenemos hoy aquí. —Con esas palabras, Bea me echó su bendición y se fue.

La periodista me preguntó sobre mi experiencia en Cibeles, y obvio que no le conté que, como en toda pasarela del mundo, muchas llegan llorando y sin bañarse. No le dije que, en general, en la alta costura, la gente es como extraterrestres, demasiado altos, demasiado flacos y demasiado huesudos, y que se la pasan bebiendo café y fumando sin parar, y rara vez los ves comer. No le conté que, por algunos camerinos, se respira una superficialidad en el aire tan dañina que nadie se hablaba por miedo a verse «humanos». Extraterrestres es la palabra: las pasarelas se parecen a las naves de Star Treck.

—Espectacular, aquí todo es espectacular —le contesté con convicción—. Estas modelos son las más bellas, y para mí es un sueño hecho realidad.

Con cada respuesta que le daba a la periodista, yo me enterraba más y más en mis miedos y mis inseguridades. Otra vez me estaba sintiendo gordo y feo en el mundo de los guapos perfectos.

Al día siguiente, ahí estaba el artículo en el periódico más leído de España: «Jomari Goyso, la joven promesa del estilismo español». Ok, ya había entrado oficialmente a ese olimpo de la moda. Ya era uno de ellos. ¿Y para qué, si muchos estaban todos más jodidos y más perdidos por dentro que yo?

Estaba claro que mi amor propio no lo encontraría triunfando en los ambientes más competitivos ni elitistas. No lo encontraría junto a las más bellas y más bellos del mundo. Era como buscar agua en un desierto, y cuando ves un lago, resulta que es un espejismo. Y, como guinda del pastel, poco a poco, veía que muchos de los que siempre había visto en televisión y en revistas, y que había admirado tanto porque lucían flacos, sonrientes y divinos (todo lo que yo deseaba ser), sufrían igual que yo. Al menos yo contaba con el amor incondicional de mi abuela santa, y unos padres y una hermana que hubieran dado la vida por mí.

De pronto, sentí que había tocado techo en Madrid y, sin saberlo, volvería muy pronto a hacer maletas y a cambiar de cielo: del cielo de la capital española a otro más azul y soleado. Mi búsqueda de amor, de Jomari *Love*, iba a tener que continuar en otro lado y por otros caminos.

Como consuelo, al menos sentía que había descubierto algo grande. Gracias a Cibeles, en la que repetí tres años más con gran éxito, había aprendido que mi arte y mi destino no era solo arreglar por fuera. Mi verdadero don era embellecer por dentro, como me enseñó Koke. Yo te puedo peinar las greñas, pero además te peino el alma, la autoestima y la confianza, y eso no lo hace cualquiera.

¡Qué irónico! En mi lucha por remendar mi amor propio, tenía mucho amor para dar y regalar al prójimo. ¿De qué me servía que te vieras guapísima con la melena lateral ondulada a lo Rita Hayworth si por dentro ibas hecha una mierda? ¿De qué me servía a mí salir en los periódicos si en casa, frente al espejo, me veía mal?

Poco a poco, y aunque yo no lo apreciara todavía en ese espejo, el Jomari *Love* iba tomando forma.

La belleza es una actitud, y sentirse bello es una necesidad.

JOMARI GOYSO

14.

Red hot chili Amber

Ahora llegó el momento de contarte la historia del hombre que cambió mi vida, y que sin quererlo ni beberlo, cambió mi destino, me hizo cambiar de continente y llegar hasta ti con este libro. El hombre en cuestión se llama Anthony y te apuesto que él ni se acuerda de mí. Lo que sí te puedo asegurar es que no se ha olvidado de Amber.

La primera vez que escuché su nombre fue en una conversación con Alaska.

—¿Por qué no te montas tu propia banda de *rock*? —le dijo un día nuestra querida diva a Amber.

Amber soñaba con ser una estrella, y lo era a su manera, dentro de ese mundo nocturno madrileño; de eso no había duda. Pero la reina de la noche no tenía la paciencia para fundar un grupo, ensayar, componer, y dejarse la piel en decenas de conciertos en bares pequeños hasta que la fama la alcanzara. Ella lo vivía todo a mil, y quería todo ya, *ipso facto*. Amber era como el Nescafé instantáneo: tres segundos y listo. Jamás hubiera tenido la dedicación y el sacrificio de la misma

Alaska, que empezó cantando por las estaciones del metro de Madrid a los dieciséis años.

Aun así, Alaska la animaba y la quería como a una hija, porque verdaderamente podría haber sido su hija: liberal como ella, creativa, inteligente, roquera y con alma de estrella como ella. Creo que Alaska parecía más su madre que la madre que realmente la parió.

—Vale, sí, voy a montar mi grupo y voy a cantar —Amber le contestó a su «madre artística».

—¿Por qué no haces algo que suene como si yo fuera tu madre, y tu padre fuera el cantante de los Red Hot Chili Peppers? —La intentó inspirar Alaska con sus grandes ideas.

—Nooo, el Anthony mi padre no, lo que yo quiero es tirármelo, y tener tres hijos con él —se quejó Amber con cara de deseo desenfrenado.

Esa fue la primera vez que la escuché mencionar al tal Anthony Kiedis.

—Amber, guapa —le dijo a los pocos días Susy Pop, una de las bailarinas de nuestro grupo Special K— los Red Hot Chili Peppers vienen a tocar a Madrid en cuatro semanas.

Creo que antes de que Susy terminara la frase, Amber ya estaba metida en el Google en uno de esos cyber-cafés donde íbamos todos antes a usar el Internet. En tres segundos, tenía la radiografía completa del Anthony de los demonios.

—A ver, a ver, Josito —me iba recitando mientras tomaba nota, mirando la pantalla de la computadora— al tío le gusta el yoga, el té de menta, la meditación, y le fascina Almodóvar.

—Ah, mira, y tiene novia —le dije al ver que salía en numerosas fotos abrazado siempre de la misma chica guapísima.

—Como jodes, Josito, eres tan pesimista y negativo —Amber me frenó en seco—, enfócate en lo positivo: Anthony admira a Pedro Almodóvar... y viene en unos días a Madrid.

—Como si le gusta Pedro Picapiedra, qué más da —le contesté aburrido de su nueva locura.

Esa noche, llegamos a casa y yo me metí a dormir. Tres horas más tarde, en plena madrugada, Amber entró como una exhalación en mi cuarto y me despertó a puro grito:

—Josito, ¿te acuerdas de Alfredo, el exnovio del amigo del asistente de Almodóvar? —La loca se había pasado media noche en vela intentando maquinar el «plan Anthony»—. Seguro que muere por entrar a la discoteca OHM e ir al VIP, y adivina quién le va a conseguir la entrada y adivina qué le voy a pedir a cambio...

—No sé, Amber, no sé ni me importa, déjame dormir —le dije acostumbrado a sus arranques nocturnos, y la corrí del cuarto.

Como dicen en inglés, *too late*, demasiado tarde. Amber ya se había montado la película en su cabeza, una película en la que todos íbamos a tener un rol que actuar.

Ese fin de semana llegó el tal Alfredo a la discoteca, y Amber se desvivió por agasajarlo: le invitó a todos los tragos, le presentó a todos los famosos y lo enredó como solo Amber sabe enredar hasta que, finalmente, logró sonsacarle el teléfono del asistente de Almodóvar. El siguiente paso sería contactar a los Red Hot Chili Peppers. La fórmula era juntar a Almodóvar con los Peppers, y así ella quedaría como la maravillosa anfitriona que les presentó al gran cineasta español.

—Josito, Josito —esta vez me despertó a las cinco de la mañana—, tengo una idea: los teloneros de los Red Chili Peppers son una banda de esas muertas de hambre y se mueren porque yo, la diva de Madrid, les dé la bienvenida. ¡Los voy a traer a casa!

Y así, sin derecho a protestar, mi piso se llenó de músicos roqueros durmiendo por los sofás, comiéndose mi comida y bañándose en mi bañera.

—Josito, no seas grosero con ellos —me advirtió muy seria—, que son parte de mi plan.

Al día siguiente, puse un cerrojo en mi habitación para mantener a tanto zombi a raya, aunque igualmente fui atacado en la sala. La cantante de la banda, de *looks* muy andrógenos (tanto que me tomó tres días darme cuenta de que era hombre), me miraba con cara de deseo, y me guiñaba el ojo cuando nadie la veía. Por suerte, Amber no se dio cuenta, porque hubiera sido capaz de venderme como carne fresca para seguir avanzando con su plan. Plan que ya comenzaba a tomar forma.

Almodóvar, a través del exnovio del amigo del asistente, ya estaba invitado a la supuesta fiesta con los Chilli Peppers. Gracias a la banda que comía y dormía en mi casa gratis, Amber podría entrar al *backstage* del concierto y hablar directamente con su Anthony adorado e invitarlo también. Y como le sobraban amigos (o clientes) millonarios, no le fue difícil conseguir una mansión donde organizar la dichosa fiesta que, sin duda, ella sabría llenarla de otros famosos para crear el ambiente perfecto.

Llegó el día tan esperado, para el cual mi loca favorita se compró tres vestidos, y me hizo que la peinara y maquillara tres veces. Finalmente salió rumbo al estadio con la banda telonera, preparada para el concierto del año y para conocer al hombre de sus sueños.

Yo me quedé en casa esperando a que regresara, sin muchas esperanzas de que la noche terminara bien, hasta que la puerta se abrió con la fuerza de un huracán:

—¡Josito, lo vi, lo vi! —me gritaba Amber más loca que nunca—. ¡Le dije unas palabras en el camerino y también que Almodóvar le había hecho una fiesta de bienvenida para él, y me dijo que va a ir!

Sin más remedio, me vestí para acompañarla a la fiesta que empezaba en media hora. Mi misión sería plasmar en video todo lo que sucediera.

—Toma y no la sueltes. —Amber me dio una cámara y las instrucciones detalladas—. Cada vez que Anthony me hable, tú graba. Y graba si aparece Almodóvar, ¿entendido?

Al llegar, la fiesta ya estaba llena. Futbolistas del Real Madrid se paseaban como dioses por el jardín; las cantantes de moda que, cuanto más famosas, más locas (o como dicen ellas, más incomprendidas) ahogaban sus penas en martinis; y el Dj más famoso del momento se esmeraba en el enorme salón, poniendo a todos a bailar. Estaba todo el mundo menos... Anthony y Almodóvar. Y, como en la canción de Sabina, nos dieron las doce, la una y las dos... y justo a las dos vemos entrar a dos guardias de seguridad con cara de pocos amigos, y detrás al mismito Anthony Kiedis caminando lento, como caminan los que saben que ya llegaron a la meta hace años.

—¡Josito —Amber casi me mata de un codazo—, enciende la cámara!

Con movimientos torpes, logré enfocar a Amber, que de un brinco ya estaba al lado del legendario cantante, contándole sus mil y una historias.

Sobra decir que Pedro Almodóvar nunca llegó, pero a Amber eso le importó un pepino. ¡Ella ya había logrado lo que quería! Su Anthony adorado estaba ahí, de pie, escuchándola. Seguro que le contó al Chili Pepper alguna de sus magníficas excusas: «¡Oh, Pedro, sí, Pedro, mi gran amigo Pedro, me dijo que lo disculpes, que le entró cagadera y no pudo venir, qué pena... sí, Pedro tan amigo mío, algo le sentó mal...».

Cada vez que Anthony decía una palabra, Amber reía coqueta. El famoso roquero no parecía muy interesado en tanto halago y conversación.

—Ah, qué coincidencia, a mí también me apasiona el yoga, lo practico todos los días —le mentía Amber al pobre hombre, sin descanso—, y a mí también me fascina meditar.

Yo tenía que aguantarme la risa. Amber no podía estar ni un segundo callada, ni mucho menos media hora meditando. Y la única vez que asistió a una clase de yoga fue porque le gustaba el instructor, y como no logró llevárselo a la cama, nunca más volvió.

Anthony, agobiado de tanta adulación, se excusó un minuto para ir al baño. Amber, como Atila con su caballo, lo siguió al galope.

—Vámonos a casa, Josito —me dijo mi loca amiga agarrándome del brazo—, le escribí mi teléfono en el espejo del baño para que venga conmigo esta noche y dijo que sí.

—Pero... ¿y la fiesta? ¿Y toda esta gente? —protesté, siempre tan responsable, al ver que seguían llegando más y más invitados, y cada vez más borrachos.

—Oh, no sufras, el dueño tiene seguro contra incendios, robos y ahogados en la piscina —me aclaró Amber, muy quitada de la pena.

No nos despedimos de nadie, y salimos volando hacia la casa. Otra vez nos dieron las tres y las cuatro... y yo me fui a dormir. Amber se quedó sola en el sofá con la cara más triste que jamás le había visto.

A las cinco en punto sonó el timbre, y entró uno de los guardaespaldas malhumorados con Anthony detrás.

Esa noche, desde mi cuarto, escuché todo tipo de ruidos. Golpes en la pared, mesas y camas que se arrastraban, y gritos dignos de la mejor película porno. En la mañana, Amber me despertó con cámara de fotos en mano.

—Josito, Josito, arriba, mi vida. —Su cara irradiaba felicidad—. Toma, ven a la cocina, pretende que eres un fan de los Red Chili Pepper y tómale una foto en la que se me vea a mí al lado.

A regañadientes acepté, y cuando ese hombre me vio aparecer con la cámara, se tapó la cara desesperado y empezó a decir: *no pictures, no pictures.*

—¡Josito!, ¿qué haces loco? ¿No ves que a Anthony no le gusta que le hagan fotos? —Amber me tiró a los cocodrilos sin piedad—. Ay, Anthony, perdónalo, es mi amigo y le gusta mucho tu banda, es un *groupie*, pero no te preocupes, yo le digo que no tome fotos. ¡Vete, Josito, vete, loco!

Solo Dios sabe por qué le aguanté tantas demencias a esa mujer. Creo que es la persona a la que más cosas le he perdonado en esta vida.

Después de ese café en la cocina, Anthony se fue directo al aeropuerto con su guardaespaldas, de regreso a Los Ángeles. Y en mi casa, empezó la novela más barata del mundo: Amber se empeñó en creer que se había quedado embarazada.

—Josito, baja a la farmacia y compra una prueba de embarazo —me pedía dulcemente, con la sonrisa más cursi del mundo.

Y me hizo comprar uno, dos y hasta veinte aparatitos de esos, y todos daban negativo. Como no quedó satisfecha con el test del palito y del pipí, se fue a hacer una prueba de sangre. Del rollo psicológico, hasta el estómago se le empezó a inflamar.

Amber había enloquecido oficialmente. Antes estaba loca, todos lo sabíamos, pero ahora era clínico y oficial.

—Me voy a vivir a Los Ángeles, él es el amor de mi vida y lo voy a volver a encontrar. —Cuando Amber me reveló esta noticia, me di cuenta de que, efectivamente, la habíamos perdido dentro de su locura, como se pierde a una nave camino a Marte.

—Amiga, que el tío tiene novia... —Intenté meterle algo de sentido común en la cabeza, pero fue inútil.

No sé cómo, pero a los pocos días consiguió el *e-mail* privado de Anthony, y creo que le llegó a enviar más de sesenta mensajes, a los cuales el cantante le respondió una sola vez, para saludarla cortésmente: «Hola, Amber, espero que estés bien, chao».

—¿Ves, ves Josito? —me decía mi amiga la enamorada mientras terminaba de hacer su maleta—. Me ha contestado, eso es una señal, me ha contestado.

Al día siguiente, compró su billete solo de ida y se fue. Amber se llevó lo justo: sus vestidos sexis, sus zapatos caros, sus bolsos de marca. En la habitación dejó todas sus fotos, su colección de cristales y cuarzos, y sus mil frascos de perfume.

Con la casa en silencio, y los días llenos de recuerdos, decidí concentrarme en mis exámenes finales. Hacía dos años que había terminado mi bachillerato, y ahora estaba a punto de graduarme de una carrera técnica de Asesor de Imagen y Protocolo Internacional. Era el pacto que había hecho con mis padres cuando salí de casa a los trece, y yo no rompo pactos fácilmente. Me iba a graduar de una carrera como fuera.

Esos tres últimos meses del curso, y sin Amber alrededor, fueron los más extraños para mí en Madrid. Un día, Alaska nos llamó para darnos la terrible noticia: nuestra querida Susy Pop, bailarina del grupo y gran amiga de todos, se había suicidado. Me encerré todavía más en casa y en los libros. La partida de Susy, la dulce y alegre Susy, me hizo recapacitar mucho sobre mis propios tiempos en los que acaricié la idea de la muerte como solución a todos mis males. Esta desgracia también me puso a pensar en lo poco que se valora la autenticidad en la sociedad en la que vivimos. Susy era demasiado genuina y demasiado real, y la gente se sentía amenazada ante tanta nobleza. Siempre la quisieron encasillar como un travesti, pero ella era un ser en libertad.

Muchas cosas estaban cambiando dentro de mí, cuando de pronto, otra tragedia llegó y nos sacudió de nuevo a todos. Desde luego, no estaba siendo un buen año.

Koke, mi gran amigo y gran estilista de Cibeles, se mató en un accidente de tráfico. Koke, el alma más buena del mundo, el mejor profesional que he conocido, el compañero que aplaudía todas mis locuras, y que logró que todos los demás estilistas me respetaran, se nos había ido también.

En junio me llegaron los resultados de mis exámenes: todo aprobado con buenas calificaciones. La única que pareció alegrarse fue mi madre.

—Felicidades, hijo mío. —Ella fue la primera en llamarme.— Ahora ya puedes volver al pueblo a pasar el verano tranquilo. Vas a venir, ¿verdad?

Como dije antes, mi madre siempre se olía, o se temía, que Madrid no sería mi destino final, y que me iba a ir todavía más lejos. Era como si supiera que Madrid, para mí, ya se sentía grande y solitario. Como si supiera que mi piso se había quedado huérfano desde la partida de Amber. Las madres, y más mi madre, doña Marijose, saben todo eso sin necesidad de que nadie les cuente.

Era cierto: el cielo de Madrid se me había llenado de nubarrones, y justo entonces sonó mi teléfono con un número raro. Tenía pinta de ser llamada internacional.

—Josito, Josito, tienes que venir, mira, te tengo preparada una fiesta para presentarte a mis nuevos amigos, y no te lo vas a creer, todo el mundo ama mi pelo y ya te tengo miles de clientas en Los Ángeles... —La gran vendedora de sueños me volvía a engatusar.

Insisto, no había nacido la persona capaz de resistirse a su magia.

—Niño, ven a hacerme el cabello la semana que viene —me llamó Alaska a las pocas horas.

—No, si quieres voy mañana, porque en dos días salgo de vacaciones con Amber a Los Ángeles. Me voy dos semanas —le contesté decidido a pasar unos días lejos de Madrid.

—No, niño, si tú vas, no vuelves —me respondió la mística Alaska con sus dotes de vidente.

—No, Olvido, esta vez te equivocas, regreso seguro, quince días y aquí me tienes —le dije convencido de que mi viaje sería una aventura de ida y vuelta.

Y ahí estaba yo, cuarenta y ocho horas después, abrochándome el cinturón de seguridad.

—Señores pasajeros, bienvenidos al vuelo 764 con destino a Los Ángeles. —La voz de la azafata, por muy profesional que sonara, no logró calmarme.

¿Los Ángeles? ¿Qué diablos se me había perdido a mí en Los Ángeles? Condenada Amber.

No puedes echar raíces
y al mismo tiempo
pretender volar.

JOMARI GOYSO

Los sueños no se hicieron para los que se quedan en tierra.

JOMARI GOYSO

15.

Welcome to L. A.

Abrí los ojos y casi me dio un infarto. Estaba en mi asiento, dentro del avión rumbo a Los Ángeles, y ante mí tenía a dos hombres altísimos vestidos de negro, con largas barbas y extraños sombreros, de pie en el angosto pasillo. Entre los dos sostenían unas cajas y unas cintas negras del grosor de un cable.

Me fije en la gente de mi alrededor, y todos dormían apaciblemente. Solo otros dos pasajeros estaban despiertos: uno, muy tranquilo, leía el periódico, ignorando la escena del pasillo, y el otro sacaba cara de aterrado, como yo, esa cara que ponemos cuando sentimos que el mundo se va a acabar. Era 2002, y el 11 de septiembre de 2001 estaba más que fresco en nuestra memoria.

Me armé de valor y llamé a la azafata con el botón de servicio.

—*Can I help you?* —me preguntó con una gran sonrisa la chica uniformada.

¡Oh, cielos, lo que me faltaba! La mujer casi no hablaba español, y yo no sabía decir más que *how are you?*

—Bomba, bomba... —le susurré apuntando a los tipos de largas barbas.

—No bomba, no —me contestó la azafata con cara de querer estrangularme—, *tefillin*, eso es *tefillin*. *And they are Jewish*, ellos son *Jewish* que están rezando —me aclaró señalando el Torah que el otro hombre estaba leyendo.

¡Qué vergüenza! No se me podía notar más que acababa de salir del rancho. Aunque no era el único, porque el otro pasajero despierto seguía con cara de espanto. Al menos, yo me volví a dormir, esta vez arrullado por los cánticos en hebreo.

Al despertar, ya estábamos aterrizando, y los malentendidos y la santa manía que tenemos todos de juzgarnos por nuestras apariencias no iban a terminar ahí. Irónicamente, ahora el terrorista sería yo.

En el aeropuerto de Los Ángeles, en plena línea de inmigración, me tocaron el hombro y me condujeron a un cuartito. Pasé media hora comiéndome las uñas, y sin entender ni papa de lo que estaba sucediendo a mi alrededor, con todos esos agentes que iban y venían.

—Ya les digo que vengo de vacaciones, quince días, a visitar a mi amiga Amber, y esta es su dirección —les repetía en español, despacito, para que me comprendieran.

Me hubiera gustado poderles contar toda la verdad, pero no era ni el momento ni el lugar adecuado, obviamente. La verdad era que venía a visitar a una buena amiga que, después de cuatro años viviendo juntos, se había mudado a Los Ángeles por amor. A Los Ángeles todos llegaban para triunfar en el cine o en los negocios, y ella solo buscaba quien la quisiera. Cómo explicarles a todos esos uniformados que yo estaba ahí sentado por culpa de la historia de una prostituta de lujo y que esto no iba a terminar como *Pretty Woman*. Por eso, señores oficiales, estaba yo sentado ahí, en pleno aeropuerto.

—Tú español, ¿y tus padres también? —me preguntó el agente, con ganas de escuchar que mi padre era de El Cairo y mi madre del Líbano.

Inmediatamente comprendí: me habían confundido con un terrorista. Todo eso sin que yo apenas hubiera abierto la boca.

—*Yes, Spanish, my mom Spanish, my father Spanish* —le contesté como pude.

Entonces tuve que aguantar la risa, a pesar de que estaba muerto de miedo. Igual que yo juzgué a los pobres judíos del avión, este oficial ya me había juzgado, hallado culpable y crucificado por mi imagen. Para él, yo era un terrorista chiíta que venía a destruir su país. Mi pelo negro, mis cejas gruesas, mi marcada mandíbula y mis ojos penetrantes me habían condenado antes de que tan siquiera vieran mi pasaporte.

Ese día aprendí una gran lección: jamás volvería a pensar nada de nadie por sus apariencias. Lo que me ha resultado difícil es combatir la ignorancia de mucha gente. Ahora, cuando viajo, me afeito la barba más corta, no uso colores oscuros en mi ropa porque hacen que mis ojos se vean más claros y mi pelo más negro, y me comporto de manera opuesta a lo que esperan de mí: sonrío, saludo muy amable, y respondo a todas sus preguntas con gusto. Porque, ese día, sin darme cuenta, aprendí que la ignorancia se combate con lo contrario: con sabiduría, y también aprendí que, si era necesario hacer unas pequeñas alteraciones en mi imagen para tener la fiesta en paz, el problema no era tan grave. Hay que saber escoger las batallas que vale la pena luchar porque no podemos pelear en todas.

Y, con esta lección bien aprendida, bienvenido a Estados Unidos de América. Me dejaron pasar y salí a las calles de Los Ángeles, sin saber mucho qué me iba a encontrar.

Desde la ventanilla del taxi, camino a casa de Amber, mis ánimos se vinieron abajo. Mi primera impresión de la soñada La La Land fue horrible. Me imaginaba Los Ángeles como Nueva York: llena de luces y rascacielos, y lo único que veía eran calles aburridas, con edificios bajos y sin ningún estilo o personalidad. Recuerdo que pasábamos zonas en las que todo estaba escrito en chino, luego en coreano, luego en español, luego en árabe, y así todo el camino. *Aquí la gente no se mezcla, viven muy separados*, pensé para más tristeza.

Al llegar a Hollywood Boulevard, justo donde vivía Amber, todavía me desilusioné más. La cantidad de *homeless*, o como los llamamos en España, «sin techo», era inquietante. Y más inquietante era ver cómo la gente caminaba entre ellos, o los sorteaba para no pisarlos, acostados en las aceras, pero ni los veían. Los sin techo eran totalmente invisibles para el resto de los angelinos.

—*Welcome to Hollywood!* —me gritó Amber desde el balcón, al verme bajar del taxi. Inmediatamente, y a juzgar por su enorme sonrisa, supe que para ella Hollywood era un cuento de hadas, con estrellas en el suelo, y no en el cielo. Así éramos de diferentes: ella veía estrellitas donde yo veía solo *homeless*. Sin embargo, Miss Amber me iba a contagiar con su entusiasmo una vez más, y yo terminaría viendo L. A. con los ojos de todos los que tenemos sueños, sean cuales sean.

Los Ángeles se parece mucho a Amber: no es lo que creías, pero es lo que quieres que sea. Es como la novia extraña que al principio no comprendes ni confías en ella, y después te muestra su lado más adorable y maravilloso. L. A. es todo y nada, pura fantasía donde las cosas se hacen realidad y, como me sucedió con Amber, esta ciudad me enamoraría y enredaría en sus calles, con sus mil cuentos, hasta no dejarme escapar.

—¡Josito, Josito! —Amber bajó a la calle como loca y me abrazó con fuerza, como para que no pudiera huir de ella ni de sus fantasías.

—Amber, pero tía, qué triste, tanta gente por la calle tirada... —Intenté explicarle mi impresión de su soñado bulevar de las estrellas.

—Josito, verás qué mágico es aquí todo. —Me distrajo cargando mi maleta y empujándome escaleras arriba, hacia su apartamento—. Mañana se te olvida, y verás la magia de Hollywood. Yo me encargo de eso.

Al entrar al apartamento, me llevé mi primera sorpresa de este mundo en el que todo parece y nada es: al intentar buscar la puerta de la habitación, me di cuenta de que no existía ninguna puerta, porque se trataba de un estudio con una cama en un rincón y nada más.

—Hola, hola. —Me saludaron otras dos chicas de Madrid que conversaban sentadas en un viejo sofá.

Eran amigas de Amber y acababan de llegar, igual que yo, a quedarse unos días en el diminuto estudio.

Amber, astuta y rápida, empezó a contarme una larga historia de cómo las chicas habían llegado hasta allí, y que tenía que ayudarlas y bla bla bla. Yo solo podía pensar quién iba a dormir en el sofá y quién en la cama. No estaba preparado para un *Big Brother*, y se me habían olvidado un poco los líos de Amber. *Bueno*, pensé resignado, *quince días se pasan de cualquier manera.*

Y los quince días se convertirían en tres meses por arte de esa magia de la que me hablaba Amber y yo no entendía. Dentro de su locura, Amber terminaba teniendo siempre mucha razón, lo admito. Poco a poco, iría descubriendo la magia de la que ella tanto me hablaba.

—¿Qué tal todo, nene? —me preguntó mi madre impaciente, cuando finalmente pude llamar a España desde un teléfono prepago que compré a los pocos días de llegar.

—Madre, esto es como un cuento de hadas, espectacular. —Les mentí como se miente al que quieres mucho—. La casa de Amber es enorme, en el vuelo todo fue bien, así que voy a disfrutar de unos días de vacaciones.

Mis «vacaciones de ensueño» duraron poco. La primera semana, efectivamente, Amber se encargó de pasearme, mimarme y complacerme en todo, para demostrarme esa magia de la ciudad que ella veía a todas horas. Pero a la segunda semana, me pidió dinero para la renta, y les hizo pagar a las otras visitantes también.

—Josito, quédate tres meses, hasta Navidad —me insistía mientras intentaba dar caza a su amor, Anthony, que seguía evadiéndola y no le contestaba ningún *e-mail*—, aquí ya he empezado a trabajar en películas y necesitan peluqueros como tú. ¡Y pagan mucho más que en España!

En su entusiasmo y euforia, a mi querida Amber se le olvidaba comentarme un pequeño detalle: las producciones que protagonizaba sin hablar ni papa de inglés eran, obviamente, películas porno.

—Mira, si lo que quieres es quedarte un par de meses más, puedes pedir trabajo en el salón de una amiga de otra amiga que es española —me dijo Cari, una de las visitantes de Amber que parecía más ubicada y con menos pajaritos en la cabeza—. No tengo el teléfono, pero sé la dirección.

Mis ahorros se estaban acabando y Amber me hacía pagar todo cada vez que salíamos a comer o pasear. Algo me decía en la cabeza: quédate hasta Navidad, dale una oportunidad a esta ciudad tan rara. Pero Santa Claus no me iba a pagar los taxis ni las cenas, así que decidí ir a esa dirección del salón de Marieta la española.

A la mañana siguiente me presenté en el lugar y me encontré con otra hada madrina que se uniría de inmediato a la lista de las grandes mujeres de mi vida. Nada más saludarme, Marieta vio en mí más allá de lo que los demás veían, sin necesidad de ninguna explicación. Igual que mi abuela, Clara, Alaska, Amber y Bea. La lista de mujeres maravillosas seguía creciendo en mi *hall of fame* personal.

—¿Hablas inglés? ¿Tienes carro? —Fueron las dos únicas preguntas que Marieta me hizo.

—Sí, sí, claro —le respondí con dos mentiritas piadosas, de esas que decimos todos para poder ganarnos el pan en un mundo nuevo.

—Bueno, llega mañana que te haremos una prueba. —Marieta me dio dos besos y se despidió.

Al día siguiente, pasé la prueba sin problemas, y obtuve mi primer trabajo en América. Rápido aprendí que, en este país, se trabaja más que en ningún otro, si es que quieres alcanzar ese bendito «sueño americano».

—Mira, Jomari —me explicó Marieta—, lo más difícil en Los Ángeles es conseguir tu propia clientela, hay mucha competencia. Por eso te aconsejo que llegues el primero y te quedes dos horas más después de que se vayan los demás estilistas. Si alguien llega sin cita, lo agarras tú, y así te irás dando a conocer.

Dicho y hecho: llegaba tempranísimo en la mañana, y no me iba hasta la noche, en espera de esos clientes despistados que aparecían a último minuto. A Amber no le gustó mucho mi ausencia. Sintió que desconectaba de ella y de sus caprichos, y empezó a pelear conmigo por tonterías. Yo llegaba cansado del salón y me llenaba de tristeza verla enfadada. En los años juntos en Madrid nunca habíamos discutido en serio, siempre eran tonterías que arreglábamos con un chiste o con un abrazo. Tal parecía que nuestra «luna de miel» de la amistad tocaba a su fin, y ninguno de los dos lo queríamos aceptar, hasta que un día me enteré por la otra chica que Amber me había mentido sobre el alquiler del estudio. Me estaba cobrando toda la renta a mí, haciéndome creer que era la mitad. ¡Me puse furioso! Soy generoso, y la había ayudado en otras ocasiones cuando se encontraba en situaciones complicadas, pero yo no funciono con mentiras. Soy comprensivo, y entendía que ese rollo de las películas porno no era tan bonito como ella lo pintaba ni pagaban tan bien. Pero, sin querer, empecé a ver a Amber de otra manera, y comencé a sentirme usado. Ese sentimiento de que no te quieren por quien eres, sino por lo que puedes hacer por ellos es muy amargo y muy ácido; tanto que hice las maletas y me las llevé una mañana al salón.

—No te preocupes, Jomari. —Mi nueva hada madrina, Marieta, salió al rescate—. Voy a llamar a mi amigo Roberto, que es manager de apartamentos, a ver qué tiene para ti.

Ese día, al salir del trabajo, fui a ver al tal Roberto. Entré en la primera planta del edificio, y toqué en una de las unidades. Llamé al timbre y volví a aporrear la puerta. Se escuchaban ruidos dentro y no me iba a ir sin hablar con el casero en cuestión y conseguir un lugar donde vivir. Al final, la puerta se abrió y la cara de una chica rubia, de melena rizada, y muy disgustada me recibió.

—¿Qué quieres? —me preguntó en español, mientras se cubría medio cuerpo con la puerta.

Me quedé petrificado, porque estaba totalmente desnuda y no parecía importarle mucho.

—¿A quién buscas? —me insistió al ver mi cara de bobo.

—Aaah... ¿está Roberto? —Atiné a preguntarle.

—No, es en la puerta de al lado. —Y sin más, me cerró en las narices.

Efectivamente, en la puerta de al lado encontré a Roberto, quien me dijo que no tenía apartamentos disponibles, pero su *roommate* se acababa de ir. Me ofreció la habitación que quedaba vacía y así, por cosas del destino, me convertí en vecino de la misteriosa mujer desnuda. Y la mujer desnuda se convertiría en mi nueva mejor amiga, en ese nuevo ser que añadir a mi lista de gente fantástica con quienes las palabras ni las apariencias son necesarias.

—Hola, me llamo Leslie Monroy. —Me saludó en el pasillo, esta vez vestida, y con tremendo vozarrón—. Soy amiga de Roberto y soy de Guadalajara. ¡Tapatía, majo! —Me bromeó, muy juguetona.

—Es una de las divas de Hollywood —me aclaró mi nuevo casero—, trabaja haciendo *shows* en los clubs nocturnos, imitando artistas.

—Mucho gusto, Leslie —le contesté dándole un abrazo y dos besos—, ¿me vas a dejar que te peine un día de estos?

—No, majo, tú estás muy lindo para que te deje maquillarme y peinarme —me contestó sin pelos en la lengua.

Y así de fácil iniciamos la historia de la diva que cada noche se transformaba en mil divas a cambio del amor del público y de su amigo estilista, nuevo en la ciudad, que buscaba también donde encajar. Durante siete años, iría religiosamente todos los fines de semana a verla transformarse, y nunca me aburrió. Gracias a su magia, yo llegué a conocer a todas las reinas de los escenarios de México y Latinoamérica: Marisela, Paulina Rubio, Alejandra Guzmán, y mi favorita, Edith Márquez. Con Leslie y su magia inagotable, me aprendí todas esas canciones que eran nuevas para mí.

Mientras, en el salón, aquel «Jomari *Love*» que había descubierto años atrás en Cibeles, comenzaba a surtir efecto con las clientas, a pesar de que mi inglés era un desastre. Marieta ya se había dado cuenta de mi torpeza con el idioma, pero me miraba con la misma cara que te mira tu madre cuando no te atreves a tirarte a la piscina de pequeño. «Venga, venga, espabila», me decía tan solo con la mirada.

—¿Qué significa *hi*? —le pregunté un día a mi jefa querida y paciente.

—Es la abreviación de *hello*, Jomari... —me contestó dando tremendo suspiro—. Y ahora regresa con la clienta y dile *hi* de vuelta.

Yo no sabría decir *hello*, pero a cortar, teñir y peinar no me ganaba cualquiera. El estilismo es un idioma universal, y las clientas se levantaban de mi silla felices y entre miles de palabras que yo no entendía, me besaban y abrazaban como si fuera muñeco de peluche.

—Tú míralas a los ojos y pon cara de que las entiendes —me instruía Marieta—, todas hablan de ellas mismas, de sus perros, de que aman ir de compras y de la gente que conocen. Es muy sencillo.

Con eso en mente, desarrollé toda una elaborada técnica: mirarlas a los ojos, sonreír, y cuando se callaban y se quedaban observándome por más de tres segundos era la señal de que esperaban mi reacción. Entonces yo les decía: *oh wow, nice*, y ya estaba. Ellas continuaban con sus largos monólogos, y yo me apresuraba a dejarlas bellas, con todo mi afán. Si se detenían más bruscamente en su plática es que querían saber si yo estaba de acuerdo o no con lo que me contaban con tanta pasión. Así que, dependiendo del tono de voz y la expresión de la cara que les permitía el botox, yo les respondía: *oh yeah, nice*, o *hell no*. Creo que a veces metía la pata y me equivocaba, porque cuando les respondía con el *hell no* se reían mucho, pensado que les estaba bromeando. Lo bello de estas historias perdidas en la traducción, *lost in translation*, como la película de Bill Murray, es que dos personas pueden aprender a quererse y respetarse sin entenderse ni una sola palabra. Ellas me querían y yo las quería. Me alegraban la vida con sus miles de *thank you, thank you*, y sus *I love you, I love you*, y yo les daba mi mejor Jomari *Love* a cambio.

Y entre el cariño de Leslie, las clientas y sus abrazos, y mis *hell no*, llegó Navidad. Tal como prometí, regresaría a España, pero ya tenía claro que sería viaje de ida y vuelta. Esa extraña magia angelina que no supe ver al principio y de la que tanto me habló Amber había hecho efecto. Volvería a España para sacar mis cosas de mi piso y ponerlo en alquiler, y para abrir el bar del pueblo una última vez. Mi lugar en el mundo ya no estaba bajo el cielo de Madrid. Ese cielo se había vuelto muy monótono, y yo tenía claro que mi necesidad siempre sería buscar nuevas emociones. Madrid ya no era la ciudad grande y misteriosa que un día me cautivó, y era hora de buscar nuevos retos para mí.

Al llegar a mi antigua ciudad y a ese piso que tanto había significado para mí, y para mi transformación de Josemari a Jomari, sentí que nunca fue mío. Ese apartamento de la calle Fuencarral siempre fue de mis padres, que tanto me querían y tanto me daban siempre. La habitación de Amber ya no guardaba ningún recuerdo de mi adorada loca. Igual que ella se había evaporado de mi vida en Los Ángeles, sus recuerdos también se habían esfumado de esas paredes. Ahora, en esa habitación vivía Ceci, una amiga argentina que había conocido años atrás a través de Rafael Amargo, el bailador flamenco. Rafa y Ceci eran inseparables.

—Te quedas tú a cargo de las otras habitaciones, mi argentina —le dije como siempre la llamaba yo: mi argentina.

Y, después de empacar todas mis cosas y seleccionar lo poco que me llevaría de regreso a Los Ángeles, me fui dispuesto a enfrentar la parte más difícil de mi viaje, a cerrar otros asuntos en el pueblo.

Nada más llegar a Igea, y tras dejarme abrazar por mi madre, hermana y abuela como si no me hubieran visto en diez años, me planté frente a la puerta del bar. Ese negocito me había dado mucho, y no solo dinero. Tras esa barra aprendí a reconstruir un poco mi maltrecha autoestima. Ese bar me enseñó que, aunque me odiaba ante el espejo, en el trabajo y en los negocios yo era una máquina. Con la cabeza llena de recuerdos, subí la persiana y me metí dispuesto a darle duro durante dos semanas y volver a llenar ese viejo local de gente, chistes, risas y música.

Durante esos días de Navidad, mi querida abuela no se separó de mí ni un instante.

—Cuídate por esos lugares tan lejanos, mi capitán, y en los aviones esos que son tan peligrosos —me decía tocándome la cara con esas manos que ahora temblaban como los flanes que solía prepararme con tanto amor.

Todavía no le había dado la noticia de que regresaba a Los Ángeles, pero ella, lógicamente, ya lo sabía. Las palabras siempre salieron sobrando entre nosotros, y las despedidas también. Yo, en particular, siempre las he evitado. Hago como que bajo al bar a tomar algo, con la idea de regresar en un ratito, y me voy sin decir adiós. De lo contrario, me hubiera pasado la vida haciendo llorar a medio mundo, con tanto ir y venir. Y esta vez no iba a ser diferente. Los adioses te obligan a pensártelo dos veces: ¿será que me tengo que quedar? Y yo no podía darme el lujo de dudar. Además, tanto mi madre, como mi padre, mi hermana y mi abuela, jamás me chantajearon con sus lágrimas para hacerme quedar. Ellos me dejaron volar libre, a pesar de mi forma tan egoísta de despedirme.

Siempre he sido muy independiente y con miedo a quedarme estancado en algo o por alguien. Siempre he visto que la gente admira a los que somos determinados y no nos dan miedo los cambios. La primera que admiraba ese espíritu de aventura era mi abuela querida, y yo no quería fallarle.

Recuerdo desde niño a la alegre Rosalía, sentada en las noches de verano, jugando a las cartas con la tía Carmen, la Caracola, el tío Francisco, el Marcelo, la Emi, y demás personajes del pueblo que llegaban a disfrutar del fresco de la media noche en el barrio de Solana. Entre jugada y jugada, mi abuela contaba historias de sus familiares de Alemania, o de sus primas de Argentina, y siempre hablaba de ellos como gente de mundo, gente que habían descubierto cosas grandes. Yo la escuchaba, atento, mientras me guiñaba un ojo al terminar sus relatos de países lejanos, animándome sutilmente a vivir esas aventuras que a ella tanto le gustaba relatar.

Llegó Año Nuevo, Reyes, y se terminaron las fiestas. El pueblo se quedó otra vez vacío, cerré el bar y me fui, como siempre, sin despedirme, pero con la bendición de los relatos de mi abuela. Me fui a «vivir cosas grandes», y así ella tendría una historia más que contar a los que se quedaban atrás: la mía.

En Madrid, de la única que me despedí fue de Ceci, mi argentina. Ceci era inmigrante, y entre inmigrantes resulta más fácil hablar de estas cosas.

—Es solo por un tiempo mi Ceci —le dije antes de salir para el aeropuerto—, una experiencia nueva. Quiero ver, aprender, crecer y ver qué pasa. Me voy un año y luego regreso.

—Sí, Jose, tú ve, vuela, brilla, ve mundo, y el destino decidirá —me contestó con la sabiduría de los que un día se fueron y ya no regresaron—. Deja que Los Ángeles te quiera. Todos emigramos para buscar dónde nos quieran, nos dejen ser y nos dejen vivir. Déjate querer por tu nueva ciudad si quieres ser feliz.

Con sus palabras premonitorias, me subí al avión, dispuesto a enfrentar de nuevo a esos agentes de inmigración, esta vez vestido de gris y *beige*, y con mi barba perfectamente rasurada. Ahora ya sabía dónde iba y a qué: a buscar lo que todos buscamos.

¿Seré capaz de dejarme querer? Me pregunté en ese vuelo eterno, de continente a continente. *No sé, al menos lo voy a intentar.*

Los Ángeles, extraña, rara, mágica e impredecible, me esperaba con grandes sorpresas, pero antes, me haría sufrir un poquito. Quien bien te quiere, dicen por ahí, te hará llorar. Y a mí nadie me prometió que L. A. sería una «novia» fácil.

C uando entras a un
mundo desconocido
tienes la oportunidad
de reinventarte y crecer.

JOMARI GOYSO

16.

Homeless bajo las estrellas

Que si no uses la licuadora ni el horno, que si la renta subió cien dólares, que si no puedes llegar más tarde de media noche. A los pocos meses de haber regresado a Los Ángeles, la luna de miel de la convivencia entre mi casero y yo también tocó a su fin. No sé si fue porque le molestaba que mi carrera de estilista fuera despegando, o porque el tipo se había obsesionado conmigo. Jamás le pregunté ni quise saberlo, pero ahí había una onda rara.

—Toma —me dijo una mañana—, aquí tienes la factura del gas, a partir de hoy la vas a pagar tú.

Yo, sin decir nada, dejé el papel en la mesa y me fui a trabajar. No pensaba pagarla, porque ni siquiera tenía derecho a usar la cocina. ¿Por qué rayos iba yo a pagar el gas que no usaba? Ya empezaba a sentirme usado de nuevo, esa sensación tan familiar y que tan poco me gustaba. Las injusticias y yo no nos llevamos bien. Tengo un sentido muy estricto de lo que es justo y de lo que no, y no iba a aceptar ningún chantaje.

Al regresar en la noche, el tipo había cambiado la cerradura, y rápido entendí que de nada serviría montar escándalo.

—Psss, psssss. —Leslie, desde su puerta, me hizo una señal—. Mira, ven...

Dentro de su apartamento, en medio de la sala, estaban todas mis cosas empacadas. Al menos el loco había tenido la decencia de dejar mis pocas pertenencias en buenas manos. Esa noche me quedé en el sofá de mi dulce diva, pero a la mañana siguiente me las tendría que arreglar. Leslie partía un mes a México, a visitar a su familia, y sus otras tres *roommates* me miraban con caras raras. Era obvio que yo sobraba en la ecuación.

Al día siguiente, me fui a trabajar arrastrando mis tres maletas, y al llegar al salón, las escondí en la parte de atrás, debajo de unas cajas. Antes de que apareciera mi primera clienta, abrí la cartera y eché un vistazo a mis ahorros: me quedaban ochocientos dólares. Por un instante, me cruzó por la mente llamar a Amber, pero desistí. También me daba mucha vergüenza pedirle ayuda a Marieta, mi jefa. Admitir que me había quedado en la calle sonaba a gran fracaso, y no quería que nadie sintiera lástima por mí. Creo que, en estos asuntos, soy tan orgulloso como mi padre, después de todo.

Las horas transcurrieron rápido, clienta tras clienta, y corte tras corte, y al caer la noche, todos se fueron a casa. De nuevo, me quedé solo en el salón, y pensé en pasar la noche allí. *No, no, qué vergüenza si por algún motivo otro de los estilistas llegara más temprano y me descubriera dormido en un rincón.* Mientras decidía qué iba a hacer, salí del salón y crucé la calle en dirección al restaurante de enfrente. *Voy a cenar algo y pensaré mejor con el estómago lleno.*

—Sir, the check —me dijo la camarera con cara de pena—, *we are about to close.*

No le entendí palabra, pero por los gestos supe que era hora de pagar y de largarme. Ya estaban cerrando y apagando luces. Sin darme cuenta, habían transcurrido más de dos horas, y yo seguía sin saber qué hacer. Pagué y salí a la calle. La noche estaba despejada, y miré al cielo; mi mente voló lejos, hacia mi familia en España. Si ellos supieran lo que me estaba pasando se morirían de la pena y de la impotencia por no poderme ayudar. Sentía que había fracasado de la manera más tonta. Después de haber sobrevivido otras cosas más duras, no podía aceptar que el hecho de quedarme sin lugar donde vivir fuera lo que me hiciera tirar la toalla.

De pronto, todavía mirando hacia arriba, se me ocurrió: *Si de Madrid al cielo, de Los Ángeles también al cielo*. Y decidí subir al tejado del edificio de la peluquería. Era una azotea medio inclinada, y sabía dónde estaban las escaleras de emergencia. Trepé por esas barras de metal viejo y, una vez arriba, me sentí a salvo. Yo sé los peligros que encierran las noches en las grandes ciudades, y al menos ahí en lo alto nadie me iba a molestar. Me tumbé boca arriba, y me tapé con un abrigo enorme que había traído de España. Las lágrimas pronto comenzaron a rodar por mis mejillas. Hacía siglos que no lloraba. La última vez fue cuando falleció mi abuelo Andrés.

Lloré por todos aquellos *homeless* que vi por primera vez en mi llegada a Los Ángeles. Recuerdo que me preguntaba cómo habían terminado en la calle. Me parecía tan difícil quedarse sin hogar, y ahora ahí estaba yo, sin rincón al que arrimarme. Lloré por la gente que amaba y que sentía tan lejos, y por la inevitable sensación de soledad, aunque estuviera rodeado de millones de seres. Y, poco a poco, sin dejar de mirar las estrellas, me quedé dormido.

Al primer rayo de sol desperté asustado. ¡Seguía vivo y en el tejado! No me había resbalado por la pendiente, ni nadie había subido a causarme problemas. Miré el reloj: las siete. Tenía una hora para arreglarme antes de que comenzaran a llegar mis compañeros. Bajé al salón, lo abrí, me aseé y me puse a limpiar y a organizar cajas y productos, como si nada.

—*Good morning, good morning*. —Los primeros estilistas llegaban y me saludaban felices.

—*Nice coat!* —Me chuleaban algunos mi enorme abrigo de paño grueso colgado en una silla, sin sospechar que ese había sido mi único resguardo durante toda la noche.

Ese día, al terminar la jornada, volví al mismo restaurante a cenar, sin moverme de la mesa hasta la hora de cerrar, y luego volví a cruzar la calle rumbo al tejado del salón.

Una vez más, dormiría bajo las estrellas en la ciudad de las estrellas. Sonaba mejor que decir que dormiría a la intemperie. Esa noche, acurrucado bajo mi abrigo, cerré los ojos pensando de nuevo en todos esos *homeless* que ni tejado al que subirse tenían. *De veras que Los Ángeles es extraña*. Me dije, intentando conciliar el sueño. *Puedes cenar una noche con el mismísimo Harrison Ford, y amanecer dormido en un banco del parque al día siguiente, sin que nadie se dé cuenta. Puedes dormir en el techo de una peluquería y el mundo te ve como todo un estilista de moda a la mañana siguiente. De verdad que esta ciudad es más desangelada que angelada, y bastante ciega.*

Pronto tendría que tomar una decisión. Con solo ochocientos dólares en mi bolsillo no podría continuar así por mucho tiempo. Los Ángeles, además de rara, es carísima. Para rentar apartamento o hasta una minúscula habitación te piden depósito, primer y último mes. Eso suman varios miles de dólares. Además, mi secreto del tejado y las estrellas pronto iba a dejar de ser secreto. Yo, que quería ser tan invisible como los *homeless* de esa gran ciudad, iba a ser descubierto.

¿Te has preguntado alguna vez quién eres si te quitan todo lo material?

JOMARI GOYSO

17.

Hollywood, Kardashians y bling bling

—Jomari, *what are you doing up there?* —me gritó sorprendida una de mis más asiduas clientas, al verme bajar por las escaleras de emergencia con cara de haber dormido poco.

Se me había olvidado que tenía cita con Sashi a las ocho, y la mujer siempre llegaba una hora antes para evitar la locura del tráfico matutino de L. A.

Aunque nos podíamos comunicar a duras penas, nos llevábamos muy bien, y decidí contarle la verdad. A mí, hasta las mentiras piadosas se me dan mal.

—*No home* —le dije en dos palabras, y dos fueron suficientes.

Sashi era parte de esa lista de mujeres a las que no les tengo que explicar quién soy ni qué hago para que me aprecien y me entiendan. A la segunda vez que la peiné, ella misma se asignó el título de mi «L. A. *mom*», así que no me sorprendió cuando me ordenó, sin esperar mi respuesta:

—*You come with me tonight.*

Come y *tonight*, eso lo entendí muy bien: esa noche dormiría bajo techo. No se puede explicar la dicha que se siente al acostarse en un sofá después de haber dormido en el suelo. Además, el sofá de mi querida Sashi era comodísimo, mullido y calentito. Pero por más que me esforzaba en intentar entenderla, no podía, así que a los pocos días le pedí ayuda a mi jefa, Marieta.

—Me estoy quedando en casa de Sashi por un tiempo, y quiero alquilar un apartamento en su edificio, ella es la manager, pero no entiendo lo que me dice —le conté medio confuso.

Marieta habló directamente con Sashi.

—Dice que a finales de mes tendrá un apartamento vacío y te podrás mudar —me tradujo en un segundo.

—¿Y cuánto al mes? —le pregunté a mi flamante intérprete.

—Dice que mil ochocientos dólares. —Marieta me tiró la bomba.

—¡Mil ochocientos! —grité de espanto—. Sashi, *me no money*.

—¿Cuánto dinero tú *cash*? —me preguntó mi nueva casera con su español chueco.

—Pues... tengo ochocientos dólares —respondí con pena.

Las dos mujeres se pasaron varios minutos debatiendo y, finalmente, Marieta me anunció el veredicto:

—Ya tienes casa por ochocientos dólares. El resto lo pone ella hasta que tú ganes lo suficiente.

No sé cómo rayos logré tragarme las lágrimas. Esta ciudad era tan rara como maravillosa, con estrellas por el suelo, y ángeles por las calles, porque en Los Ángeles había ángeles después de todo, eso me quedó claro. Y así fue como conseguí mi primer apartamento propio en América. Por cierto, apartamento que se fue llenando de muebles por arte de esa magia angelina que al principio yo no supe ver. Reciclé un colchón que Sashi iba a tirar, y en la calle me encontré un viejo sofá y dos sillas de madera estilo abuelita. El resto lo fui comprando poco a poco en el mercadillo, el *flea market* de la Melrose y Fairfax.

Y de mis sillas viejas y mis lámparas de mercadillo, a tomar café en casa de Kim Kardashian, Penélope Cruz o Demi Moore. Insisto que esta ciudad es más extraña y loca de lo que podamos imaginar.

—Jomari —me pidió Marieta un día en el que todos andábamos muy ocupados en el salón—, ¿puedes atender a Daya? Tiene un evento muy importante esta noche.

Obviamente le dije que sí, y la nueva cliente, guapísima, por cierto, se sentó en mi silla. Después de sufrir ambos con mi terrible inglés durante tres minutos, se dio por vencida:

—¡Chico, pero si tú eres español, mejor háblame en español, que no nos vamos a entender!

Daya resultó ser puertorriqueña y desde ese día se convirtió en mi cliente y buena amiga. Me visitaba en el salón tres veces por semana, pues necesitaba constantemente mis servicios. Era organizadora de eventos al más puro estilo Hollywood, y se la pasaba en ceremonias, entregas de premios y fiestas benéficas.

—Esta noche voy a una cena con Penélope Cruz, tu paisana —me dijo Daya en una ocasión, mientras le hacía uno de esos recogidos que tanto le encantaban.

—Oh, yo conozco a su hermana Mónica, nos hicimos muy amigos en Madrid —le comenté—. Y justo Moni me dijo que va a venir para los Premios Oscar.

Daya me presentó a Penélope, y al poco llegó Mónica. Y con la llegada de Mónica, comenzó mi verdadera aventura en Hollywood.

—Esta noche vamos a casa de un amigo de mi hermana —me dijo Moni, que nunca se perdía ninguna fiesta—. Ven con nosotras.

Por supuesto que acepté. Las hermanas Cruz son lo más divertido del mundo. *Aunque la fiesta esté medio aburrida, con ellas seguro que me lo paso bien.* Pensé, de camino al lugar. Y cuál fue mi sorpresa al llegar y ver que el anfitrión del que Moni hablaba era Leonardo Di Caprio. A Leo, como todos lo llamaban, le gustaba jugar a Lobos y Villanos, un juego de estrategia en el que tienes que adoptar la personalidad de lobo o de villano y los demás deberán adivinar quién eres. El juego obligaba a todos a dejar sus verdaderos egos y disfraces de famosos en la puerta, y a que solo pensaran en divertirse.

A Leo le fascinaba organizar veladas e invitar a todo el mundo en Hollywood, y fue así como conocí a Jennifer Aniston, Johnny Depp, Tobey Maguire, Cindy Crawford, y muchos más. Algunos no me sonaban de nada, aunque eran famosísimos, y luego, cuando iba al cine y los veía en las películas, pensaba: *Ah, este es Tobey, con el que me reí tanto en el jardín, o esa es Marion Cotillard, la que me ayudó a abrir aquella botella de champán.*

Recuerdo una vez, también en casa de Di Caprio, que me puse a recoger la cocina, yo siempre tan responsable. Una rubia alta apareció y me dijo:

—No, no, yo me lavo el plato sola.

Al oír su voz, caí en la cuenta: ¡era Cameron Diaz!

—*Honey,* yo lavo tu plato, y te peino si necesitas, o te bailo flamenco si eso te saca una sonrisa —le dije con mi media lengua, en mi mejor Spanglish.

Sin quererlo, y rodeado de todo el glamur de Hollywood, mi carrera y mi reputación como estilista iban subiendo. De peinar a Penélope pasé a peinar a Celine Dion, Kristen Bell, Giselle Bundchen, Heather Graham y Mina Subari. Todavía no me lo podía creer. *Si hace dos meses no tenía ni dónde vivir.* Me repetía, maravillado de esta ciudad de sueños y de pesadillas.

Una mañana, me llegó un *e-mail* de una productora que había conocido en una sesión de fotos. Quería que hiciera una prueba esa misma semana con las Kardashian. Si les gustaba mi trabajo, me contratarían para muchos de sus *shows*. Por supuesto que dije «*yes*» en inglés. De inmediato me enviaron unas instrucciones más complicadas que robar un banco, explicándome cómo llegar al lugar, qué hacer, qué no hacer y cómo peinarlas. Pero ni el miedo a tanta producción me detuvo. Podría ser muy inseguro sobre mi físico, pero para mi trabajo, yo nunca titubeaba. Ese día me presenté puntual con cepillo en mano, dispuesto a demostrarles que mi arte era mucho mejor que mi inglés.

La cita fue en casa de Kourtney, pero a la que debería peinar era a Kris Jenner, la madre. Nada más llegar, me dieron unos papeles de confidencialidad y una pluma; firmé y entré muerto del miedo. La verdad, no sabía con qué me iba a encontrar. Para mi sorpresa, lo que me esperaba en la lujosa cocina era una mujer chistosa, inteligente, que se moría de la risa con mi acento, y que quedó encantada con el estilo que le hice. Cuando me disponía a darle los últimos retoques al peinado, entró Kim, y me quedé impresionado. Era la primera vez que la veía en persona. Es difícil no quedarse como bobo, mirándola a la cara; tiene una simetría perfecta. Lo mismo me había sucedido antes con Naomi Campbell y con Salma Hayek. Son rostros tan perfectos que casi te sacan de onda. Esa mañana, Kim se quería poner una coleta postiza y el peluquero que la estaba peinando a ella no sabía mucho de extensiones. Me acordé de aquella cresta punk que le puse a Amber con silicona de la ferretería, y le dije a Kim:

—*I can do it*, yo te la pongo.

Kim se fue fascinada de lo rápido que improvisé el remedio, y le dijo a su hermana Kourtney:

—*He should do your hair too*, él «muy bueno».

Así fue como, ese día en el que solo me habían contratado para peinar a una, terminé peinando a tres de las Kardashian. Y a ese día le siguieron muchos más.

Mis jornadas, a partir de entonces, comenzaban a las cinco de la mañana en casa de Kris. Nunca sabía a quién iba a peinar y maquillar, aunque casi siempre me tocaba trabajar con las más jóvenes: Kendall y Kylie. Creo que a las más chavitas les gustaban mis locuras y estilos más de pasarela que de revista. Kendall, quien ya soñaba con ser modelo profesional, conectó rápidamente conmigo porque yo entendía su estilo, después de mis cuatro años de entrenamiento en Cibeles. Y con Kylie nos unía la rebeldía. La más pequeña de la familia era tan inconformista o más que yo.

Mas no importaba a qué hermana me encargaran arreglar, porque todos mis días trabajando en esa casa de Calabasas se convertían en una aventura. Con las Kardashian, todo era exagerado, todo era especial y alucinante. Nada se quedaba en lo normal, en lo gris, o en lo aburrido. Klhoe era la más bromista y la que más español intentaba hablar conmigo. Obviamente, de Kim, de Kourtney y de la misma Kris tengo un millón de historias que contar, y todas buenas. Pero, por respeto y por ética profesional, esas historias se quedarán solo en mi recuerdo.

A veces me gustaría contar algunas de esas historias para que aquellos que tanto las critican se dieran cuenta de lo equivocados que están. Es así como funciona la envidia: si no eres feliz con lo que haces o lo que has logrado en tu vida, no tienes la capacidad de admirar a otros y celebrar sus éxitos y, por lo tanto, te dedicas a criticar a cuantos brillan en la televisión o en las revistas. Es fácil odiar a gente que ni conoces. Yo conocí a las Kardashian y las amé.

En estos años de celebridades en Hollywood, también llegaron guapas latinas a mis manos. Una de las primeras fue Marlene Favela. Su manager, Joe Bonilla, me llamó para que la peinara. Marlene había llegado a Los Ángeles para el estreno de su novela El Zorro y tenía que lucir bellísima. Me metí en Internet, y estudié todas sus fotos. Reconozco que me puse un poco nervioso porque Marlene tiene ese *look* de novela que a mí se me hace difícil y casi imposible. El look novela consiste en peinar mucho y maquillar mucho, y que todo se vea natural. Las divas de las novelas parece que caminan siempre con un ventilador en la cara, agitándoles los rizos, y jamás muestran una arruguita ni una peca.

—Joe —llamé a mi amigo, preocupado—, me conozco, y si algo no me gusta, no me sé quedar callado, y odio hacer *looks* que considero que no quedan bien.

—Tío, relájate —me bromeó el gran Joe Bonilla, y de inmediato se puso serio—, y de paso ubícate, que es Marlene Favela. Todos quieren peinarla y maquillarla y ahora vienes tú a quejarte. Simplemente hazle un *look* más Hollywood, convéncela para que te deje hacer un maquillaje más suave. Pero, hagas lo que hagas, no le discutas ni le digas nada de «la caja». Dale de tu Jomari *Love*, pero no le digas nada de la caja que trae de México.

¿La caja? ¿Qué sería lo que Marlene llevaba en esa famosa caja? A pesar del misterio, acepté el trabajo.

Marlene entró con sus gafas de sol, muy simpática, sin gota de maquillaje, con cara de niña buena y... la caja en mano. La famosa caja...

Sin esperar, me presenté y tomé las riendas: la senté, le platiqué de cosas bellas y divertidas, y de tanto en tanto, le sugería, quitándole importancia:

—Mira, Marlene, te voy a difuminar más el *eyeliner*... mira te voy a poner menos rubor aquí y aquí...

Marlene me decía a todo que sí. Dulce, segura de sí misma, se dejaba guiar por mis consejos profesionales... hasta que llegamos al cabello.

—Mira, amor —me dijo con la voz más angelical del planeta—, en esa caja hay un postizo que he traído de México, que mis estilistas han preparado para que me lo pongas. Es el que uso en la novela.

¡La cara que puse cuando saqué el dichoso postizo de la misteriosa caja! Era como una cola de caballo andaluz. Mejor dicho, como tres colas de caballo andaluz cosidas juntas en un postizo negro azabache.

—Ah, pero esto no es para la premier, ¿verdad? —Me armé de valor y desobedecí los consejos de Joe. No podía quedarme callado ante ese greñero—. Supongo que esto te lo pones solo para grabar la novela. ¿Vas a grabar hoy?

—No, amor, eso es para la premier, esta noche —Marlene me contestaba con la ternura y paciencia de la que está acostumbrada a tratar con mil estilistas.

—Dame un segundo, ahora regreso —le dije mientras salía corriendo a buscar a Joe.

Joe estaba en la *suite* de al lado, tomando café, y llegué a arruinarle el desayuno.

—Ayúdame —le dije alzando en mi mano la pesada cola de cuatro kilos de cabello.

—Ok, voy a hablar con ella. —Joe se levantó resignado y me empujó de regreso a la habitación de Marlene—. Pero tú también dale tu opinión, no te quedes callado.

En dos segundos, Joe le explicó a Marlene lo que yo pensaba de ese postizo, Marlene me miró durante un instante con sus enormes ojos café, y contestó con el mismo tono angelical:

—Ok, sí, de acuerdo.

Mi historia con una de las primeras divas latinas no pudo terminar mejor. El postizo regresó donde siempre se debía haber quedado: en la caja. Y Marlene arrasó esa noche en las fotos y en las entrevistas, con su pelo natural recogido en un moño. Era la primera vez que se dejaba peinar así, y a esa ocasión le siguieron muchas otras. Marlene no solo me depositó toda su confianza en asuntos de *looks*, sino que me regaló su amistad. Hasta la fecha somos grandes amigos, y siempre hacemos chistes y bromas de «la caja» y aquel postizo enorme digno de una yegua en celo.

Esa noche, con Marlene, conocí a Maggie Van de Water, la directora de talento de la cadena Telemundo. Maggie, cariñosa y muy simpática, fue la primera en ofrecerme trabajo en televisión.

—Deberías actuar en novelas —me dijo en cuanto nos presentaron en el elevador del hotel, de camino a la premier.

—Ay, no, ni muerto. Yo de actor, no, que se me da muy mal fingir —le dije muy serio—. Si no, pregúntaselo a Marlene.

Marlene me guiñó el ojo, y yo, por un instante, me acordé de mi abuela, en España, y de sus palabras: «Mi capitán, tú un día vas a trabajar en la televisión». Y se lo conté a Maggie.

—Algún día, algún día te convenceré, verás —me dijo la dulce ejecutiva antes de despedirse.

En mi cabeza no había espacio para soñar con una nueva carrera. Los Ángeles y Hollywood me estaban tratando mejor que nunca, y mi cartera de clientas no paraba de crecer. Me sentía bien haciendo lo que hacía. La sensación de ayudar a todas esas grandes mujeres a sentirse fuertes y seguras de sí mismas era mi mejor premio. Claro que, en casa del herrero, sartén de palo: yo seguía sin quererme ni gustarme, y, lógicamente, esa noche, no me atreví a decirle a Maggie que me resultaba imposible creer que alguien me quisiera ver en la televisión cuando ni yo mismo me podía ver en el espejo. Mi trabajo repartiendo Jomari *Love* iba viento en popa, pero mi propia medicina no surtía efecto alguno en mí.

Aunque no era totalmente feliz, Los Ángeles me seguía envolviendo con su magia misteriosa de gente exitosa, bella y poderosa.

—¿Por qué no te quedas en mi casa ahora que nos vamos de viaje? —me pidió Penélope en una de nuestras múltiples fiestas en la casa de algún actor de moda—. Mi hermano Edu va a estar solo y es nuevo en la ciudad, y además Vino, mi perrito, necesita compañía en las noches.

—Ok, cuenta conmigo —le respondí—, me quedaré a dormir en la casa y me aseguraré de que todos estén bien.

Tanto Mónica como Penélope eran fantásticas conmigo, y quise complacerlas y ayudarlas, aunque no me apetecía mucho dormir en casa ajena. La primera noche en casa de las Cruz, no pegué ojo. La mansión era preciosa, acogedora, perfecta. Cansado de dar vueltas en la enorme cama del cuarto de invitados, me levanté y me asomé a la ventana. Las estrellas brillaban sobre las colinas de Hollywood como nunca, y yo me sentí tan fuera de lugar en esa casa como en aquel frío tejado unos meses antes. *No, esta no es mi realidad.* Me dije siendo superhonesto conmigo mismo. *Yo no puedo vivir la vida de otros.*

En este mundo de Hollywood, si trabajas para las celebridades, corres el peligro de acostumbrarte a sus ambientes y a su ritmo. Es muy fácil perder tu identidad para complacer a los artistas que se portan tan bien contigo, y que te aprecian y te quieren. Sin embargo, al final del día, ellos tienen su vida y tú la tuya. Y la mía era la de aquel niño que corría por los campos de su pueblo subido a un caballo imaginario, en busca de su libertad.

A la mañana siguiente, llamé a Moni, y con todo el cariño, le dije que no me quería quedar en la casa de Pe, pero que no se preocupara, que pasaría a revisar que todos estuvieran bien. Moni lo entendió a la primera, y me dijo que regresara a mi casa.

Esa noche, después de doce horas de trabajo en el salón, entré agotado y feliz a mi apartamento medio vacío. En la sala ya contaba con una mesa que yo mismo restauré, y en mi habitación, además de la cama, ya tenía otro mueble: una mesilla de noche con recuerdos de mi familia, fotos y velas, a modo de pequeño altar personal. Ese apartamentito era mi castillo; yo mismo lo había construido, piedra a piedra, y estaba muy orgulloso de mi fortaleza.

A los solitarios como yo, la gente nos llama rebeldes. Lo que no comprenden es que tenemos una necesidad interna muy grande de ser libres. En el trabajo, en las amistades, en el amor, todo el mundo te quiere moldear a su manera, muchas veces inconscientemente y con cariño, pero yo tenía claro que lo único que me hacía feliz era mi libertad.

En mis días de «bling bling» y famosos en la meca del cine, lo tengo que confesar, terminé también un poco cansado de la doble vida que veía a algunos vivir alrededor de los artistas. Solo porque jugábamos al Lobo y el Villano en casa de Leo con Charlize Theron, ya se creían superiores. Las verdaderas estrellas no se comportaban así, pero muchos de los que se les arrimaban sí. No faltaba quien me saludaba solo para ver qué me podía sonsacar: si el teléfono de Leo o el *e-mail* de Kim Kardashian. Resultaba agotador, especialmente para mí, que siempre he odiado la falsa amistad y que intenten aprovecharse de uno sin más.

Estuviera en el jardín de Di Caprio, o en el jardín de la mismísima Madonna, yo siempre lo veía todo claro. Mis ojos se iban a ese cielo lleno de estrellas que, por unos días, había sido mi único techo. Tenía muy presente quién era yo y lo que quería. Solo me faltaba quererme un poco más.

La fama es una ladrona de libertad, que con su brillo y tentaciones te puede robar tu norte y tu verdadero destino.

JOMARI GOYSO

18.

Gafas de sol en el gym

—*Hey, gorgeous!* —me gritaron desde la puerta de una tienda mientras me dirigía al salón.

Me gustaba caminar esos treinta minutos de ida y treinta de vuelta a mi trabajo. Jamás había hecho deporte ni me gustaba el *jogging*, pero caminar me despejaba la mente. Mente que quedó hecha un lío tras escuchar aquel primer piropo. ¿Alguien me había dicho guapo? ¿A mí? ¿Al exgordo feo, raro, tímido? Intenté recordar si en Madrid me dijeron alguna vez cosas así en las fiestas o en las calles, y no pude pensar en una sola ocasión en la que alguien me dijera algo bonito.

A las pocas semanas, en el parqueo de un supermercado, una señora muy elegante se acercó y me comentó: «Eres muy exótico». ¡Guau! Ahora, a guapo le tenía que añadir exótico. Qué curioso, yo siempre me veía como el más aburrido de mi familia. Todos tienen los ojos azules y yo saqué los ojos café. Para mí eran marrón clarito, de lo más normal, y no fue hasta mi llegada a Los Ángeles que empezaron a decirme que los tenía de color miel o color avellana.

En esta vida, todo es cuestión de percepción y perspectiva. Yo siempre pensé que mis ojos no tenían nada de especial. Solo mi querida abuela veía cierta magia en ellos. «Mi niño de los ojos de luz, los tienes igual que tu bisabuelo Leandro», me decía desde chiquito, feliz de que uno de sus nietos hubiera heredado los rasgos de su padre. «Tu bisabuelo Leandro era el artista de la familia», continuaba siempre la soñadora Rosalía con su relato, «era muy seductor, y hombre de mundo, con una mirada muy especial». Y luego, me contaba una y otra vez cómo murió el abuelo Leandro.

Leandro estaba ya en su lecho de muerte, y el cura subió a confesarlo a su habitación.

—Leandro, ¿qué quieres que Dios te perdone antes de partir? —le preguntó muy solemnemente el párroco.

—Bueno, que me perdone Dios y mi mujer, porque le he sido infiel con muchas —respondió moribundo el bisabuelo—. Pregúntele padre a mi esposa si me perdona, usted que es un hombre bueno.

Así que el cura fue a la sala, donde esperaba la abuela Gregoria, rodeada de una docena de mujeres que rezaba el rosario, y le repitió las palabras del abuelo.

—¡Hijo de puta! ¡Qué se vaya al infierno con todas ellas! —Dice la leyenda que todo el pueblo escuchó el grito que Gregoria dio.

A las pocas horas, el guapo y seductor Leandro dio su último respiro, y no sabemos si se fue para arriba, como él quería, o se fue derechito para abajo, como le deseó la Gregoria.

Pensándolo bien, yo solo saqué los ojos del bisabuelo. De carismático, simpático y seductor, tengo que aceptar que no heredé ni un solo gen.

Pero no solo en mi familia yo era el transparente, al que nadie veía. Entre mis amigos de Madrid también me camuflaba con el color de la pared. Mario y Pablo, otros de mis amigos con los que solía salir los fines de semana, se robaban toda la atención. Mario era alto y musculoso, y Pablo rubio de ojos azules. Y sobra decir que, si salía con Amber, nadie perdía el tiempo en mirar al mocoso que caminaba junto a la diva sexual, cautivando tanto a hombres como a mujeres.

A mis veinticuatro años, en Los Ángeles, de repente me había vuelto visible. La gente me veía por la calle y me sonreía. Extraños me saludaban: *good morning*. Ya no era gris ni me confundía con el decorado. Al principio, no reaccioné. Yo, siempre tan desconfiado, pensé que era mi imaginación o que me estaban tomando el pelo, o lo achaqué a esa cierta amabilidad un tanto hipócrita tan típica de L. A., bajo la cual todo el mundo saluda y te dice cosas bonitas. No podía ser que, de repente, alguien me viera guapo. Poco a poco, y gracias a la persistente magia de esa ciudad, me fui abriendo a la idea de que podía dejarme querer un poquito, y de que podía incluso hacer algún esfuerzo por verme más apuesto. Hasta ese momento, lo único que había hecho para lucir mejor fueron puras torturas. Creo que eran más castigos que cuidados de mi cuerpo. La liposucción, los tatuajes para cubrir estrías e imperfecciones, y los malditos malos hábitos que casi rayaban en la anorexia.

—¿Por qué no vienes al gym conmigo? —me dijo mi nuevo amigo Alexis.

A Alexis lo había conocido en mi salón, porque se cortaba el pelo con uno de mis compañeros estilistas. Luego, descubrí que tenía un puesto de antigüedades en el mercadillo al que tanto me gustaba ir. Nos caímos tan bien, que nos convertimos en hermanos directamente. Él, la persona más social del mundo, y yo, el bicho raro. Él obsesionado con el deporte y la vida sana, y yo comiendo fatal y alérgico al ejercicio.

—Va, sí, tienes que venir al gimnasio conmigo —tanto insistió Alexis el entusiasta, que me convenció.

Si mal no recuerdo, su gimnasio era uno de esos muy prestigiosos de L. A. que tenía una promoción de 2 por 1, y por eso acepté. La primera tarde, llegué con unos tenis, un pantalón de deporte negro largo y... mi gorra y mis gafas de sol bien puestas.

—Toma, este será tu *locker*, deja aquí tu gorra y tus gafas. —Me señaló Alexis, mi anfitrión en esta aventura.

—No, me las dejo puestas —le respondí sin la mínima intención de quitarme mi armadura.

—Chico, pero si esas gafas son más negras que la noche, no sé ni cómo puedes ver. —Alexis ya estaba acostumbrado a mis rarezas, así que no insistió y se fue hacia las máquinas.

Yo me quedé solo ante el espejo de los vestuarios; solo ante la verdad. Ya no era el gordo que seguía siendo en mi cabeza. Con tanto trabajo en Los Ángeles había adelgazado un poco más. Tampoco era el niño escuálido que se quería tirar por la ventana. Objetivamente, no estaba ni gordo ni flaco, pero sí que lucía flácido. En la ciudad de los cuerpazos yo me paseaba como globo desinflado. Mi piel blancucha, y lo peludo que soy, no ayudaban a dar una imagen muy sana que dijéramos.

Salí en busca de Alexis, y me fijé en todas esas personas sudando, esforzándose y mirándose en los espejos. Me dio un ataque de pánico. ¡Había espejos por todos los lados! No podría esconderme de mí mismo, y de mis autocríticas despiadadas. Al menos, las gafas y la gorra me protegían. Y así, como ciego en una cueva, me subí a la primera máquina, y comencé a darle duro. Alexis me fue enseñando los ejercicios básicos y me dio consejos de cómo ejecutarlos. Poco a poco fui agarrando confianza, y ya me atrevía a ir solo, sin mi buen amigo, pero con las gafas y la gorra puestas, para que ninguno de esos cuerpos musculosos que sudaban autoestima por todos los poros se me acercara ni me hablara. Poco a poco, empecé a ver los resultados de las pesas en mis brazos, en mi pecho y mi espalda. Era la primera vez, aparte de cuando me tatuaba, que me agradaba algo de mí.

—Bravo, Jomari, vas bien —me animó Alexis un día mientras hacíamos abdominales—. Al terminar, te voy a presentar a una española que se llama María.

—Ah, no —le disparé con mi acostumbrada simpatía—, yo no he viajado seis mil kilómetros desde España para venir a conocer españoles.

Creo que la chica que estaba ahí cerca me oyó, y le dijo a Alexis contraatacando:

—Oye, tu amigo no hace más que llamar la atención con esas gafas negras dentro del gym, ¿qué le pasa?

Yo me fui a los vestuarios, pretendiendo no haberla escuchado, y adiós. Nadie me iba a decir que me quitara las gafas.

—No seas tonto —me rogó Alexis cuando salimos al estacionamiento—, es una chava muy buena onda, sé que se van a llevar bien los dos. Ven a cenar con nosotros.

—Ni muerto —le rechacé la invitación con mi típica frase que siempre que la digo, termino haciendo lo contrario.

A los tres meses, María ya era mi mejor amiga del alma, e incluso se mudó a vivir conmigo en mi apartamento, que era tan V.I.P que nadie calificaba para entrar. María no se dejaba intimidar por mis excentricidades, se reía de mis locuras, y me leía la cartilla, cantándome mis verdades sin pena alguna. Ella llegó a mi vida y me hizo verme a mí mismo de otra manera. Recuerdo que un día le conté que me habían piropeado los ojos en una tienda, y ella me respondió con mucha honestidad:

—No me sorprende, tío, si con esas gafas de mosca asesina que llevas siempre nadie te los había visto antes.

Qué chistoso. Después de esa conversación con mi amiga, comencé a usar menos las malditas gafas, y a dejarlas en casa cuando iba al gym. Tímidamente empecé a aceptar que, tal vez, mis ojos eran bonitos, y por qué no dejar que la gente me lo dijera. Sé que suena patético, pero por primera vez comencé a aceptar que los demás pensaran cosas bonitas de mí.

Pero Roma no se construyó en un día, y mi autoestima tampoco. Todavía me quedaban años de lucha. Yo seguía terco y testarudo, encerrándome en mi caparazón para que nadie me volviera a hacer daño. Así que, cada viernes, cuando salíamos a divertirnos con Alexis y sus amigos, yo me metía en mi papel de *I'm not friendly*, no soy amigable. Creo que la primera vez que dije esas palabras, al pobre Alexis casi le da un ataque. ¡Él, que era Mr. Simpatía, tenía que aguantar a su amigo, el cactus espinado, diciéndole a la gente: «*sorry, I'm not friendly!*»

En fiestas y restaurantes, las personas se me acercaban de buen rollo para hablarme, y yo, espantado con mi poco inglés y mi poca destreza social, me refugiaba en el centro de la pista. Bailaba y bailaba hasta que el DJ se iba. Siempre he sido feliz aislándome en el ritmo, aunque esté rodeado de miles de personas. La música era magia pura que me envolvía, hasta que alguien venía y me tocaba el hombro:

—*Hi, what's your name?* —me preguntaban.

—*I'm not friendly* —les contestaba sin pena alguna.

Luego, mi pobre Alexis se pegaba media hora excusándome y explicándoles que yo no entendía mucho inglés y que por eso les contestaba así.

—*I do understand English, it's just that I am not friendly by nature* —les aclaraba que sí hablaba inglés, pero que no era sociable por naturaleza, mientras Alexis se moría del bochorno.

¡Dios mío, qué descarado era! No tenía perdón. La gente intentando ser *nice*, buena onda, y yo de aguafiestas. Me faltaba mucho camino por recorrer para poder confiar y abrirme al mundo, aunque ya había avanzado bastante. Por lo menos, ya no necesitaba las malditas gafas para salir de casa, y daba las gracias cuando me decían «qué bonitos ojos tienes», en lugar de quedarme congelado.

A los viernes con Alexis le seguían los sábados con Leslie. Acompañarla a sus *shows* era para mí como una verdadera *master class* de pelo, maquillaje y transformismo. Con Leslie y su entorno no tenía que recurrir al *I'm not friendly*. En los camerinos del club, y entre bambalinas, nadie se fijaba en mí. Las reinas eran ellas, las transformistas, y a mí eso me gustaba. Además, Leslie era muy directa y no le agradaba mucho ir de diplomática con la gente. Éramos muy parecidos, y creo que por eso nos hicimos hermanos. Con solo cruzar la mirada, nos entendíamos a la perfección. Era como estar con Amber, o Clara, o mi mismísima abuela.

Mi abuela querida del alma. La distancia nos estaba matando. Por esos días, el Skype se había puesto de moda, y todas las semanas me sentaba ante la computadora para poder ver a mi padre, a mi madre y a mi hermana. Pero la que más insistía en hablar conmigo, era mi abuela. Me decía, mirando atenta a la camarita, que me veía más flaco, más ojeroso, y no se le escapaba ningún detalle. Yo, en cambio, le mentía. Le decía que ella se veía guapísima y muy saludable, cuando la verdad era todo lo contrario. Podía ver cómo envejecía mes a mes. Su piel se marchitaba y la fuerza de sus ojos se iba apagando. A pesar de que fingía muy bien con una enorme sonrisa, la procesión iba por dentro, y yo me sentía culpable por haberme ido tan lejos. Cómo me hubiera gustado hacerle entender que ella estaba conmigo en cada paso y aventura que vivía en esta gran ciudad. Las palabras, enseñanzas y recuerdos de la abuela Rosalía me acompañaban a todos los lados. Era como tenerla dentro, en el Skype de mi corazón.

Yo estuve muchos años enfadado con Dios, porque no entendía muchas cosas que me sucedían; entonces, rezaba a través de mi abuela, pidiéndole a ella que intercediera por mí, que le dijera esto o lo otro, o que me perdonara por muchas cosas. Yo, cada noche, al apagar la luz y cerrar los ojos, le imploraba a mi abuela como intermediaria, para que mis mensajes le llegaran a ese Dios al que yo había abandonado hacía años. Y sería, precisamente, la partida de mi abuela, la que un día me volvería a reunir con Dios.

Tan lejos pero tan cerca. Yo sé que otros que tienen a sus seres queridos a miles de millas de distancia me comprenderán. Y por eso, para sentirla todavía más cerca, un domingo soleado y perfecto, de esos tan típicos de Los Ángeles, pasé por un lugar de tatuajes y, sin pensarlo, entré y pregunté si había algún tatuador disponible. ¡Quería ponerme ROSALIA en grande!

—¿Quién es ella? —me preguntó el tatuador.

—Uno de los grandes amores de mi vida —le contesté sin dudar.

A los dos meses fui a España. Intentaba volar tres o cuatro veces al año para, precisamente, permanecer cerca de mi madre y de mi abuela. Cuando mi abuela vio su nombre en mi pierna izquierda, con letras enormes, no se lo podía creer.

—Pero... mi capitán, eso se va con los lavados, ¿verdad? —me dijo mientras lo tocaba con sus dedos temblorosos.

—No, abuela, es tatuaje, y es de por vida —le decía yo mientras la estrujaba en un abrazo interminable.

Al día siguiente, Rosalía la gran comunicadora, se lo contó a todo el pueblo.

—Mi nieto se ha hecho una obra de arte con mi nombre. —Les presumía a las otras abuelas, que la escuchaban con interés.

Ante sus ojos, esas siete letras eran más bellas que un Goya. Ante los míos, mirándome desnudo en aquel espejo de mi habitación de la infancia, eran el recuerdo perfecto. Para entonces, un cuarto de mi cuerpo estaba ya cubierto de tatuajes, en ese intento por gustarme. *Qué irónico*, pensé, *¿si me la paso trabajando con la belleza, por qué no soy capaz de encontrarla en mi propia vida?*

Muy pronto iba a encontrar esa respuesta que llevaba media vida buscando, y precisamente mi abuela sería la encargada de regalármela. Mis rezos dirigidos cada noche a Rosalía iban a dar sus frutos. Dios nos estaba escuchando a los dos, a ella y a mí.

Dios llega a ti a través de las personas que te aman, aunque tú no lo busques a Él.

JOMARI GOYSO

19.

Salma de mi alma

¡Cómo somos los seres humanos! Cuando no tenemos lloramos porque no tenemos, y cuando tenemos, porque tenemos. Yo me había pasado media vida llorando por las esquinas en silencio porque nadie me veía guapo o interesante, media vida de patito feo. Ahora que el mundo comenzaba a dedicarme piropos y halagos, rápido llegó la maldita vanidad y se invitó solita a esta fiesta.

La vanidad nació en mí en el momento en el que sentí que físicamente tenía algo que a la gente le gustaba, en el momento en el que me sentí aceptado por algo físico que ahora veían en mí y antes no. Esto hizo que me obsesionara más con mis *looks* y mi recién adquirido hábito del ejercicio. Ahora corría dos horas al día y después me tragaba una hora más de gimnasio. ¡Me había convertido en uno de esos autómatas sudando ante los espejos que tanto critiqué cuando me inscribí en el gym!

Y de la comida, mejor ni hablemos. Regresé a mis malas mañas. Si comía algo, porque no siempre me sentaba a almorzar o a cenar, era una simple lata de atún, truco que aprendí de mis años con las modelos. Cada semana, una clienta me hablaba de una dieta nueva, me recomendaba un libro nuevo sobre nutrición o un blog que seguir. Juro que los probé todos. Probé la dieta de la piña, probé la de los carbohidratos, y hasta las pastillas para adelgazar con altos niveles de cafeína, que lo único que despertaban en mí eran ganas de matar a alguien. Al final, todas esas tretas lograban lo mismo: torturar mi mente sin ningún resultado. Esto de las dietas es un negocio redondo: saben lo desesperados que estamos, y se inventan cualquier majadería para sacarnos el dinero. Saben que daríamos la vida por vernos como nos queremos ver, y nadie nos dice la verdad: que el mal no está en el plato, sino en el corazón.

Además de regresar a mis malos hábitos, casi anoréxicos, había dejado de tomar el sol. Me había convertido en un vampiro nocturno peludo, y huía del astro rey como Drácula al amanecer. Recuerdo que en mis días en Madrid, iba asiduamente a las camas solares para mantenerme bronceado. Fue una más de las múltiples locuras a las que me arrastró mi querida Amber. Me gustaba cuando la gente, en los eternos y helados inviernos españoles, me decía: «¡qué buen color tienes!» Ahora, en la soleada y playera California, me veía más blanco que un vaso de leche.

Blancucho y hambreado fue como conocí a Salma. Salma de mi alma, porque las palabras que un día me dedicó fueron un verdadero despertar para mí.

Fue Daya quien me presentó con la guapa mexicana. Me pidió que fuera a peinarla a casa de una amiga porque esa noche iría a los Golden Globes. Cuando llegué a la casa estilo hacienda mexicana, o *Spanish Style*, como lo llaman allí, me encontré con Salma Hayeck, y mi *shock* fue doble: uno, por la belleza que irradia en persona, mucho más poderosa que en la cámara, y dos, ¡porque estaba embarazada! Apenas se le notaba la curvita en la panza, pero era innegable.

—Hola, Jomari —me saludó Salma con su voz de terciopelo—, por favor, no le digas a nadie lo de mi embarazo. No lo hemos hecho público todavía.

—No te preocupes —Daya respondió por mí, porque yo me había quedado mudo ante la sorpresa—, es muy amigo de Pe y mío, es de total confianza.

—¡Pe! Claro que sí, dale muchos recuerdos, hace días que no la veo.
—Y con esas palabras, Salma se despidió de beso y abrazo y se fue a su habitación.

A las tres semanas, la asistenta de Salma me llamó. Necesitaban un estilista que fuera a su casa, y yo llegué atacado de los nervios. Aunque ya estaba muy acostumbrado a trabajar con celebridades, Salma era una mujer muy directa, muy real, y no sabía si nos entenderíamos en cuestiones de estilo.

—Me gusta, gracias, me gusta mucho. —Salma se miró detenidamente en el espejo, una vez que di los últimos retoques a su melena, y se fue feliz con el peinado y el maquillaje que le hice.

A la tercera o cuarta vez que fui a trabajar a su casa, me ofreció un pedazo de pastel.

—Ayer fue mi cumpleaños, toma, mi rey, te guardé un pedacito —me dijo con ese cariño que le ponen al hablar los mexicanos.

—Nooooo, que estoy a superdieta, voy al gym todos los días y luego corro dos horas —le respondí para vencer la tentación.

—Ay, mijo, pues no se te nota. A ver, levántate la camiseta —me retó Salma.

Con la pena del mundo, me subí la camiseta un poco, lo justo para dejar ver algunos de mis *tatoos*, de mis pellejos todavía colgando de los lados, años después de la funesta *birthday lipo*, y mi piel blancucha.

—A ver —Salma le pidió a una de sus asistentas que también opinara—, dime si se le notan tres horas de ejercicio diarias.

—Hmmm, no, la verdad es que no —dijo la chava con mucho respeto, pero con sinceridad—. Estás flaco, pero te falta tonificar, te falta forma.

—Mi amor, tal vez el ejercicio que estás haciendo lo estás haciendo mal. Suele pasar —Salma me dio, sin saberlo, uno de los mejores consejos de mi vida—. Y para las dietas también. Deja de castigar tu cuerpo. Tienes que buscar expertos que te enseñen de verdad a comer bien, a hacer músculo, y por favor, toma un poco el sol, que estás más blanco que mis sábanas.

Esa noche llegué a casa destrozado y derrumbado. Ese comentario de Salma me había hecho añicos. Antes de acostarme, me miré una vez más al espejo y, por primera vez en la vida... ¡me vi flaco! Hasta la noche anterior, yo me veía gordo y era gordo en mi cabeza; ahora, gracias a Salma, se me había caído la venda de los ojos. *Es verdad, ahora estoy flacuchento. De gordo a flacuchento sin forma*. Me dije mientras intentaba asimilar mi nueva realidad.

Me fijé en mi cara demacrada y ojerosa, que delataba la falta de sol, de vitaminas y de comida sana. Esas malditas dietas de las revistas estaban acabando con mi metabolismo. Y pensando en lo que Salma me había dicho, lo vi claro: mis desórdenes alimenticios no eran un reflejo de mi relación con la comida o con mi cuerpo; eran un reflejo de mi relación conmigo mismo. Como no me quería, me castigaba, y no hay mayor castigo que matarte de hambre y matarte a correr dos horas sobre el duro asfalto hasta que se te inflamen las rodillas.

Obvio que aquel «pues no se te nota» de Salma me dolió, pero el consejo que le siguió a esa honestidad me abrió los ojos a una realidad que yo no veía. Fue un verdadero despertar: gordo o flaco, no me estaba cuidando la salud, y nunca iba a lucir bien por fuera, si no estaba sano por dentro.

Salma, aunque primero me dio duro en mi autoestima, me despertó a la vida sana.

Al día siguiente fui al gym con Alexis, y le pedí que me ayudara a buscar un entrenador profesional. Con el entrenador yo pensé que muchas cosas iban a cambiar para mejor, tal y como me indicaba Salma. Pero no conté con las malas jugadas que me gastaría esa nueva amiga que recién había llegado a mi vida: la vanidad. La estúpida, egoísta y caprichosa vanidad me iba a llevar directo al hospital.

Es muy difícil ver lo que otros ven en ti. Solo ellos te lo pueden decir.

JOMARI GOYSO

20.

Vanidades que matan

Del tal palo, tal astilla, hijo de tigre, pintito, y en inglés dicen que la manzana no cae muy lejos del árbol. Aunque físicamente es innegable que soy más parecido a mi padre, y en la televisión mi personalidad puede ser gran parte de él (el humor, la honestidad, el sentido de la familia y la rebeldía), tras cámaras, tengo mucho de mi madre. Es curioso cuánto te puedes parecer a uno de tus padres, y cuánto al otro, si te paras a pensar. Ese es mi caso: si hurgas en mi alma, tengo tanto de mi madre, que ni los genes de mi padre lo pueden poner en duda.

Como Marijose, soy muy callado, solitario por lo general, y me gusta pasar la mayoría del tiempo en casa. No me siento cómodo en sitios en los que no conozco a la gente, y lo más importante que aprendí de mi mama: nunca me ha importado la vida de los demás. Yo, como mi madre, no hablo de la gente que no entiende o ve la vida como yo. En mi casa jamás la escuché hablar mal de nadie. Simplemente, si alguien no le caía bien, no lo nombraba. «No hay peor desprecio que no hacer aprecio», recuerdo que nos decía cuando le pedíamos consejo. Y ese consejo lo he seguido al pie de la letra: si alguien no es santo de mi devoción o se quiere cruzar en mi camino, se vuelve invisible ante mis ojos.

Aparte de gran consejera, mi madre siempre ha sido mi unión con la realidad, con el mundo exterior. Ha sido el pegamento de toda familia, la que nos ha puesto los pies en la tierra, y los pies de todos juntos. En mis momentos más rebeldes, y en los que no entendía a mi padre, ella siempre sabía cómo calmarme y hacerme comprender que la familia era lo más importante, y que debía perdonar. Tampoco importaba cuánto tiempo pasara sin hablar con ella, seguíamos igual de conectados. Cuando te pareces tanto a alguien, las palabras vienen sobrando, lo mismo que me sucedía con la abuela.

Marijose, la esposa y madre dedicada, se ha pasado toda su vida atendiendo el hogar, preocupándose por todos nosotros. Desde la contabilidad hasta la limpieza, la comida, los planes familiares, nuestra salud o nuestros futuros, mi madre siempre dirigía y organizaba todas las necesidades de la familia desde la casa. Rara vez salía, a no ser para visitar a una vecina o ir de compras. Por eso, cuando la llamé aquella mañana desde Los Ángeles, y nadie contestó el teléfono fijo de la casa, le envié un mensaje a mi hermana: «¿dónde está mama?». Rápido me llegó la respuesta: «Ya sabes que la mama nunca se lleva el móvil, seguro estará con sus amigas caminando». Decidí que la llamaría en otro momento y se me olvidó. Al cabo de dos o tres días, volví a insistir. Esta vez, mi madre respondió.

—Nos vamos a Logroño, a pasar unos días en casa de tu hermana —me dijo muy tranquila, con su acostumbrada voz cariñosa.

Aunque sonó feliz, se me hizo raro porque, realmente, a mis padres no les gusta mucho salir de su casa. Para colmo, mi padre tenía ganado que atender, y eso no te permite faltar ni un día. Los que son de campo saben cuánto te atan estas responsabilidades. Pero yo, que tenía una semana muy ocupada en el salón y estaba todavía medio obsesionado con mi nueva vida en el gym, no le di mucha importancia a ese viaje a Logroño.

En el gimnasio había encontrado un mundo en el que finalmente la gente me miraba, ya no era invisible. Entre máquinas y pesas sentía que ahora me observaban con aprobación. Y cuanta más aprobación te dan, más deseas. Ahora me daba miedo perder esa atención recién adquirida y eso me hacía obsesionarme todavía más con mejorar mi *look*. Esto del gym y de los *looks* es adictivo: te ves bien, te dicen que te ves mejor que el mes pasado y, por lo tanto, tienes que seguir dándole duro para no perder lo adquirido, e incluso mejorarlo, para que no dejen de llegar esos comentarios de aprobación, y tu ego se alimente. Círculo vicioso de la vanidad.

Ese domingo recuerdo que salí con Alexis y unos amigos a una fiesta y llegué tarde a casa. Raro en mí, no podía dormir. Encendí una vela blanca en mi pequeño altar lleno de fotos y recuerdos junto a la cama y recé un poco con mis acostumbradas oraciones a mi abuela. Luego, intenté cerrar los ojos, pero no podía conciliar el sueño. Puse la tele para distraerme y tampoco funcionó. La apagué y me acosté, mirando el altar. Lo único que veía en esa mesita de noche era el anillo de compromiso de mi madre, el que le regaló mi padre. Mi madre me lo había dado en uno de mis viajes a España para que lo tuviera cerca de mí. Apagué la luz, y el pequeño anillo seguía brillando en la oscuridad... o tal vez era mi imaginación. Y así, de la nada, me llegó una imagen de mi madre muy triste. Sus ojos no tenían lágrimas, pero me miraban con tristeza infinita. Di un salto, salí de la cama y llamé a casa de mis padres. Eran las cuatro y veinte de la madrugada en California, la una del mediodía del lunes en España. No contestó nadie. Llamé inmediatamente a mi hermana, y le grité:

—¿Dónde está la mama, ¿qué le pasa a la mama?, ¡dímelo ya!

Mi hermana se quedó en total silencio. Uno, dos, tres segundos, y finalmente, alguien habló.

—Nene, ¿qué tal? —Era la voz de mi madre, débil, apagada.

—Mama, ¿qué te pasa? —Tanto misterio no me daba buena espina.

—Nada, hijo, que me habían encontrado una piedra en el estómago y me la quitaron hoy, no te quise decir nada porque no era grave. —Mi madre intentaba calmarme, como siempre lo había hecho.

De pronto comprendí: por eso no me había contestado la anterior llamada, por eso se habían ido a Logroño, ciudad donde está el hospital, y por eso yo no podía dormir. Hablé un poco más con ella, luego con mi hermana, y me quedé más tranquilo, aunque ese extraño nudo en el estómago seguía ahí, como mal presagio. Habían operado a mi madre, todo había salido bien, no me debía preocupar... entonces, ¿por qué el maldito nudo no se me iba?

Al día siguiente hablé de nuevo con mi hermana, y me insistió en que todo estaba bien, y que no era necesario que fuera a España todavía. Colgué la llamada y me puse la mano en la panza: el bendito nudo continuaba estrujándome por dentro.

Con o sin el presagio, las máquinas del gimnasio no descansaban, subiendo y bajando, al ritmo de mis brazos, y ahora al ritmo de mi nuevo entrenador personal. Alexis me lo había presentado unas semanas antes, y nos pusimos a darle duro de inmediato. El popular entrenador me prometió que iba a desarrollar músculo en menos de un mes, que él tenía la manera de cambiar mi escuálido y flácido cuerpo por el de un galán de cine. No dejaba de ser irónico: me había pasado media vida intentando ser flaco, y ahora estaba pagándole a un entrenador para aumentar volumen, porque era «oficialmente muy flaco». De gordo oficial a flaco oficial, pero todo con la autorización de la sociedad, que al final de cuentas es la que juzga.

—Pronto vas a ver los resultados, solo tienes que seguir mis instrucciones y hacer lo que yo te diga. Mírame a mí, como he cambiado —me decía mi entrenador, mientras me mostraba una foto de esas espectaculares del antes y después.

—*Wow*, perfecto vamos a darle —le respondía yo, emocionado ante semejante milagro.

Pasaron las cuatro semanas prometidas y yo no veía mucha diferencia en el espejo. Soy superdisciplinado y no me salté ningún ejercicio en mi tabla de entrenamientos.

—¿Cómo diosito se olvidó de darme un cuerpo así? —le dije una tarde a mi entrenador, señalando la portada de una revista donde un tipo que se me parecía mucho de cara, lucía un cuerpo de infarto.— ¿Será que llegué tarde a la repartición?

—Oh no, para ese cuerpo no necesitas a Dios —me aclaró el entrenador, con cara de estar revelándome el secreto del siglo,— lo que necesitas son hormonas de crecimiento.

—¿Qué rollo es eso? —pregunté intrigado, con la inocencia de aquel niño de pueblo que nunca me ha abandonado.

—Es lo que se meten todos aquí en Hollywood, Jomari. Y cuando te digo todos, créeme, son todos —puntualizó el espabilado *trainer*, mientras me mostraba más fotos de más revistas.

Ese día se me abrieron los ojos: ¡la mayoría de los modelos y actores que yo admiraba por su musculatura y sus *looks*, no estaban inflados de aire del gym, sino de hormonas! Mi vanidad estaba más feliz que nunca: había trampa para lograr mi objetivo, y yo la podía hacer también. A la vanidad, lógicamente, no le importa hacer trampas o jugar sucio, de hecho, le encanta.

—¿Dónde se compra eso? —le pregunté al «maestro», soñando ya con unos brazos como los de Superman.

—Bueno, aquí no es legal, pero en otros países sí —me dijo bajando la voz y poniendo cara de *business*,— y yo te lo puedo conseguir por cierta cantidad.

Así de sencillo, cerramos el pacto y llegó la mercancía a los tres días. ¡La cara que puse cuando me dijeron que tenía que inyectármela! Yo, el que se desmayaba siempre en el médico con solo ver una aguja, me tenía que inyectar solito si quería alcanzar mi sueño. Pero, la vanidad, además de tramposa, es más fuerte que cualquier miedo. En poco tiempo aprendí a ponerme esas inyecciones tres veces por semana.

Una en una nalga, la otra en la otra, y la tercera en el brazo. El resto de los días, me tomaba unas cuantas pastillas y ¡listo! La escena en el baño de mi casa era bastante patética: yo, con los ojos cerrados, clavándome la aguja quién sabe dónde, sin atinarle la mitad de las veces. Mi piel parecía un colador, sangraba a cada intento. Una vez, María me pilló con la puerta abierta, y rápido me inventé que era vitamina B, de esa que se ponen los atletas. María me miró con cierta desconfianza, pero no dijo nada.

Y magia potagia... seis semanas más tarde, mis brazos eran el doble del volumen y mi felicidad era el triple. Todo se había inflado en mí: desde mis músculos hasta mi mentada vanidad. Había pasado tantos años queriendo tener ese cuerpo, y finalmente lo que veía en el espejo del baño ya se acercaba a lo que siempre había deseado. Mi sensación de felicidad era indescriptible, como un sueño tonto y banal, que eso era de lo que se trataba.

Pasó el tiempo, y ahora ya no eran una o dos personas las que me hablaban en los clubs y restaurantes. ¡Ahora eran todas! Y yo seguía con mi *I'm not friendly*, pero ahora lo decía con un tono de arrogancia, no de timidez, porque la arrogancia es la prima de la vanidad, y son las dos igual de descaradas. Yo, con mis músculos de chulo de playa, me creía la última Coca-Cola del desierto. Lo que nadie te cuenta es que a toda Coca-Cola, se le va el aire al rato de destaparla...

Con los meses, comencé a notar un bulto, una bola dura en una de mis nalgas, y a la hora de clavarme la jeringa, veía las estrellas del dolor. En mis pectorales también detecté otra dureza, una bolita que antes no estaba ahí.

—Eso no es nada —me calmó el entrenador respecto al bulto en la nalga—, toma algún antiinflamatorio y ya está. También date masajes. Es que ese líquido no está penetrando bien, y se encapsula en el músculo.

—¿Y la bolita del pectoral? —le insistí, preocupado.

—Ah, para eso tomate estas pastillas anticancerígenas.

¡Casi me muero en pleno gym! ¿Anti... qué? ¿Cómo podía la gente hablar de pastillas anticancerígenas como quien habla de tacos? Esa misma noche llamé a Alexis escandalizado y me hizo prometer que iría con un médico profesional.

Al día siguiente llamé muerto de la vergüenza a una clienta que dirigía un centro de salud, y le confesé la verdad. Esa misma tarde me mandó al doctor, y en menos de una hora me dieron el diagnóstico: tenía una infección interna del tamaño de una pelota de golf en mi nalga izquierda y me recetó antibióticos para detener dicha infección. Sobre el bultito del pectoral, me hicieron un ultrasonido y me dieron la terrible noticia: había un cincuenta por ciento de posibilidades de que fuera cancerígeno. Para salir de dudas, me realizarían una biopsia, y en diez días me darían los resultados. Salieran negativos o positivos, me advirtieron, tendría que extirparme el bulto, tarde o temprano, porque se podría complicar con los años.

Salí de la consulta con ganas de cavar un hoyo en la tierra y meter la cabeza dentro, como estúpida avestruz. De la pena, no se lo conté jamás a nadie, ni siquiera a mi adorada *roommate* María. Mi orgullo no me dejaba admitir ante los que tanto me querían que la había cagado, que había tomado hormonas como un imbécil por culpa de la maldita vanidad, y que ahora, esa vanidad se había convertido en un monstruo tan grande como la falta de autoestima. Cuando no te quieres, porque no te quieres, y cuando te quieres demasiado, porque te quieres demasiado. Uno se puede caer por los dos lados de la cama, y duele lo mismo, está más que comprobado. Y a mí me dolía ahora mucho haber sido tan irresponsable.

En plena espera de los resultados, recuerdo que llamé a mi abuela. La encontré en casa de mi tía Pura. Los años ya le habían caído encima, y no pasaba tanto tiempo sola en su casa de Solana. Dividía sus días entre sus hijos, que la cuidaban como se merecía.

—Mi capitán —me saludó con total alegría en su voz—, en esos mundos tan lejanos que estás, mi príncipe, ¿te acuerdas cuando te hacía tortilla de patata por las tardes porque te encantaba?

La conocía tan bien, que sabía que me hablaba de recuerdos alegres porque detectaba mi tristeza y preocupación. Mi querida y dulce abuela me envolvía en memorias y risas, y me aliviaba de mi locura, sin necesidad de mencionarle que estaba mal, y que sentía que me moría por mi propia estupidez.

La siguiente llamada que hice esa tarde fue al médico.

—No es cancerígeno, estás de suerte, pero tienes que hacerte un tratamiento para regular tus hormonas y mil cosas más —me anunció el doctor, tranquilizador, pero recalcando que esto no terminaba ahí.

Con esa llamada, lo que sí terminó y murió fue mi Superman musculoso, y nació Super-Jomari. Si quería seguir vivo y lograr quererme, no me quedaba otra opción más que ser la mejor versión de mí, porque si seguía comparándome con los demás iba a terminar matándome yo solito. Tenía que dejar de soñar con parecerme a uno de esos actores o modelos que veía en las revistas, o terminaría en la tumba. Tenía que encontrar cómo quererme sin querer ser alguien más. ¿Cómo diablos lo lograría? Al menos, ya sabía cómo «no» lo lograría.

Una semana después de la angustiosa biopsia, volé a España. Era hora de ver a mi familia y reencontrarme con mi madre después de su operación. En esa ocasión no pasé ni una noche en Madrid. En cuanto aterricé, me metí en un tren directo a mi pueblo. Mi hermana me recogió en la estación, y de inmediato me percaté de que algo había cambiado en ella. Era otra persona, era otra hermana, más real, más humana, más cercana. Siempre habíamos sido los dos grandes amigos, y nos habíamos tratado con cariño y respeto, pero esta vez era mucho más.

—Cari, ¿qué te pasa? —le pregunté sorprendido por tanto derroche de amor.

—Nada, nada, vamos a ver a mama, que te espera impaciente —me respondió mientras me ayudaba con las maletas.

Nada más entrar a esa casa que tantos recuerdos guardaba para mí, mi madre, que me esperaba al fondo de la cocina, se puso a llorar. ¡Jamás había llorado antes en ninguna de mis visitas!

—Madre, ¿qué pasa? —Mi corazón se me iba a disparar del pecho, sintiendo que algo terrible estaba sucediendo.

—Hijo, me operaron de cáncer de colon, no de piedras en el estómago, pero todo está bien —me explicó como pudo, entre abrazos y sollozos.

Esa tarde en la cocina, todos lloramos, como en extraña catarsis en la que entras cuando la muerte te pasa cerca. Y yo me fui a mi cuarto con un terrible enfado emocional. ¡Estaba indignado, casi cabreado! Con mi padre, con mi hermana, incluso con mi propia madre. ¿Cómo me habían podido ocultar algo tan grave?

Acostado en esa cama de la infancia, me vinieron a la mente las miles de veces que mi madre se había preocupado por nosotros, y que sufrió por nosotros. Las miles de noches que no durmió por mi culpa, pensando cómo me iría tan lejos. En pocas palabras, mi madre había dedicado su vida y su existencia a nosotros tres, y en el momento en el que más tengo que estar a su lado, apoyándola y animándola, diciéndole cuánto la amo y que va a estar bien, en ese momento no estoy. Sentía que me habían robado el derecho a estar junto a ella. Sé que lo planearon de ese modo para evitarme el sufrimiento, pero aún así me dolía que me hubieran despojado de la oportunidad de estar presente cuando ella más me necesitaba.

Me dormí castigándome con este dolor, pensando en mi madre en el hospital, mientras yo hacía el idiota con mi propia salud.

Durante los próximos días, me di cuenta de que mi madre, mi padre y mi hermana habían experimentado un renacer que los unió de una manera muy bonita. Se podía observar una nueva armonía en la casa. La idea de la muerte, no cabe duda, te hace ver la vida de manera más real y bondadosa, te hace valorar otras cosas. Pero, tristemente, a mí no me incluyeron en ese crecimiento de grupo, así que me sentí desplazado. Por momentos, sentía que desconocía a toda mi familia porque habían pasado juntos algo muy grande sin mí.

Hoy, ese sentimiento está superado, pero ya saben en casa que jamás me deben ocultar algo de tanta gravedad. Mi amor por los míos va más allá de mis viajes, mis locuras, mis sueños y mi carrera. Tal vez me fui a temprana edad de casa, y salí prácticamente huyendo de mi entorno y, sin querer, de ellos, de mi familia, mas eso no significa que los quiera ni un gramo menos. Mi búsqueda constante, y mi incesante ir y venir por el mundo no le resta ni un ápice al amor que por todos ellos siento, y en especial por mi madre, que me dio la vida, y me la siguió dando una y mil veces con cada gesto de amor.

Con los años, mi madre se recuperó milagrosamente. Continuó haciéndose sus pruebas anuales y, afortunadamente, ya cumplió los diez años en remisión, ese aniversario tan importante tras el cual los doctores te declaran libre de cáncer.

Lo repito: siempre me pareceré en físico y temperamento a mi padre, pero mi corazón es igual al de aquella a la que no me parezco tanto. Porque si de tal palo, tal astilla, de tal corazón, tal latido, y mi corazón late por ella.

A mi regreso a mi vida en Los Ángeles me mantuve alejado de hormonas y cualquier otro invento macabro que se pusiera de moda. Lección aprendida por partida doble, después de mi episodio y el de mi madre.

Y mientras planeaba cuál sería mi siguiente paso en este difícil arte de quererse, la muerte iba a regresar a mi familia, y esta vez se saldría con la suya.

La vanidad y la muerte son dos realidades que te hacen pensar y ver la vida de otra manera.

JOMARI GOYSO

21.

El adiós más doloroso

Para mí, siempre hubo dos momentos sagrados durante el año en los que, aunque le tuviera que cancelar a la mismísima Beyonce, dejaba todo atrás en Los Ángeles y me subía a un avión para llegar a mi pueblo. Una de esas fechas es Navidad, la otra es la primera semana de septiembre, para la gran fiesta de La Virgen del Villar, patrona de mi pueblo Igea. Para mi abuela, su virgencita lo era todo, era la madre de su Dios, de su maestro, y la madre que cuidaba de nuestros campos, nuestros vecinos e hijos del pueblo.

El lunes de las fiestas se sube en procesión a la ermita de la virgen que se encuentra a una hora del pueblo. Es un peregrinaje precioso, por los caminos rodeados de sembradíos y bosques. Ese último año, a mi abuela le costaba mucho caminar y necesitaba bastón o alguien en quien apoyarse. Aún así, dábamos dos pasitos y nos parábamos dos segundos.

—Abuela, te voy a llevar en una silla de ruedas para que mañana vengas con nosotros a la romería como una reina —le dije la noche antes, mientras todos se preparaban con emoción para la caminata del día siguiente.

—Que no, mi capitán, que no te molestes. —Mi abuela entró en una guerra de cabezotas, muy típica de mi familia, a ver quién se salía con la suya.

—Que sí, abuela, que yo te la consigo. —Yo no iba a ceder.

—Que no.

—Que sí.

Esta vez, gané yo y fui a buscar una silla a casa de unos familiares.

En la mañana, temprano y con ese cambio de temperatura que anunciaba el final del verano, nos unimos a la romería, saludando a vecinos y amigos que cargaban cestas y flores para entregarle a la virgen. Mi abuela irradiaba felicidad. Era su día favorito del año, su nieto consentido empujaba su silla, y no se despegaba ni un segundo de ella.

—Mi capitán —me dijo mientras se quitaba aquel crucifijo de oro enorme que siempre había llevado al cuello desde que yo alcanzaba a recordar—, toma, quédatelo tú, quiero que sea para ti. A tu hermana y a tu prima ya les daré otras cosas.

—No, abuela, para qué me lo vas a dar —me enzarcé en otra batalla con ella—, tú quédatelo, es tuyo.

—Que sí.

—Que no.

Esta vez ganó Rosalía, y me pasé la cadena de oro por el cuello y el resto del día lo lucí con mucho orgullo. Claro que luego me lo tuve que quitar y lo guardaría en mi pequeño altar junto a mi cama, en mi casa de Los Ángeles, porque un colgante tan grande y de oro puro llamaba mucho la atención por los mundos en los que me movía. Pero esa mañana, en el lugar más místico del planeta para mí, y rodeado de mi gente más allegada y querida, ese crucifijo inició la magia del adiós, sin que nos diéramos cuenta.

Habían pasado apenas cuatro semanas de mi regreso a California desde ese día perfecto en la ermita, y mi teléfono sonó a las cuatro y veinte de la madrugada. Otra vez esa coincidencia, y ese mismo número. Por eso supe, antes de contestar, que no se trataba de nada bueno.

—La abuela se cayó anoche cuando iba al baño y se rompió la cadera. —Era mi hermana quien, después de lo sucedido con mi madre, sabía que me tenía que llamar con la verdad de lo que pasara y sin importar la hora—. La llevaron al hospital, pero está bien, toma el número para que llames, me dijo que te avisara de inmediato.

Segundos después estaba en el teléfono con mi abuela.

—Capitán, aquí me van a tener unos días, dicen que no es mucho, que pronto me recupero —mi abuela, fuerte e inquebrantable, me respondió con calma y cierta alegría.

Pero, como la distancia era la peor consejera, y más después de lo que había pasado con mi madre, decidí llamarla todas las mañanas para escucharla y sentirla, para ver si de verdad estaba bien o me mentía con el propósito de no alarmarme.

Pasaron cuatro semanas así, yo llamando y ella todavía en cama. A mí tanto tiempo en el hospital me daba un terrible presentimiento. Mi hermana me decía que la veía bien, pero que seguía sin poderse mover por el problema de la cadera; pronto deberían decidir si la operaban o no.

Recuerdo que iban a ser los Music Country Awards, y una artista me había contratado para que viajara con ella a trabajar a Nashville dos días. Al segundo día en esa legendaria ciudad, rodeado de *cowboys* y grandes estrellas de la música, llamé a mi abuela, y en la conversación me llegó la primera señal de alarma.

—Pero, capitán, ¿por qué no subes a verme? No te quedes en la calle. —La lúcida Rosalía parecía perder la razón por primera vez y eso me dejó helado.

—Abuela, ya sabes que estoy en Estados Unidos, no estoy ahí. —Le recordé con cariño.

—Ay, es verdad, mi capitán —dijo reconectando con la realidad por unos segundos— estoy bien, y ya pronto me van a mandar para casa, no te preocupes.

Cinco horas más tarde estaba montado en un avión de camino a España. Esas palabras confusas, desorientadas, fueron la respuesta a muchas preguntas que tenía. Del avión alquilé un coche y sin descansar ni un minuto manejé cinco horas hasta el hospital de Logroño. Fueron las cinco horas más largas de mi vida al volante. En el camino, mi hermana me iba llamando para darme los últimos reportes.

—La abuela te espera despierta —me dijo—, hasta me hizo peinarla para que no la vieras desaliñada.

Si la carretera Madrid-Logroño se me hizo eterna, esos pasillos grises del hospital se me hicieron interminables, hasta que di con la habitación de la abuela. Al entrar, la tenían sentada cerca de la ventana, y mi tía la cuidaba a su lado.

—Abue, abue. —La saludé, aunque ella no me respondió, con sus ojos perdidos mirando al horizonte.

—Rosalía —le dijo mi tía, levantando un poco la voz, —mira, tu capitán ha venido a verte.

—¿El Josemari? —murmuró muy bajito mi abuela, sin quitar los ojos de la ventana.

—Sí, Rosalía, tu nieto. —Mi tía la acarició, mientras le explicaba.

De repente, como si hubiera despertado de un sueño, mi abuela volvió en sí.

—Mi capitán, ¿para qué has venido de tan lejos? Tienes que estar muerto de cansancio — me dijo extendiendo sus manos para que se las agarrara.

Ahí renació mi abuela de nuevo, la que yo escuchaba por teléfono en esos últimos meses. Por un ratito, y tras la alegría de verme, la vida le regresó a su rostro, me contó historias de las suyas, y de lo bien que la trataban las enfermeras, y de su Virgen del Villar que no la abandonaba.

Sin embargo, por mucho esfuerzo que le pusiera, yo la veía sufriendo, muy mayor, y con ganas de marcharse, así que le dije a mi tía que yo me quedaría esa noche a cuidarla.

—No, Josemari, vete a descansar, que la abuela se pone muy mal en las madrugadas y no vas a poder dormir nada, después de tan largo viaje —mi tía intentó disuadirme.

—No tía, yo me quedo con la abuela —insistí, sabiendo que sería «nuestra última noche».

A las pocas horas, nos quedamos solos, la abuela y su capitán.

—Ven, súbete a dormir en la cama conmigo, no te quedes toda la noche en esa silla tan incómoda —me dijo cuando vio que se me cerraban los párpados del cansancio.

—Abuela, es imposible, no cabemos —le respondí mirando la camita tan estrecha.

—Sí, acuéstate en esta orilla y así rezamos juntos un rosario.

Con ese argumento, no me pude negar y me tumbé con cuidado a su lado. Y así, pegados el uno junto al otro, y mirando al techo de la habitación, Rosalía, como si su memoria estuviera intacta, empezó a rezar y a nombrar todos los santos, uno tras otro.

—Nuestro Santo Dios, protégenos y ampáranos, en la hora y en la obra del Espíritu Santo, amén. —Al terminar, hizo una pausa, y me miró— Mi capitán, pide por mí.

En ese instante, se me derrumbó el mundo. Me di cuenta de que esa era su despedida. Jamás había pedido por ella misma en ninguno de sus rezos diarios. Mi abuela siempre pedía por todo el mundo, menos por ella. Cuando se quedó dormida, bajé de la cama, y abrí mi computadora. De regreso a esa incómoda silla, lloré y escribí todo esto que ahora cuento, porque no quería olvidar ni una sola palabra, ni un solo gesto de esas últimas horas. A las cuatro y veinte, esa hora que ya no era coincidencia, pero que tardaría años en entender, mi abuela se despertó, suspirando y quejándose, como si fuera una bebé que no pudiera dormir. Llamé a los enfermeros, y entré en un extraño trance.

Lo que voy a contar a partir de aquí, me tomó años recordarlo. Me bloqueé emocionalmente, y sentí que no solo mi adorada abuela se salía de su cuerpo. Yo también sentí que me iba, al menos para no recordar y sufrir. ¡Menos mal que se me ocurrió escribir todo en esa noche en vela!

Al día siguiente, sorprendentemente, la abuela despertó mucho mejor, y los doctores dijeron que la iban a mandar a casa.

—Capitán, yo ya estoy bien —me dijo otra vez mi abuela con su acostumbrada sonrisa—. En tres semanas, cuando regreses para navidades, ya estaré caminando y todo.

Con esa promesa de que me esperaría en Navidad, me marché a Madrid. Mónica Cruz me había pedido que la acompañara a Alemania a trabajar. Ella necesitaba un estilista de confianza y yo necesitaba desconectar un poco de tanta tristeza. Fue un viaje relámpago. Salimos en un vuelo de madrugada y regresamos en la noche a Madrid. Y esa misma noche, exactamente a las cuatro y veinte, mientras intentaba dormir un poco en mi piso de Madrid, me desperté con un susurro en mi oído. Rápido encendí una vela y empecé a rezar, como siempre, nombrando a mi abuela, mi intermediaria y mensajera con Dios. Con el último rezo, la vela se apagó y ahí se apagó algo en mí. Sabía que el final de la vida terrenal de mi abuela había llegado, y aunque yo no estaba preparado, ella sí. Diez minutos más tarde, sonó el teléfono. Era mi madre, no la dejé hablar.

—Ya sé, la abuela se ha muerto —le dije sintiendo que ya no podría decir otra palabra más. Las lágrimas llenaron mis ojos y mi boca.

Lloré como aquella vez que encontré a mi madre en la cocina y me anunció lo de su cáncer. Lloré como cuando fallecieron mis otros tres abuelos, Andrés, Teófilo y Vitoriana. Lloré como cuando era un niño de tres años, y luego de seis y me quería tirar por aquella ventana. Esa madrugada, solo en Madrid, lloré todo lo que había llorado en mi vida y más.

En la mañana, mi tía Custo me acompañó de regreso a Igea. Ese viaje, en mi corazón, no fue en coche, fue un recorrido en aquel caballo imaginario de aquel niño que galopaba por la cuesta de Solana, y que sentía que toda la magia se iba a terminar al llegar a mi pueblo; sentía que ese niño iba a morir al llegar a casa de mis padres. Ya no era nieto de nadie, todos mis abuelos habían fallecido años antes, y ese niño que todavía existía en mí se iba a quedar solo.

—Hijo, si quieres, pasa —me dijo mi padre en cuanto llegué a casa—, la tenemos todavía aquí porque pensamos que la querrías ver y despedirte.

—No, jamás, no me quiero quedar con ese recuerdo de mi abuela —contesté con mucha seguridad en ese momento.

—Bueno, como tú quieras, lo hicimos pensando en ti, por si acaso querías verla por última vez. —Mi padre hablaba como zombi, sin fuerzas ni emociones. Estaba sumido en un *shock* emocional total.

Al finalizar el día, me fui a dormir y no podía conciliar el sueño. Ya había perdido la cuenta de cuántas noches llevaba sin pegar ojo. Me puse a rezar, todavía dirigiéndome a mi abuela, y recordé nuestra última procesión a la ermita de la Virgen del Villar, yo empujando la silla de ruedas, ella dejándose llevar. Sin pensarlo, y por puro acto reflejo, me levanté, me vestí, y me fui a caminar en medio de la noche hasta la ermita a las afueras del pueblo. La pequeña iglesia estaba cerrada a esas horas, lógicamente, pero me senté en los escalones de la entrada, y pedí, pedí por mi abuela, tal y como ella me lo había ordenado en nuestra última noche juntos en el hospital. «Pide por mí, hijo mío, pide por mí, mi príncipe capitán». Y en mi mente, la veía claramente, como un ser de luz, caminando y rezando todos estos años entre nosotros, rezando detrás de aquel niño solitario que subía la cuesta de Solana para ver a su abuela. Y sentí que ese niño la quería ver una vez más. Regresé a casa de mis padres, donde todavía quedaban familiares y vecinas rezando el rosario.

—Tía, ¿qué hora es? Ni sé en qué hora vivo —le pregunté a mi tía Puri que preparaba café en la cocina.

—Son las cuatro y veinte, sobrino —me dijo mirando su reloj de pulsera.

Sin pensarlo, entré en la habitación donde estaba el cuerpo de mi abuela, y la miré. No la reconocí. Vi una nariz que no era la suya, grande y puntiaguda, los labios muy finos, su frente estrecha. ¡Todas sus facciones eran tan diferentes! Mi tía entró silenciosa, y después de un tiempo, me dijo:

—Parece mentira, la abuela está intacta, como dormida en paz. —Se persignó y salió, cerrando la puerta, para darme más privacidad.

Yo empecé a llorar otra vez, desconsoladamente. Pero esta vez no era por haberla perdido. Era porque veía a mi abuela fea. Cerraba los ojos, y los volvía abrir, con la esperanza de que algo cambiara en su rostro, y recuperara esa belleza que yo siempre había visto. Aquellos ojos profundos, aquellas mejillas alegres, sus labios suaves y cariñosos. Pero no, la realidad me seguía golpeando, y la seguía viendo fea. Tan intenso fue el momento, y tanta culpa sentía de ver fea a una de las mujeres que más he amado en mi vida, que caí de rodillas. Y aquel mismo susurro que me había despertado la noche anterior en Madrid, me dijo: «no estás viendo el alma». Con esas cinco palabras, llegó el primero de muchos regalos que mi abuela dejaría sembrados por el mundo para mí. Ella se había ido, y yo no la reconocía postrada en esa cama, sin vida. Pero su magia seguía viva.

«No estás viendo el alma». Entendí su mensaje a la primera. ¡La belleza es el alma! Después de tantos años persiguiendo lo bello, trabajando con lo bello, e inmerso en una sociedad que se mueve por pura estética, mi abuela me había dado la respuesta: el alma es la verdadera belleza. Los rasgos de tu rostro, tu cabello o tus ojos, no son belleza, son cualidades, son tendencias, son las consecuencias de problemas sociales, pero no tienen nada que ver con la belleza. La belleza, me lo acababa de revelar mi abuela, es el alma.

En esa cama solo quedaba su cuerpo. Su alma, y por tanto, su belleza, habían volado fuera de ahí. Y con esa revelación, regresé a mi cama y pude conciliar el sueño. Me sentía como quien descubre un acertijo que estaba tratando de resolver durante años, y finalmente lo consigue. Me dormí en paz, entre tanta tristeza que rodeaba la casa en esa madrugada.

Toda mi vida la escritura ha sido mi terapia. He escrito pensamientos e ideas, sin contarle a nadie y solo para mí, para releer mis palabras de vez en cuando o para no olvidar todos esos sentimientos y experiencias por las que todos pasamos. En ocasiones en las que no podía pronunciar las cosas, me sentaba a escribirlas, y salían solas, fluían sin reparos ni miedos. Así que, antes del funeral, me senté a escribir como nunca. Palabra tras palabra, redacté una última carta a mi abuela. Me armaría de valor y la leería en la ceremonia que con tanto amor estaban preparando mis padres y mis tíos.

Por esos días, mi hermana estaba embarazada de seis meses, y le pedí que se saliera cuando yo subiera al púlpito. No quería verla llorar, y que tanta lágrima afectara a la bebé que venía en camino. Cuando me tocó subir al altar, me di cuenta de que todo el pueblo estaba presente. Absolutamente todo Igea. La gente no cabía en la iglesia y afuera, los coches bloqueaban y atascaban las calles. No me sorprendió ver a tantas almas reunidas. Mi abuela había dedicado su vida a los demás, había dedicado su existencia a dar; siempre dio, y aunque nunca tuvo dinero realmente, se las arregló para seguir dando a manos llenas, como da el que tiene mucho.

Mientras leía mi carta a Rosalía, juro que podía escuchar el ruido de cientos de lágrimas al caer, si es que las lágrimas hacen ruido. Con esas líneas, en ese pedazo de papel, despedí finalmente a mi guía, a mi conexión con Dios, a la mujer a la que yo siempre corría en busca de aprobación y aceptación.

Después, no recuerdo mucho. No recuerdo cómo regresé a Los Ángeles, cómo bajé de ese avión y llegué a mi apartamento donde me esperaba mi *roommate* María y mucho trabajo al día siguiente. Hasta el día de hoy no recuerdo qué hice ni dije en esos cuatro días de luto anestesiado.

Solo recuerdo que puse una vela en el pequeño altar de mi habitación, y deposité a su lado el crucifijo de oro que mi querida abuela me había regalado de camino a la ermita. Esa noche sería nuestra verdadera despedida. En pleno sueño, mi abuela se me apareció, y se sentó a mi lado en una silla blanca. La recuerdo perfectamente, con un vestido oscuro con flores grandes estampadas. Eran rosas, las que más le gustaban. El moño lo llevaba mejor hecho que nunca, con una peineta española, como la que se ponía en las grandes ocasiones. Sus aretes llamativos ayudaban a resaltar esa belleza exótica. Sentada en esa silla, no pronunció palabra. Solo me agarraba la mano y me miraba, con infinito cariño. Al despertar, recordé con exactitud que sus palabras en el hospital no fueron «pide por mí», sino «pide para que esté bien el camino». Inmediatamente entendí que se había ido bien, en paz. También entendí, con esa despedida en el sueño, que ahora yo había ganado un ángel que velaría por mí desde el cielo.

Abuela Rosalía se había ido, y era hora de volver a mi vida, a mi lucha, a mi trabajo y mis sueños. Pero ahora volvía con aquel primer regalo que me hizo mi abuela adorada al partir: la belleza es el alma. Ya nunca la volvería a buscar en los espejos, ni siquiera para mí.

Y al regalo del alma y la belleza, le iban a seguir muchos otros. Mi abuela, mi «abue», la que daba a manos llenas, me iba a dar mucho más desde allá arriba. Ella se iba a encargar.

La muerte es dura
porque somos egoístas
y no queremos que
aquellos que amamos
nos abandonen.

JOMARI GOYSO

22.

Emma

Recuerdo perfectamente ese viaje nuevo de Los Ángeles a Logroño. Otra vez se me hizo eterno, más largo que nunca, aunque la fe ahora se llamaba Emma. Yo ya no era nieto de nadie, con mis cuatro abuelos fallecidos, y había un vacío enorme dentro de mí. Desde que la «abue» se nos fue, yo había pasado medio año sumido en el trabajo.

Doce horas de vuelo, cinco de auto y diez minutos corriendo por esos mismos pasillos eternos del mismo hospital hasta que di con la habitación de mi hermana. Y ahí estaba, en una cunita diminuta, un poco de esa luz que tanto necesitaba: Emma. Parecía un plan perfecto. Emma llegaba justo a tiempo para ocupar un gran hueco que había quedado en nuestros corazones. Emma era el diminuto milagro que nos sucedía después de la partida de la abuela, y que marcaría el principio de mi reencuentro con Dios. Parecía como si la abuela lo hubiera dejado todo planeado antes de emprender su viaje final.

Desde que recuerdo, yo siempre supe que había un Dios, pero a veces me costaba mucho entender que ese Dios del que mi abuela me hablaba permitiera que la gente me insultara, que me llamaran por nombres horribles, o que me sintiera como muchas veces me sentía. Cuando me sentía rechazado por los que me rodeaban, mi sensación de desamparo aumentaba. Sabía que Dios existía, pero me preguntaba si existía muy lejos de mí, tan lejos que no me podía escuchar ni ayudar. Por eso, comencé a rezar y a buscar ese camino espiritual a través de mi abuela. Ella tenía una conexión tan fuerte con Dios que estaba seguro de que mis palabras llegarían a lo más alto.

Crecí en una familia creyente y en una cultura basada en el catolicismo, donde el párroco, mi madre (quien nos daba clases de catecismo) o mi abuela se encargaban de hablar de Dios y de guiarme. Pero ahora estaba en otra etapa, solo, sin intermediarios, sin un párroco, sin mi abuela o mi madre, y ahora era yo el que tenía que hablar directamente con Él. Había llegado el momento de mi verdadera prueba de fe.

Desde la muerte de mi abuela querida, no supe a quién dirigirme cada noche, solo en mi cama. Ahora, como en una película del oeste, solo quedábamos Él y yo, frente a frente, sin movernos, sin hablar, mirándonos en espera de mi reacción.

Esa tarde, al observar atentamente por primera vez la carita de mi sobrina Emma, vi la perfección, la magia y el misterio de la vida, y vi a Dios. Suena místico y loco, pero lo vi y lo sentí como nunca. Emma me hizo ver que Dios había estado más cerca de mí en mi vida y más presente de lo que yo me imaginaba, aunque no tuviéramos relación directa.

Con Emma en brazos, y cubriéndola de besos, también empecé a pensar en cosas que jamás me había parado a pensar antes. Supongo que esto les sucede a muchos padres y madres primerizos, y a mí, al tío embobado, también. Por ejemplo, jamás me había puesto a analizar si yo tenía un destino. Un destino que ni mis padres ni mis amigos conocían. Solo Dios tenía esa información. Dios estaba detrás de todo, y fue Dios quien puso en mi camino a todas esas personas que bien me ayudaron o bien me hicieron daño. Dios las había traído a mi vida para

mostrarme mi camino y mi destino. Desde los *bullies* de la escuela, hasta mi querida y ahora distante Amber, pasando por aquellos locos que
me atacaron con un cuchillo una noche a la orilla del río. Todos fueron pequeños peldaños que tuve que subir y superar, uno a uno, para
poder acercarme a mi meta, fuera cual fuera. Todo estaba planeado
por Dios, por ese ser con el que yo no hablaba y no sabía cómo hablarle.

Después de pasar un par de días extasiado, mirando esa carita
divina de Emma, sus deditos, sus pucheros, y alucinando con su olor a
vida y milagro, me tocó volver a mi rincón en el mundo, a ese salón en
Beverly Hills, a atender a mis decenas de clientas. Y ahí sucedió. Ahí me
llegó el siguiente regalo de la abuela: logré hablar con Dios por primera
vez en mi vida.

Fue en mi viejo y querido apartamento, frente a esa mesita en mi
habitación. Llegué una noche agotado del trabajo y, sin pensarlo, y
empujado suavemente por una mano invisible que conocía muy bien,
me arrodillé frente a ese altar tan íntimo. El enorme crucifijo de oro
de la devota Rosalía brillaba con fuerza. Ese día me había llegado mi
primera oferta en serio de trabajar en la televisión, y yo no me sentía
preparado para ponerme a merced de la crítica del público. Necesitaba
hablar de ese sentimiento con alguien, me urgía, y sin pensarlo, como
un acto reflejo directo del corazón, me dirigí a Dios. Esta vez no le recé
a la abuela, ni al universo, ni al niño que siempre llevo dentro. Le hablé
a Él directamente: «Dios, no sé si puedo ponerme frente a la cámara, no
siento que yo les resulte interesante ni que esté preparado para soportar las críticas de la audiencia, pero si tú lo crees, si tú me dices que ese
es mi destino, en tus manos estoy».

Esa fue mi primera conversación con Dios. Digo conversación porque Él empezó a contestar mis dudas y mis preguntas como contesta
Dios: con amor, paciencia, y señales que se van convirtiendo en algo
más que coincidencias.

A partir de esa noche, ya nunca he dejado de hablar con Él. Ni un
solo día pasa sin que lo busque y lo encuentre, bien sea en mi altar,

en un avión o en la habitación de un hotel. Él está ahí porque siempre estuvo. Y ahora, con este otro regalo de mi abuela, mi recién estrenada relación con Dios, sería solo cuestión de tiempo descubrir cuál era el destino que Él tenía guardado para mí.

La fe regresa siempre cuando estás listo para amar y celebrar la vida de nuevo.

JOMARI GOYSO

23.

Luces, cámara
y acción

Adela era elegante, con un toque alocado moderno, de esas mujeres que rondan los cincuenta, pero se resisten a dejar de ser jóvenes. Venía al salón solo tres veces al año, siempre lista para probar estilos diferentes. Así son las editoras de revistas de moda: atrevidas y rebeldes. Se ponen todo y todo les luce excéntrico y deliciosamente bohemio. Adela sería, junto a Mariane, a Juan Carlos y a la dulce Maggie, los visionarios que se iban cruzando en mi camino para marcarme mi nuevo rumbo de vida.

¿Cuál era mi destino? Sabía cuál era mi profesión, y me fascinaba: hacer sentir bien a quien llegara a mis manos en busca de imagen y de autoestima. Sin embargo, carrera no significa destino. Destino es algo más grande y más difícil de encontrar. Y a mí me lo iban a ir dictando todos estos seres que Dios ponía en mi camino.

—Jomari, ¿por qué no participas en una sesión de fotos que estoy planeando para mi revista? —me propuso la elegante Adela un día, por total sorpresa—. El reportaje se va a titular «True beauty».

Lo de «belleza verdadera» me atrajo mucho. Sentí que era otro de los regalos de la abuela: la oportunidad de trabajar diferentes conceptos de belleza en una buena revista. Acepté y fue así como se dio mi primera colaboración con *Estilo Magazine*. Obvio, ni me pagaron, pero fui feliz. Me permitieron elaborar texturas diferentes en las modelos de manera que los lectores se sintieran identificados. En aquella sesión de fotos reivindiqué esa sensación que siempre había tenido desde jovencito: nunca me podía ver reflejado en ninguno de los modelos que veía en esos reportajes de moda. Nunca podía decir: ese soy yo, o esa es mi hermana, o mi madre, o mi padre. Nadie de los que yo admiraba en la vida real tenían un parecido con los que salían en las revistas.

—Jomari —me calmaba la inteligente Adela—, las revistas son mágicas, son inspiracionles, por eso te muestran un mundo perfecto.

—Un mundo falso que me deprime porque me doy cuenta de que nunca voy a ser uno de ellos— le contestaba en una de nuestras largas conversaciones sobre moda, arte y sociedad.

—Mira, estas pláticas están muy buenas, ¿por qué no escribes una columna para la revista? Tú tienes una personalidad muy padre y sabes hablar bien. Eres perfecto para, por ejemplo, hacer *reviews* de nuevos productos—. Me ofreció Adela con cara de que no iba a aceptar un no como respuesta.

—¿Si el producto me parece pésimo, me dejarás decirlo? —La reté con mi acostumbrada honestidad.

—Jomari, no seas negativo, enfócate en consejos positivos. —Adela no se daba por vencida.

—Ah, Ok, perfecto. Mi consejo será constructivo: ahorra tu dinero, mejor no compres ese producto que no vale para nada, y que no te engañen. —Yo no estaba dispuesto a escribir por escribir.

Por un segundo pensé que Adela me iba a mandar a volar, pero terminó estallando en carcajadas.

—Ok, tú ganas, Jomari Goyso. ¿De qué quieres escribir? Elige. —Me ofreció con cariño.

—Quiero escribir sobre lo que pasa realmente en una sesión de fotos o en eventos de moda, o en las grabaciones de videos de música —le dije seguro de que, hablando de esos temas, podría ser más honesto.

Y así nació mi primera sección profesional en una revista. La llamamos «Backstage by Goyso». A esa le siguió otra, «Espiando Arte by Goyso», en la que hablaba de artistas que encontraba en sesiones de fotos y proyectos, pero que todavía no eran muy conocidos. Eran jóvenes que tenían una magia especial e historias muy bonitas, llenas de inspiración. Las dos secciones en la *Estilo Magazine* dieron buenos resultados, y pronto mis historias darían el salto del papel a la pantalla.

«Hola, soy Juan Carlos Arciniega, de CNN, ¿me puedes llamar?». Cuando leí el texto que me acababa de llegar pensé que se habían equivocado de persona. Como me encontraba trabajando en el salón no pude contestar de inmediato. Justo estaba terminando de peinar a la diva más diva de todas, a Maria Desio, dueña de uno de los centros de estética más prestigiosos de Beverly Hills. Maria me acababa de pedir que le aguantara a su perrito en brazos mientras iba al baño, y yo, para atender el texto de Juan Carlos dejé al chucho en el suelo. Cuando Maria la diva salió y lo vio correteando por el salón casi se muere de un infarto. Resulta que el perrito tenía «alergia al suelo», si es que eso existe. Con los nervios y el enojo de Maria, recibí la llamada del veterano periodista de CNN como pude.

—Hola, Jomari, te queríamos invitar para hablar de la moda de los Grammys este lunes.

—Sí, sí, claro, yo voy, no hay problema —le contesté sin pensar mucho lo que estaba haciendo, en pleno lío con divas y perros.

No lo negaré. Mi primera intervención en televisión fue horrible, al menos para mí. Fue un segmento de unos diez minutos en vivo desde el set de CNN en Español en Los Ángeles. Juan Carlos se portó excelentemente y me guio y ayudó lo mejor que pudo, pero en mi cabeza no podía entender que a la gente le interesara verme y escucharme.

Al terminar, Juan Carlos me dio mis primeros consejos, por si quería continuar en los medios de comunicación, y me dijo que pronto me volverían a invitar.

Así quedó mi primera colaboración en televisión. La primera de muchas que estaban por venir. El plan perfecto que Dios tiene para todos nosotros ya estaba en marcha, y no me cabía duda de que mi abuela era parte de ese plan. Las palabras que me repetía cuando era niño comenzaban a tomar más y más sentido: «Mi capitán, yo a ti, un día te voy a ver en la televisión».

Al poco tiempo, me llamaron para trabajar con Kate del Castillo. Su mánager en aquel entonces era Mariane; ella ya me conocía bien y me pidió que maquillara y peinara a la guapa mexicana para un comercial de autos. El día de la grabación llegué preparado, con la tarea hecha. Busqué en Google todo lo que pude sobre Kate y me quedé maravillado de semejante carrera. Kate llegó puntual y trabajar con ella fue un placer.

—Oye —me dijo Mariane, la mánager, al terminar la grabación—, ¿por qué no trabajas de comentarista de moda en televisión? Deja que llame a mi amigo, un ejecutivo de Univisión, para ver si tienen algo para ti.

Y, sin esperar mi respuesta, Mariane llamó y habló con el alto ejecutivo.

—Oh, qué mala suerte —me dijo nada más colgar—, ya tienen a alguien más.

Le di las gracias a Mariane por el intento, y me fui esa noche pensativo a casa. Ya eran muchas coincidencias, muchas las personas invitándome a trabajar en la televisión. No lo negaré, puede ser divertido e interesante trabajar con los medios y hacer llegar tus mensajes a miles de personas. La televisión es muy tentadora, incluso para los que no soñamos con ser famosos. ¿A quién no le gusta un poco de atención? Mi temor era que, un poquito de atención, como la que recibía en el gym o en la calle, cuando alguien me piropeaba mis ojos, no me sentaba tan mal. Mas no sabía cómo iba a reaccionar ante la atención masiva que te da un medio como la tele. Yo seguía subido a mi tren de la timidez, seguía diciendo *I'm not friendly* en las fiestas a muchos de los que se me acercaban, y mi autoestima, aunque iba mejorando, no estaba a los niveles que necesitas para dar la cara al público. ¿A quién le va a gustar verme? Me repetí esa noche antes de dormir.

También era consciente de que, en Los Ángeles, todo el mundo quiere ser famoso, trabajar en el cine y la televisión, y nunca los ves hacer nada, estancados, esperando ese gran momento que tal vez nunca llegue. Esos sueños son fantásticos, pero peligrosos a la vez, porque te puedes pasar la vida persiguiéndolos y si no los alcanzas, te quedaste sin nada. Es como apostar todo lo que tienes al póquer en un casino de Las Vegas. Y eso, no me gustaba. Al menos, con mi profesión de estilista tenía el pan asegurado y amaba lo que hacía.

Pero cuando Dios decide, da igual que te escondas, porque tu destino te va a encontrar.

Una mañana me llegó un *e-mail* de Maggie, la directora de talento de Telemundo que conocí la primera vez que trabajé con Marlene Favela. Me preguntaba si me gustaría escribir para la página de internet del nuevo programa matutino que presentaba la periodista María Antonieta Collins. Esta vez, sin oponerme tanto a las señales del destino, le dije que sí, que sería divertido. Solo necesitaban que les enviara mis comentarios sobre lo que las estrellas lucían en las alfombras rojas y otros eventos, y ellos los publicarían semanalmente. A mí me bastaba con que me enviaran las fotos que querían comentar, y me indicaran qué clase de evento y *dress code* se exigía. Con las primeras fotos, comencé a enviarles mis primeros comentarios, sin saber de qué artistas se trataba. Del mundo latino, por esos años, yo desconocía casi todo. Desde mi llegada de España había trabajado mayormente con los artistas americanos. Gracias a esta sección aprendí, poco a poco, quién era Gloria Trevi, o Eugenio Derbez, o la mismísima Thalía, quien luego, con los años, se convertiría en buena amiga.

A las pocas semanas de estrenar mi sección *online* con Telemundo, me llamó una de las productoras del *show* para darme la noticia.

—Tus comentarios son número uno en Yahoo, así que queremos que hagas un segmento frente a la cámara.

—No, ni muerto, jamás —le respondí tajantemente.

Y, como cada vez que digo esas cuatro palabras, termino haciendo lo contrario, acepté aparecer en el programa. La productora me insistió un par de veces y me convenció, aunque el temor de ponerme frente a la cámara y otra vez volver a ser criticado era tan fuerte que me paralizaba. Me había costado mucho salir de ese agujero negro en el que estuve durante años, y aún me quedaba mucho por recorrer para salir totalmente de ese hoyo.

Con mis dudas y mis inseguridades, me preparé para mi primer segmento. En él me pidieron que hablara de la influencia de la teleserie Sex and The City en la moda y en la sociedad, y lo grabaríamos temprano en la mañana. Llegué a los estudios de Telemundo, en Burbank, nervioso, pero ilusionado a la vez. *Igual mi abuela tenía razón, y la televisión es lo mío*. Me dije para darme ánimos. Y justo cuando me ponen en el set y me van a dar la señal para que empiece a hablar, se escuchó el grito por todas las bocinas:

—¡Corten! —la productora dio la orden—. Me están llamando de Miami.

Nos quedamos todos mirando su cara, mientras escuchaba en silencio a su jefe del *network*.

—María Antonieta Collins acaba de renunciar al *show* ahora mismo, así que ya no se graba. No hay *show* —dijo con cara de *shock*.

¿Collins? ¿Quién era la tal Collins? Ese día, obviamente, me aprendí su nombre y nunca más se me olvidaría. «Esa loca, ¿cómo se le ocurre renunciar justo el día en el que yo iba a debutar? ¡Qué maldición!». Le conté a mi amigo Alexis en el teléfono, mientras conducía de regreso a casa como perrito abandonado. A partir de ese día, la broma ya estaba hecha: que subía la gasolina... ¡la culpa de la Collins! Que la comida llegaba fría en el restaurante... ¡la Collins! Que no se me paraba... ¡la Collins también! Y si me salía una cana, era también la maldición de la Collins. Ironías de la vida, «la Collins» terminó siendo gran amiga y consejera dentro de este loco mundo de la televisión. Por supuesto que le conté, con mi conocida honestidad, el chiste de «la maldición de la Collins», y terminó siendo «la bendición de la Collins».

—Ay, hijo, pero eso de que te cancelaran te dolió, ¿verdad? —me preguntó mi madre cuando le conté el final inesperado de mi primer trabajo en televisión.

—No, madre, eso sucedió porque Diosito no quiso, porque me tiene guardado algo diferente —le contesté en paz y tranquilo.

—Me alegro, hijo, que así pienses. —Mi madre se quedó sin mucho más que decir.

Era la primera vez que me oía hablar así de Dios y de mí. Supongo que se sorprendió, pero para bien.

Después del intento fallido por «la maldición de la Collins», una productora que trabajaba con Ryan Seacrest me presentó con el famoso productor y conductor, y me firmaron lo que en Hollywood se llama un *holding deal*, un contrato por el cual vas a trabajar con ellos, pero todavía no saben dónde ni cuándo. Te firman, y te guardan en un cajón para ver en qué *shows* nuevos te meten. A mí no me gustó mucho la idea, pero me convencieron. Después de todo era Ryan Seacrest, y por esos años estaba produciendo, además del *show* de las Kardashian, otros tantos programas exitosos. A los cuatro meses comenzó a darme la sensación de estar atado para nada, pues nada había sucedido después de tanta plática y reunión. Eso es muy típico en Hollywood: te la pasas de *business lunch*, donde te prometen el oro y el moro, y luego, no sucede nada. Decidido a volar por libre, llamé a Fernando Fernández, quien era el vicepresidente de la productora de Seacrest, y le pedí que me dejara ir. Inmediatamente me entendieron y, con cariño, cancelaron el contrato sin ningún problema. Además, ese día Fernando me dio un valioso consejo.

—Si quieres trabajar en la televisión, empieza por el mundo latino; te van a amar, y vas a encontrar tu lugar allí, y te vas a sentir muy bien.

—Estás loco —me dijo un amigo cuando le conté lo que me había aconsejado el ejecutivo de Seacrest—, en la televisión muy pocos ganan dinero, y tú eres ya uno de los estilistas mejor pagados de Hollywood.

En Hollywood todo es dinero y más dinero. La gente no habla de otra cosa. Yo mismo llevaba cinco años trabajando por dinero, pero sentía que ya no estaba creciendo, que me había estancado entre mis clientas, siempre hablando y haciendo lo mismo, y yo quería trabajar en cosas que me llenaran, aunque tal vez me pagaran menos. Esto es algo que les sucede a muchos profesionales: qué fantástico es que te paguen bien, pero también quieres sentirte vivo, emocionado, útil otra vez. Por eso, empecé a aceptar trabajitos donde no me pagaban tanto, pero me motivaban de nuevo. Recuerdo que hice una sesión para la revista *Vogue* con Paz Vega donde, después de todo un día de trabajo, me pagaron lo mismo que yo ganaba en media hora en el salón. A esa sesión le siguieron portadas en *Vanidades*, *Glamour*, y *Marie Claire*, y tantas otras que perdí la cuenta. Con estos proyectos, recuperé un poco de esa motivación perdida y empecé a amar más mi trabajo y mi vida. Estaba aprendiendo una lección: el dinero es necesario, pero es a la vez una cárcel que te quita la libertad. Decidí ahorrar todo lo que pudiera, aunque siempre fui buen ahorrador, pues no quería volver a sentirme desamparado y en la calle nunca más. Ahorraría para así poder trabajar en aquellos proyectos que me apasionaban y motivaban, aunque no me pagaran tan bien. *Si me sale la oportunidad de trabajar otra vez en medios latinos no diré que no. Si me gusta y me tratan bien, que sea lo que Dios quiera.* Me dije, analizando bien la situación y ese consejo que me dio Fernando.

Y el destino me envió Fanny Lu, mi siguiente visionaria para seguir indicándome el camino. La guapa cantante colombiana volaba de vez en cuando a Los Ángeles para que le hiciera el cabello. Vivía en Colombia, pero le encantaba el estilo que teníamos en California de teñir y peinar.

—Jo, quiero que me hagas toda la imagen de mi nuevo disco y que vengas conmigo a Miami a los Premios Juventud en junio —me propuso la rubia imponente en una de sus visitas.

Normalmente le hubiera dicho que no, porque viajar no me salía rentable económicamente. Yo ya había acumulado una cartera de clientas tan apretada que, si me ausentaba de la ciudad, dejaba de ganar miles de dólares. Pero recordé que ya no quería ser esclavo del dinero, y que necesitaba proyectos que me mantuvieran motivado; y qué mejor que trabajar con Fanny Lu y su buen rollo y originalidad.

—Sí, dale, no sé qué premios son esos, pero voy contigo —le respondí decidido.

Y por caprichos de la vida, dos semanas antes de irnos a Miami, Juan Carlos Arciniega me volvió a llamar para decirme que le había dado mi teléfono a una amiga suya, a Daniela Ganoza, reportera de Primer Impacto, Univisión, y que me quería entrevistar. Daniela me entrevistó, y dio la casualidad de que transmitieron ese reportaje el día antes a mi llegada a Miami para los Premios. «Un estilista español entre las estrellas de Hollywood», así fue cómo me presentaron en ese programa.

Estando en Miami, me llamó Daniela para decirme que la productora del *show* le había pedido que me invitara al día siguiente a comentar moda sobre los Premios.

—Ayyy, lo siento, Dani, pero estoy trabajando con Fanny, y ya sabes que este trabajo es de veinticuatro horas, no puedo —le dije más preocupado por mi clienta, y sin pensar mucho en la oportunidad que esa invitación representaba.

Y, como Dios siempre tiene un plan, por mucho que yo dije que no, al día siguiente estaba yo sentado en el set de Primer Impacto, esperando mi turno para hablar de moda en vivo.

—Discúlpame Mabel —le dije a la productora del *show*—, pero no sé el nombre de nadie, ni sé a qué se dedican, y no recuerdo que nadie fuera bien vestido, ¿tengo que decir que iban bien vestidos? Porque mentir se me da fatal...

—Bueno —me respondió la productora armándose de paciencia—, las presentadoras dirán el nombre del artista, tú solamente comenta sobre su vestuario.

Esa tarde, con la ayuda de Pamela Silva y Bárbara Bermudo, fue mi verdadero debut como comentarista de moda en Univisión. Y esa tarde también nació otra bella amistad con otra hermana en mi vida: la inteligente Pamela. Y aunque terminé confundiendo a William Levy con un cantante mexicano, y a Maite Perroni con una fan que se había colado en la fiesta, al salir del set y encender mi teléfono, me encontré con una grata sorpresa. Era un tuit de Armando Correa, el editor jefe de *People en Español*, que decía: «Acabo de ver en Primer Impacto un crítico de moda muy honesto. Sé que vamos a escuchar más de él».

Por supuesto que a las alentadoras palabras de Armando le siguieron un torrente de comentarios, muchos constructivos y otros no tanto, y sentí miedo. ¿Volvería a ser juzgado por los demás? Era inevitable. Si quería seguir en esto de la televisión tendría que enfrentar toda clase de comentarios. De vuelta, lo dejé todo en manos de Dios, como lo estaba haciendo desde que mi querida abuela se fue.

Pero, era innegable que, al final, había caído en la magia del mundo del entretenimiento. Ese día en el set de Primer Impacto me di cuenta de que mis opiniones de moda no eran tan descabelladas como algunos me decían, y muchos entre el público compartían mi forma de pensar. Esa conexión entre la audiencia y mi trabajo me encantó. Y serían las redes sociales las encargadas de dejármelo saber.

La perseverancia, la constancia y el sacrificio son los verdaderos padres del éxito.

JOMARI GOYSO

24.

Fama y amor digital

Recuerdo que, hace muchos años, antes de que comenzara a aparecer y a trabajar en la televisión, tuve mi primer encuentro con Twitter. Fue un encuentro que no olvidaré porque la escena resultó cómica y premonitoria a la vez. Ni loco hubiera imaginado ese día que escuché la chistosa palabra por primera vez que, tiempo después, yo iba a tener una cuenta a mi nombre con miles de seguidores. Ni loco podía imaginar toda la magia que esa nueva tecnología iba a traer a mi vida.

Ese día era viernes, y quedé en pasar a recoger a Isa, Moni, Penélope y a Javier Bardem, que me habían invitado a ir a casa de unos amigos suyos a tomar algo. Llegué puntual, con mi flamante nuevo Porsche Cayenne. Si vives en Los Ángeles, tarde o temprano te contagias de ese mundo un tanto superficial en el que todos te juzgan por el auto que manejas, aunque luego duermas en la calle.

—Oye, Jomari —me preguntó Penélope nada más subirse a mi nueva SUV —¿este auto no contamina mucho?

—Ah... oh... ah... —No supe qué contestar—. Creo que no, no lo pregunté cuando lo compré.

—Pues creo que eso se debería preguntar, es importante proteger el medio ambiente —me explicó Pe sin ánimo de hacerme sentir mal—. Demi se acaba de comprar un coche híbrido que va con electricidad y no contamina tanto. Creo que se llama Prius o algo así.

A mí se me cruzaron los cables con tanta información nueva, mientras manejaba a la casa donde nos esperaban. ¿Demi? ¿De qué Demi está hablando?… ¿Híbrido? ¿Es eso una raza nueva de caballos? Obvio, no pregunté porque no quería quedar como idiota.

—¡Oh, *wow*, qué *cool*! —respondí con esta frasecita que siempre uso cuando no me estoy enterando de nada.

Justo llegamos a la dirección que me habían dado y detuve el auto frente al portón del jardín para llamar y que nos lo abrieran. Era una mansión enorme en Beverly Hills, y ya oscurecía. De los matorrales que rodeaban la valla salió un hombre alto, y comenzó a hacernos preguntas superraras. De pronto, me doy cuenta de que lleva una pistola en la mano, apuntando hacia el suelo.

—*Hey, hey, what are you doing here? Where are you going?* —gritaba el hombre, preguntándonos que dónde íbamos y qué hacíamos.

Sentí que ahí mismo se terminaba la historia del Cayenne, del híbrido y de nuestra velada con amigos. *Ahora nos pega un tiro y amén.* Me dije, congelado al volante, sin atreverme a rechistar, hasta que escuché a Javier reír.

—*You crazy man!* —le gritó Javier Bardem al hombre, mientras las chicas estallaban también en risas.

En ese instante, se abrió la puerta de la mansión y apareció la bellísima Demi Moore, con una sonrisa angelical.

—*Ashton, stop your thing about the movie!* —La actriz regañó al «hombre» en cuestión, quien era lógicamente su pareja, Ashton Kutcher.

Con mi medio inglés entendí que Ashton estaba imitando un personaje de una película y que, lógicamente, nadie iba a morir esa noche en mi flamante Cayenne, y menos con una pistola de plástico.

Esa noche fue, al contrario, mi «nacimiento» al mundo de las redes sociales. Una velada de puras revelaciones para mí, que no estaba en la onda «moderna» de California.

—Ashton, mira lo que nos han escrito en Twitter —mencionó la dulce Demi señalando la pantalla de un laptop.

—¿Twitter... qué es eso? —preguntamos todos en coro. Esta vez yo no era el único fuera de onda.

Ashton, muy emocionado, nos explicó con pasión todo sobre esa nueva tecnología, aunque creo que ninguno de los presentes entendimos un carajo. Mucho menos pudimos visualizar cómo esa sencilla herramienta iba a cambiar nuestras vidas. Las vidas de todos.

Twitter se lanzó en 2006, y justo en esos primeros meses, Ashton y Demi fueron elegidos para ser las primeras celebridades en usarlo y promocionarlo.

Esa noche solo entendí que podías escribir ciento cuarenta caracteres y que, sin ningún intermediario, podías hablar con todo el mundo. No sé si me gustó o me asustó, simplemente no le di mucha importancia. Yo ni soñaba con abrirme una cuenta de Twitter, ni nada por el estilo. Vivía en mi mundo de estilista, con mis recién estrenadas clientas en Hollywood, y ni se me cruzaba por la cabeza que algún día a alguien le pudiera interesar mi vida.

Años después, aquí estaba, todavía sin Twitter ni Facebook ni nada, en plenas conversaciones, de costa a costa, con Pilar Campos, productora jefa del *show* con más niveles de audiencia de la principal cadena en español del país. Después de aquella primera intervención en Univisión, duramos semanas jugando al gato y al ratón en el teléfono, hasta que, a los dos meses nos pusimos de acuerdo: comenzaría a trabajar oficialmente para Primer Impacto.

—¿Qué tipo de segmento quieres hacer? —me preguntó Pilar, siempre tan respetuosa y profesional—. ¿De moda? ¿Qué tal «El estilista de Hollywood»?

A mí, todo eso de «el estilista de Hollywood», «el peluquero de las famosas», «el peluquero de las Kardashians» y demás títulos me aterrorizaban. Yo quería hacer algo en Primer Impacto, sentía que era el momento, pero no a cualquier precio.

—Mira, Pilar, no soporto las etiquetas ni que me encasillen en nada. Yo soy Jomari, y ese es mi único título.

—Sí mi hijo, pero nadie te conoce, ¿Jomari qué? ¿Electricista? ¿Jomari periodista? Tú hablas de moda y la gente tiene que saberlo —me aconsejó Pilar.

Y de ahí surgió «A la Moda con Jomari». A Pilar le gustó y a mí también por su sencillez y porque no sonaba pretencioso.

—Ok, ahora vamos a empezar a hacer reportajes con celebridades y tú les das consejos de cómo vestirse, maquillarse y todo. —Pilar ofreció sus ideas sobre el contenido de mi sección.

—No, lo siento, yo no quiero hacer nada con celebridades —le contesté—. Llevo toda mi vida con famosos y no quiero caer en la hipocresía y los juegos de decirles siempre que se ven divinos para que no me cancelen las entrevistas. Si no te importa, prefiero hacer el segmento con el público, con la gente que nos ve, y que se sientan parte de nosotros. Yo quiero ayudarlos a ellos para que aprendan qué es la verdadera belleza.

—Hmm, no lo veo claro, pero voy a confiar en ti —me contestó Pilar, siempre tan visionaria y sagaz para detectar nuevas oportunidades. —Te voy a enviar a una productora de Los Ángeles, Paula Rosado, para que grabes con ella un promocional en los callejones, en Downtown L. A.

Con esa conversación, Pilar se convirtió en mi jefa, y en la siguiente gran mujer en mi lista de hadas madrinas que supieron ver más allá de las tapas del libro. Pilar, hasta el día de hoy, es mi madre televisiva; tanto es así que me llama su hijo rebelde. Es mi mentora, consejera y maestra. Ella fue la que consolidó mi carrera en televisión, y el destino la puso en mi camino para que mi historia continuara como Dios la tenía escrita. De la mano de Pilar, yo me convertí oficialmente en talento semanal para Univisión.

—¡Qué guapo eres, Yosbanis! —me gritaban en la calle esas primeras semanas en las que salían mis reportajes y en las que todavía nadie
sabía decir mi nombre bien.

—Me encantas, Joani, me gustan tus entrevistas —me decían las
señoras en el supermercado y en las gasolineras—. ¿Tú eres ese que les
dice a las mujeres que no se tiñan el pelo amarillo piolín?

Entre chistes y abrazos, la gente me iba reconociendo poco a poco, y
me expresaban con respeto lo que veían en mí. *Hmm, tal vez no debo temer
a la opinión pública.* Pensaba al ver tantas muestras de cariño genuino. Las
madres me abrazaban, las abuelas me pellizcaban los cachetes, y los niños
se reían conmigo. La palabra «extraños», que a mí siempre me había inspi-
rado miedo, ahora significaba saludos y rostros agradables. Y en aquellos
días en los que despertaba mal, bajo de pilas o dudando de la imagen que
veía en el espejo, siempre llegaba un extraño y me regalaba un poco de
ese mismo Jomari *Love* que yo llevaba años regalando a modelos y famosas. ¡Por fin el Jomari *Love* comenzaba a hacerme efecto a mí también!

—Hola, Jomari, te veo todas las semanas en la tele, y me gustas
por tu naturalidad —me dijo una joven a la salida del cine, dándome un
abrazo largo y sincero.

Ese abrazo, lo recuerdo, me transportó directamente a la cocina de
mi abuela. Me llevó en el túnel del tiempo a los brazos de mi querida
abue, quien también sabía ver lo bueno en mí de manera genuina y sin
intereses de por medio.

—Jomari, tienes que abrir una cuenta de Twitter y Facebook cuanto
antes —me dijo en esos días mi productora, Paola.

—¿Yo... para qué? —le respondí acordándome de aquella tarde con
Penélope, Mónica y Javier, y pensando que yo no era ni Ashton Kutcher
ni Demi Moore.

—Porque la gente pregunta por ti, quieren hablarte, y tienes que
canalizar tu fama.

¿Fama? Yo no me considero famoso ni al día de hoy. Soy conocido
porque trabajo en la televisión y punto. Sigo pensando que el concepto

de «ser famoso» no es del todo real; la gente te reconoce por tu trabajo, y nadie es «famoso» de profesión. La fama no es una carrera a la que te puedas dedicar, es tan solo un estatus. Y, como todo estatus, es temporal y efímero. La fama es la consecuencia de un esfuerzo o un trabajo, no un objetivo, y solo existe en los ojos de la persona que observa; es una ilusión, un espejismo que puede resultar muy peligroso si crees que es real.

Siempre había escuchado que «las Kardashians son famosas por el mero hecho de ser famosas, porque en realidad no hacen nada». ¡Mentira y mentira! Esas mujeres trabajaban el triple que yo (y eso era prácticamente imposible, porque las horas del reloj no dan para más). Su éxito llegó por su *show*, al que le metían mucha dedicación, y después era visto por millones de personas. Por su esfuerzo y por su trabajo la gente las empezó a reconocer y a seguir, y de ahí les llegó la fama.

La fama no te cae de un árbol ni te va a dar de comer. Insisto: la fama es un efecto secundario a nuestro trabajo, por eso cuando Paola me dijo lo del Twitter y el Facebook, no le hice mucho caso, y desconfié un tanto, porque ya era sabido que las redes podían ser arma de doble filo, y hasta puñal asesino. Me acordé de aquella vez que llegó al salón Rumor Williams, una de las hijas de Demi Moore y Bruce Willis. Tenía una cita conmigo para prepararla para una premier de una película de su madre. Le puse unas extensiones preciosas y trabajé con su belleza natural, muy particular. Su belleza es única, exótica, con una mezcla de rasgos del padre y de la madre que la diferencian de todas las demás niñas de Hollywood. Y mí me atrae mucho la gente con identidad propia, y que rompen con estereotipos.

A la mañana siguiente, Rumor regresó llorando, supertriste, y me contó que un bloguero muy conocido la había llamado *potato face*, cara de papa, en el Twitter. Yo, que todavía ni había abierto mi Twitter, la senté en la silla frente al espejo, y le apliqué un poco de Jomari *Love*. Le expliqué con cariño lo que yo había aprendido solito, escapando de aquellos *bullies* a la salida de la escuela: que no les puedes dar el control de tus emociones, no les puedes permitir que sus palabras o sus acciones te afecten. Como pude, le traduje la famosa frase que siempre nos repetía mi madre en casa: «No hay peor desprecio que no hacer aprecio». Finalmente, le compartí el bello regalo que me dejó mi abuela tras su partida: la belleza es el alma.

Rumor se fue más o menos convencida, sintiéndose un poco mejor. A esa edad, un consejo ayuda, pero no cura automáticamente todos los males. El mundo de los adolescentes es cruel y complicado, y son crueles incluso con ellos mismos. Al verla salir del salón, pensé que, si eso me hubiera sucedido a mí a los catorce o quince, si las redes sociales ya hubieran existido en los 90, yo hubiera terminado suicidándome. No sé cómo habría reaccionado aquella tarde de tormenta subido a la tapia del corral de mi abuela, leyendo puras crueldades en el teléfono. Al menos, en la época que me tocó crecer a mí, te podías escapar a otra ciudad, y buscar otros grupos, dejar atrás las voces tóxicas, y pasar desapercibido, camuflado entre la multitud. Con las redes, no hay escondite ni ciudad que te proteja, no hay sitio donde ir. ¡Ah, malditas y divinas redes sociales! Tanto bueno y tanto malo metido en la misma botella, a presión. Una bomba a punto de estallar en el rostro de todos, si no es que ha explotado ya y no nos hemos dado cuenta.

—Jomari, ¿cuál es tu cuenta de Twitter o de Instagram? Es que me haces sonreír siempre que te veo en Primer Impacto y te quiero seguir —me preguntó una chica que me paró por la calle, recién estrenada mi popularidad.

¡Al fin alguien pronunció mi nombre bien! Eso era una buena señal. Le dije que no tenía, pero que ese mismo día la iba a abrir. Al llegar a casa entré en Twitter y fundé @JomariGoyso. En menos de una hora, me entraron los primeros mensajitos: «Hola, Jomari, te queremos... Jomari, guapo, eres único... Jomari, sígueme, te veo todas las semanas». La sensación era de generosidad, de que gente que ni me conocía me aceptaba como era. ¡Wow! ¿Eso ven en mí? ¿Y yo no les voy a regalar nada a cambio? Inmediatamente comprendí que ese sería para mí el verdadero propósito de las redes sociales: regalar de vuelta un poco de lo que el público me estaba dando a mí a manos llenas. Desde ese día hasta hoy, las redes, en mi vida, son para dar y recibir Jomari *Love* y para nada más. No las uso para ver qué están haciendo los demás, ni para ver qué hace la competencia. No las uso para ver quién tiene más seguidores, ni quién está gordo o flaco, o leer lo que dicen de mí (fiel a mi madre, yo desprecio no haciendo aprecio). Solo me meto en el Facebook o Instagram para recibir y repartir cariño y respeto. Y así, creando mis propias reglas, he logrado que esa arma de doble filo, solo tenga uno: el del amor. Amor digital.

Y, fuera de las redes, lo bueno y lo malo que arrastra la «fama» también estaba llegando a mi vida. Me empezaban a invitar a participar en otros *shows* de Univisión, y siempre la reacción de mis compañeros era la misma: «wow, qué divertido eres, qué auténtico, qué chispa tienes». Acto seguido me decían que yo era el mejor y me comparaban con otros sin que yo lo pidiera o deseara. Conforme mi popularidad fue subiendo dentro y fuera de la cadena, todo cambió. Yo ya no era tan auténtico, ni tan chistoso, ni tenía tanta chispa. Algunas personas hasta dejaron de saludarme.

—Pilar, siento un ambiente raro —le confesé a mi jefa.

—El público te quiere, preguntan por ti, y lo más importante es que tu segmento está siendo el número uno del *show* —me aclaró tajante, compartiendo todo lo que ella ya sabía de este *business*—. Ya no eres «Jomari el gracioso», ahora eres «Jomari el que les puede quitar su trabajo». Empecé dándote dos minutos al aire, ahora te estoy dando seis. Eso significa que le he cortado tiempo a alguien más, porque el *show*, no lo he alargado. Y ese alguien más no va a estar feliz.

Le agradecí el consejo y, a la vez, me invadió la tristeza.

—Pero ¿cómo voy a fingir que no pasa nada? A mí se me da muy mal eso de aparentar buen rollo cuando no lo hay —le pregunté todavía confuso.

—Muy sencillo: recuerda que el público es el que manda en la televisión, los demás son tus compañeros, no los tienes que amar, pero nunca seas maleducado con ellos. —Una vez más, Pilar me abría los ojos en este recién estrenado mundo del entretenimiento.

Intentaría recordar sus palabras y me llevaría bien con todos. Como decía mi madre: a palabras necias, oídos sordos. Y yo en eso de fingir sordera soy un maestro.

Y así llegaron los primeros Premios Latin Grammy a los que yo acudiría, ya no como comentarista invitado sino como talento de Univisión. Ese gran día, en el que todos esperaban que el «novato» se luciera (o la cagara), bajé de mi habitación del hotel en Las Vegas preparado para la batalla y crucé todo el casino para poder llegar al teatro. Al bajar por unas escaleras eléctricas, vi cientos de ojos clavados en mí, observándome y gritando mi nombre. Hasta ese instante yo solo había tenido contacto con televidentes en la calle, en grupos de dos o tres, que me paraban y me pedían una foto o un abrazo, pero jamás había estado expuesto a las multitudes. Fue un momento crítico para mí. Aunque la gente me miraba con cariño y aceptación, me bloqueé, y todos mis miedos de infancia y adolescencia regresaron galopando a mi mente. No, yo no estaba acostumbrado a recibir amor de tanta gente, y mucho menos de gente que no conocía.

La fama, lo acepto, no era tan nueva ni extraña para mí. Ya llevaba una década viviendo y trabajando junto a celebridades, y había visto de primera mano el daño que puede causar. Había presenciado cómo algunos se perdían de su realidad y se convertían en gente muy infeliz, atrapados en un mundo irreal, sin saber qué hacer. Y por eso, esa tarde bajando por las escaleras del casino, me dije: *Esto es un reto, y a partir de ahora, tengo que volver a recordar y a encontrar dentro de mí a Josemari, el niño que intenté dejar atrás el día que decidí nacer como Jomari y reinventarme. Jomari está bien, y lo quiero, pero Josemari, el niño montado en su caballo, es quien me va a mantener con los pies en la tierra.*

Al llegar al final de la escalera, la gente se me acercó y yo me dejé abrazar y estrujar por decenas de brazos desconocidos. Entre el gentío recordé también aquellas palabras que Paz Vega le dijo una vez a un

periodista que le preguntó durante una de nuestras sesiones fotográfi-
cas sobre la fama y cómo la había cambiado. «Yo nada, no he cambiado
nada; la gente a mi alrededor es la que cambia; mientras, yo intento ser
la misma».

¡Exacto! Aunque tú no quieras cambiar, la gente alrededor empieza
a verte diferente, y son ellos los que cambian, sin que lo puedas evitar.
Afortunadamente, mi familia no se ha visto afectada por estos cambios porque donde viven ni tan siquiera se ve Univisión, y no están muy
conectados a las redes sociales. Viven en su mundo, no tanto en el mío.
Aunque recuerdo que, durante unas vacaciones en México, con mis
padres y mi hermana, entramos a un restaurante donde nos recibieron
normal, sin muchas atenciones. En el momento exacto en el que me
reconocieron, todo cambió. Los meseros me sonreían más, y el encargado vino a saludarnos y nos ofreció postre gratis. Por supuesto que
toda la familia lo agradeció infinitamente, pero nos quedamos pen-
sativos, sopesando los efectos de la dichosa fama. Ese día hablamos
mucho del tema y llegamos a la conclusión de que, como dijo Paz, el
reto es seguir siendo tú mismo, aunque los demás cambien a tu alrededor. El público se enamora de ti cuando apenas eres famoso, el primer
día que te conocen, y quieren seguir viendo a ese mismo ser.

Entre mis amistades, la popularidad de mi nuevo trabajo también
causó cambios, pero por suerte no fueron drásticos. Ahora, cuando
íbamos a la tienda o al café, ya no era como antes. No debe de ser muy
agradable salir con tu amigo de siempre, y que personas te saluden
todo el tiempo. Mis queridos Alexis y Leslie, armados de mucha paciencia, se convirtieron en fotógrafos de los televidentes que, de buena fe,
y con mucho cariño, les decían: ¿me puedes tomar una foto con tu amigo? A la quinta vez que les pedían que fueran los fotógrafos, comprendo que ya no les gustara. Curiosamente, antes de trabajar en la tele, el
que pasaba desapercibido era yo. Yo era el que terminaba tomándole
fotos al guapo de Alexis con los chicos y chicas que querían posar con
él para presumir; y ni digamos de la despampanante y bella Leslie, que

con su *look* exótico se convertía en toda una atracción. Ahora eran ellos los que tenían que soportar el exceso de atención hacia mí. Al principio no fue fácil, pero nuestra amistad ha sido más fuerte y duradera que todas las tonterías que la fama arrastra a nuestras vidas. Alexis y Leslie siguen siendo mis hermanos, mi familia. Y mi querida María, mi otra gran hermana del alma, es la encargada de darme mis buenas regañadas si siente que pierdo el norte. A María le importa un comino la fama, la tele y el mundo entero, así que no duda en hacerme regresar al planeta Tierra cuando me pierdo entre las nubes.

Otros que me mantuvieron y me mantienen con los pies en la tierra, son mis clubs de fans. Obviamente, la primera reacción cuando descubres que tienes un club de fans es de infarto, porque es un regalo impresionante. Otro de esos regalos mágicos que me ha ido dejando mi abuela.

—Alexis, están usando mi nombre en otra cuenta de Twitter, no me lo puedo creer, que cara más dura tiene la gente —llamé un día a mi gran amigo, sacado de onda.

—A ver, dime el nombre de la cuenta. —Me calmó mi amigo del alma—. Pero... tú eres el que estás loco, esto es un club de fans, Jomari, no es que te hayan usurpado la identidad.

—¿¿Que qué?? —Yo no entendía nada.

Me tomó días asimilar la noticia. Ahora tenía un grupo de personas que se organizaban para escribirme cosas, defenderme cuando alguien me atacaba, y subir fotos y videos míos a las redes para ayudarme a promover mi trabajo. Y a este primer grupo de gente maravillosa y entusiasta le han seguido otros más de treinta. Clubs que aparecen y desaparecen, y algunos perduran con el tiempo, y me hacen sentir que aquel niño que corría por la cuesta de Solana para que no le alcanzaran los matones de la clase ya no está solo.

De esos primeros clubs de fans nació un chat muy divertido: #elranchodeJomari, porque, a pesar de tantas Kardashians, Madonas o Demi Moores, yo soy de rancho, nací en un rancho, y me crie en un rancho. Y ese niño que he llevado dentro y que ahora se sentía feliz con su nuevo trabajo, en contacto con la gente, siempre duerme en ese rancho, al lado de un enorme río, y rodeado de montañas.

Por ellos, por los Jomari *Lovers* que me acompañan en #elrancho-deJomari, me hago treinta fotos para que salga una buena, por ellos hago treinta videos para lograr sacar diez segundos chistosos, por ellos voy a las alfombras rojas y me arreglo y me pongo *supercool*. Mi trabajo es embellecer a los demás y hacerles sentir bien, sea a través de las redes, de la tele o de esos encuentros en el supermercado o en la puerta del cine. Y esa es mi mayor satisfacción y la razón por la que tú estás leyendo este libro hoy.

Por mis Jomari *Lovers* hago que me importe un pepino lo que digan de mí. Yo jamás he buscado en Google mi nombre, ni lo buscaré. Desde que nací, todo el mundo tenía alguna opinión que ofrecerme, cuando lo único que quería era que me dejaran en paz. Hoy por hoy, todo lo veo diferente. Parte del éxito es que la gente hable, comente de ti, que reaccionen a lo que tú haces o dices. Mi reto es entender que esa es su opinión y no siempre define quien soy. Además, ahora tengo paz en mi interior, gracias a tanta gente bella que se conecta conmigo. Lo único que leo son las notitas que mis Jomari *Lovers* me dejan a diario. Me las leo todas, y no respondo por respeto a los demás. Si respondo a una, tendría que sentarme a escribir un promedio de mil o incluso más al día. Pero las leo y doy gracias a Dios por cada una que me llega.

Para concluir este tema tan polémico de fama y redes sociales, tengo que reconocer que fui capaz de procesar la popularidad con mucha calma por dos razones: una, por todo ese cariño que descubrí en los televidentes, y dos, porque el trabajo en la televisión me llegó en el momento preciso, justo cuando yo ya había madurado lo suficiente. Igual que no hubiera podido sobrevivir a las redes sociales en mis años de adolescente, tampoco creo que la fama me hubiera sentado muy bien por esas épocas. No sé cómo hubiera reaccionado. O me hubiera muerto de la pena, o me hubiera convertido en un loco arrogante e insoportable. Solo Dios sabe.

Ahora, con todo ese Jomari *Love* que me profesaban mis Jomari *Lovers*, y con la madurez que ya había alcanzado, estaba equipado y preparado para tuits, fama, comentarios, piropos y pedradas, aunque todavía quedaban esquinas por barrer dentro de mi pisoteado amor propio.

Todavía me quedaban pendientes otra visita al quirófano, y demostrar que yo había llegado a la televisión para quedarme, que ese era mi destino. En el camino que se abría frente a mí, iba a encontrar más regalos de la abuela, e iba a perder... mucha ropa, hasta quedarme en calzones frente al mundo.

Nunca podrás evitar que la gente opine, comente o juzgue en libertad, pero serán tus acciones las que hablen de ti con su propia voz.

JOMARI GOYSO

25.

Ángeles en la tierra

—¿**P**or qué no quieres que te celebremos el cumpleaños con una fiesta a lo grande? —me pregunta siempre mi amiga Catalina.

La verdad, me cuesta trabajo explicar la razón por la que no me gusta celebrar mi cumpleaños, aunque es muy sencilla. Esa fecha siempre ha sido muy sensible para mí porque es el día en que más extraño a mi familia. Cuando despierto esa mañana, esté en Miami, Nueva York o Ciudad de México, pienso en los que me dieron la vida, y me invade una sensación rara que me llena de nostalgia.

En mi nueva vida televisiva, los días y las semanas se me pasaban volando, viajando de aquí para allá, y entre aviones y entrevistas, se me olvidaba hasta el mes en el que estábamos. Por esos días, Pilar me dijo que teníamos que ir a grabar a Chicago historias para «A la Moda con Jomari». Le dije que sí, que estaba disponible, y después me di cuenta de que justo ese día era mi cumpleaños. *Bueno, no importa, mejor pasarlo como si nada, y no decirle a nadie, así no lo tendré que celebrar*, pensé de camino a la ciudad de los vientos. La muerte de mi abuela estaba todavía reciente en mi mente, y trabajar me distraería. Además, qué mejor regalo para mí que regalarle a alguien más un cambio de imagen.

Al llegar a Chicago, ya sabía a quién íbamos a sorprender. La habíamos conocido en Nueva York, en la alfombra de Los 50 más bellos de *People en Español*. Nos dijo que soñaba con que le hiciéramos un cambio de *look*, pero jamás se imaginó que llegaríamos a su casa en Chicago y llamaríamos a su puerta.

Según subíamos las escaleras hacia su apartamento, me dio esa sensación de que no estábamos solos, y que una presencia superior nos acompañaba. No sé cómo explicarlo, pero es un sentimiento de paz inmenso, y de un calor agradable en el pecho que te indica que tienes compañía de la que no se ve.

—¡No, no puede ser, no puede ser! —Mi ángel de Chicago (porque así la llamaremos en esta historia), no podía controlar los gritos de la alegría cuando nos vio entrar.

Una vez en la sala, no pude dejar de mirar un cuadro que colgaba en la pared junto a la televisión. Era el retrato en blanco y negro de una señora mayor, pero yo solo veía el rostro de mi abuela. Mientras mi ángel de Chicago comenzaba a contarme toda su historia, mis ojos seguían fijos en el cuadro.

—Perdona por interrumpirte —le dije en medio de nuestra entrevista—. ¿Quién es esa mujer que se parece tanto a mi abuela?

—Mi abuelita, que en paz descanse —me dijo mi ángel con los ojos llenos de recuerdos y cariño hacia esa mujer de la fotografía.

¡El parecido entre ambas abuelas era de escalofríos! Sin poder contenerme, esta vez el que se puso a llorar fui yo, con lágrimas enormes, de esas que no puedes ocultar ante la cámara. Mi ángel de Chicago se levantó y me abrazó; no fue necesario cruzar palabra. Ella me entendía y yo a ella. El amor de las abuelas es un idioma universal que todos entendemos a la perfección.

Mi ángel de Chicago me contó cosas maravillosas de su abuela, y de cómo sentía que la acompañaba en los momentos difíciles por los que estaba pasando. Su hija estaba muy enferma, era mamá soltera y trabajaba muy duro para salir adelante, pero el recuerdo y la presencia del espíritu de la abuela la reconfortaba.

Esa tarde, hablando de nuestras abuelas y su magia, le alisé su cabello rizado y luego se lo estilicé en unas ondas suaves. Para terminar nuestra transformación la vestimos con un traje muy Dolce Gabbana, con detalles en oro y estampado animal que la hicieron sentir la mujer más seductora del mundo. Pero lo más sorprendente de esta aventura sucedió al despedirnos. Antes de salir del apartamentito, le di un último vistazo al cuadro de la sala. ¡La abuela de la foto no se parecía en nada a mi abuela Rosalía! Me froté los ojos, y volví a mirar. Nada, que no se parecían. Ahí es cuando entendí que ese había sido el verdadero regalo de mi abue: el día de mi cumpleaños ella lo había pasado conmigo a través de la casa y las historias de mi ángel de Chicago. Esa tarde me quedó claro que, aunque abue no estaba ya físicamente presente, no me había abandonado, y siempre la encontraría y la sentiría entre todos esos ángeles terrenales, esas mujeres luchadoras y valientes que llamaban para que fuéramos a quererlas y mimarlas, aunque fuera solo por un día. Mi abuela estaba con ellas y conmigo.

Y es que, después de más de una década repartiendo Jomari *Love* entre las modelos y artistas, ahora lo podía repartir entre las mamás, las maestras, las abuelas y las hijas, y la satisfacción era infinitamente mayor. El segmento «A la Moda con Jomari» iba creciendo en popularidad gracias a todos estos ángeles que llegaban a mi vida para recordarme el gran mensaje de mi abuela: la belleza es el alma. Y nosotros, con la excusa de un cambio de imagen, lo que lográbamos era devolverles la fe. Con un simple corte de pelo y un vestido de moda lo que les ofrecíamos era amor, Jomari *Love*, ese amor y esa clase de atención que todos necesitamos para volver a querernos un poquito. Yo sé que un vestido nuevo y un nuevo maquillaje no te cambia la vida; lo que te transforma es el gesto de que alguien que no conoces llega a tu casa, te dedica su tiempo, escucha tu historia y te da un abrazo. Esa era mi verdadera terapia. Con ese abrazo, y con la excusa del corte de pelo y el vestido, les devolvía la fe que algún día perdieron, por cosas de la vida.

Recuerdo otra historia en la que íbamos a sorprender a una mujer de unos cincuenta años que era soltera y sin hijos, y que quería sentirse más joven y cambiar de estilo. La cita sería en Las Vegas. Me enviaron fotos el día antes, y me llamó la atención que llevaba el cabello teñido de un amarillo fuerte, amarillo chillón, que ni siquiera se podía llamar rubio. De inmediato me la imaginé de castaño claro, y lo mucho que los tonos café clarito iban a suavizar sus facciones. Cuando vi que la mujer cubría tanto quién era con ese color de pelo y tanto maquillaje, y unas enormes uñas postizas, lo primero que me vino a la mente fue: ¿qué intenta encubrir, ¿qué está ocultando, o de qué está huyendo? Esa es mi forma de ver la belleza, siempre aplicando algo de psicología, porque nadie transforma su imagen por gusto. Siempre hay una historia detrás.

Cuando llegamos a sorprenderla en el restaurante donde se encontraba, nos encontramos con una mujer muy alegre, chistosa, pícara y que desde fuera parecía que lo tenía todo. Mi ángel de Las Vegas, porque así la vamos a llamar por discreción y por respeto, comenzó a contarnos su historia, desde que dejó Cuba, y aunque tuvo varios novios, no se llegó a casar. Pero yo, lo único que escuchaba en mi cabeza era: *Ella es madre*. Ese mensaje me llegaba como un instinto, una corazonada. Es esa voz que llevamos todos dentro y que muchas veces nos dice cosas diferentes a las que nos están contando.

—¿Has sido madre? —la interrumpí varias veces con la misma pregunta.

—No, pipo, no, no he tenido hijos, pero quiero a mis sobrinos como si fueran míos, y los cuido y los mimo —me respondía mi ángel de Las Vegas sin darle mucha importancia al tema.

—¿Y nunca has querido ser mamá? —me atreví a preguntarle más directamente.

El silencio fue estremecedor, y pude ver el dolor en su rostro. La máscara de alegría con la que nos había recibido se tiñó de oscuro. Al cabo de diez largos y eternos segundos, me contestó con el corazón en la mano:

—Sí que concebí un hijo, pero nunca llegué a ser mamá porque aborté. Tenía solo catorce años y muchos problemas. Han pasado exactamente treinta y seis años, y no hay día en el que no despierte y le pida perdón a ese niño.

Esta vez el abrazo se lo di yo, un abrazo sincero. No sé cuántos minutos nos quedamos pegados el uno al otro, porque no teníamos prisa en soltarnos. Si iba a cambiarle el color del cabello y el color del labial, bien podía tomarme todo el tiempo del mundo para cambiarle, aunque fuera solo un poquito, esa tristeza del alma por unos momentos de apoyo y comprensión. ¡Los zapatos de marca y el nuevo bolso podían esperar! Además, y aunque suene loco, sentí que a través de ese largo abrazo, nuestra ángel estaba encontrando ese perdón que por tantos años había esperado. Yo no era quien la perdonaba, yo era simplemente el vehículo para que esa energía se diera.

Nuestro ángel de Las Vegas se quedó eternamente agradecida de su nueva melena castaña, cálida, de su nuevo maquillaje suave y su vestido azul ceñido, pero sobrio. Pero estoy seguro de que, hasta la fecha, ella se acuerda más de ese abrazo que de su cambio de *look*. Esos abrazos son los que embellecen el alma, y el alma es la verdadera belleza.

Y a ese abrazo de Chicago y al de las Vegas, le siguieron muchos otros en Houston, San José, Miami y Phoenix. Hasta Honduras, El Salvador, Puerto Rico, República Dominicana, y México, por supuesto. Sin quererlo ni planearlo, los propios televidentes comenzaron a usar este término y a ponerlo en etiquetas en sus redes sociales: #JomariLove. La audiencia también se había dado cuenta de que no solo cortábamos pelos y regalábamos zapatos. A través de un segmento de televisión que a simple vista puede resultar simpático o incluso chistoso, la magia del amor surtía efecto, y la fe en uno mismo regresaba, aunque fuera por unos días.

Con todo ese Jomari *Love* y con cada una de las historias que me contaban todas esas increíbles mujeres, también empecé a comprender muchas cosas de mi propia vida. La terapia que yo repartía me estaba haciendo efecto a mí, finalmente. A través de esos ángeles terrenales y luchadores, estaba aprendiendo a quererme a mí mismo un poquito más. Era y es una verdadera terapia a dos bandas: sana a ellas y me sana a mí.

Las modelos, actrices y celebridades, a las que siempre les estaré inmensamente agradecido, me habían enseñado cómo poner en práctica esta terapia del Jomari *Love*, sin lugar a duda. Sin ellos, sin los famosos, no hubiera llegado donde estoy. Mi carrera de estilista y todos esos artistas tras los que se esconden grandes seres humanos, me habían dado las primeras lecciones. Pero las lecciones finales, mi maestría en amar el alma y ver la verdadera belleza que es el alma, me la estaban dando todos estos ángeles terrenales que caminaban por las ajetreadas calles de Los Ángeles, o de Chicago, o de San Antonio, o de Las Vegas. Estos ángeles sabían ver la verdadera belleza y abrazarla sin titubear.

Hasta la fecha he realizado más de trescientos sesenta reportajes de «A la Moda con Jomari». Eso significa más de trescientos sesenta cambios de imagen a centenares de mujeres que necesitaban con urgencia recuperar la fe. En todas esas pequeñas historias, lo digo con humildad, yo solo fui el mensajero. Yo solo iba y llamaba a sus puertas, pero era Dios el encargado de elegir cuáles, de entre los cientos de mujeres que nos escribían y siguen escribiendo a diario. Dios, y solo Dios, las escoge y me las pone en el camino, porque no se trata de moda y estilo, sino de fe. La fe que yo ahora también tengo, gracias a todos esos ángeles en la tierra, y el ángel que más me cuida desde el cielo, mi abuela.

La belleza es una
excusa para llegar y
abrazar el alma.

JOMARI GOYSO

26.

Nuestra Belleza Latina

—Pilar, ya llevo tres años en Primer Impacto y siento que necesito hacer más cosas, crecer, explorar —le dije en una de nuestras conferencias semanales a mi jefa.

Mi segmento «A la Moda con Jomari» iba viento en popa, pero yo sentía que podía hacer mucho más. Aunque viajaba bastante y conocía gente maravillosa allá donde iba, mi vida seguía atada al salón en Los Ángeles el resto de la semana. Lo que me pagaban por cuatro segmentos al mes en la televisión no me alcanzaba ni para mis calzoncillos de marca.

—No, Jomari, porque si te embarcas en más programas y más proyectos te vas a distraer, y «A la Moda con Jomari» va superbién, es uno de los segmentos más vistos en Primer Impacto —me contestó mi jefa, lógicamente preocupada por su programa.

—Sí, pero siento un agobio interno y necesito hacer más cosas —le insistí—. Mira, si me sueltas, nunca dejaré Primer Impacto, porque soy fiel. Ante todo, te seré fiel.

¡Y me dijo que sí! Pilar, siempre con su sabiduría de la vida, me dio luz verde y una semana después me llamaron del departamento de entretenimiento de Univisión para invitarme a participar como juez de un concurso en el programa de Don Francisco.

—¿En Don Francisco, en serio? —les pregunté emocionado.

—Sí, es muy sencillo, solo tienes que dar tu opinión sobre las concursantes —me aclaró una de las productoras sin rodeos—. Pero te quiero advertir que, a Don Francisco, o le gustas o no le gustas a la primera, así que tú solo intenta ser real, ser tú mismo.

Y así, con esa presión de «le gustas o no le gustas», me la iba a jugar a una sola carta: la honestidad. *Hmm, bueno, esa carta la sé jugar muy bien, la llevo jugando toda mi vida.* Pensé para tranquilizarme.

Grabamos ese concurso con Don Francisco, quien se portó como un caballero, aunque nunca supe si le gusté o no, porque en este negocio rara vez te dicen a la cara lo que has hecho bien. Simplemente lo sabes porque te siguen invitando, y eso es lo que precisamente hizo Don Mario: me llamó en muchas otras ocasiones, y volví a su *show* siempre que me lo pedía.

Al poco tiempo de participar en Don Francisco, recibí otra grata llamada de teléfono. Era Sandra Smester, vicepresidenta de Univisión en aquel momento.

—Quiero que presentes el *show* de Camino a TVyNovelas —me anunció sin mucho preámbulo.

—Pero yo no creo que pueda hacer eso... —le confesé aterrado. Todavía no controlaba lo de leer *teleprompters*, y presentar todo un *show* me dio miedo.

—Claro que puedes, confía en mí. —Y con esas palabras, Sandra se convirtió en mi nueva hada madrina, en esa nueva mujer que añadir a mi lista de seres maravillosos que veían en mí lo que yo no podía ni tan siquiera imaginar.

Camino a TVyNovelas fue un éxito. Lo presenté desde el Zócalo, en México, y aunque todo iba saliendo bien, en mi cabeza nada estaba funcionando. Yo miraba a Sandra, y ella me decía con los ojos: «Bien, vas bien, tú no te preocupes». Los *ratings* fueron muy buenos, pero aún así, yo me quedé con la sensación de que todavía me faltaba mucho por aprender. Ser presentador es muy diferente a dirigir un segmento de moda.

Y de TVyNovelas a Mira Quién Baila. Me llamaron para ver si podía colaborar con ese *show* que estaba levantando mucho en popularidad.

—No, no creo que puedas hacer nada en este programa, pero te voy a tener en mente para otro proyecto. – Me dijo Nelson Ruiz, el productor.

De esa reunión salí con cara de *whatever*. Es muy típico en este negocio que te hablen de proyectos que no existen ni nunca existirán. Será porque el entretenimiento es pura fantasía, pero de fantasías no se vive. Tuvo que pasar un año hasta que Nelson me volviera a llamar para ese «proyecto» del que me habló.

—Quiero que hagas la Jomari terapia en Nuestra Belleza Latina —me dijo sin esperar mi respuesta—. Ven la semana próxima a las audiciones para que veas cómo funciona todo, y te familiarices con el *show*.

Con esa llamada cambió mi carrera. Fue esa oportunidad la que me impulsaría más allá de mi segmento semanal y me pondría a otro nivel. En Nuestra Belleza, mi trabajo sería entrevistar a las concursantes y descubrir las historias tras sus físicos y sus *looks*.

Con mi Jomari *Love*, y con mi interacción con las concursantes, los productores de Nuestra Belleza Latina pronto se percataron de que yo aportaba otro concepto y otra visión de lo que es el físico y de lo que es la belleza. Una visión que chocó de inmediato con la de Osmel Souza. Osmel representa la forma de pensar de mucha gente, y yo coincido con las opiniones de la nueva generación, que sin duda tiene una manera diferente de ver la vida. De ahí surgió ese amor y odio entre el legendario venezolano y yo. Aunque al aire lo llamaba abuelito y bisabuelo, y a él no le sentaba muy bien, porque cree que posee el secreto de la eterna juventud, nuestra relación era y sigue siendo una relación de rivales que se quieren.

Tanto los nuevos compañeros, como las concursantes de Nuestra Belleza llegaban a mi vida a darme grandes lecciones y a ayudarme a crecer. Una de esas grandes lecciones fue la de la paciencia y la
humildad. ¡Qué difícil es controlar ese ego que todos llevamos dentro,
y superar las adversidades y el rechazo! Fue durante estos días cuando
sucedió ese terrible capítulo del «juez destronado», del «juez que ya no
era juez», y del mayor ridículo que jamás me ha tocado vivir en un set.
Pero nada mejor que te destronen para lograr domar ese ego y hacer tu
autoestima a prueba de bombas.

Todo empezó cuando, una semana antes de comenzar el *show*,
uno de los jueces no iba a estar a tiempo para grabar los dos primeros
programas, porque todavía no había firmado el contrato. A Nelson se
le ocurrió que yo debería sustituir al otro invitado en esos dos *shows*
como juez, porque yo ya conocía a todas las chicas muy bien. No me
había perdido ninguna audición y había hecho mi tarea de tomar notas
y observar.

En mi primer programa como juez, me sentí de maravilla. Esa silla
estaba hecha a mi medida. Yo adoraba a las chicas y me sentía muy
cómodo con el tema. Fui capaz de expresarme libremente, como quería, y hablar de mi visión tan personal de la belleza, aunque, sin darme
cuenta, generé mucha controversia. Por primera vez alguien hablaba
de la belleza sin referirse al físico, rompiendo estereotipos y patrones
que para muchos eran la «biblia de los concursos». Curiosamente, fue
esa controversia lo que me hizo conectar con el público, para sorpresa
de algunos.

Además, en esos dos primeros *shows* como juez, descubrí que se
podía ser honesto y constructivo a la vez. Yo siempre intentaba opi-
nar, pero dando ideas de cómo mejorar. Solo criticaba lo que veía que
las chicas podían cambiar, para guiarlas en su crecimiento durante las
diferentes pruebas y etapas del concurso. ¡Para qué criticar lo que es
imposible cambiar en nosotros! Eso solo hace daño y no nos conduce
a ningún sitio. Criticar lo mejorable era lo que había hecho toda la vida

con los artistas. Cada vez que bajaban del escenario o terminaban una entrevista en cámara, me pedían mi opinión, y yo les daba mi crítica con la honestidad que me solicitaban. Pero solo me enfocaba en aquellas cosas que estaban a su alcance poder mejorar o cambiar. Con el tiempo, y sin darme cuenta, yo ya había aprendido que la honestidad no es decir lo que piensas, sino decir lo que crees que le puede ayudar a la otra persona a crecer y mejorar. En esa silla de juez de Nuestra Belleza Latina, me quedó más claro que nunca que lo que no se puede cambiar, no se debe ni tan siquiera mencionar; y creo que el público me entendió a la primera, porque las redes sociales se dispararon, y eran miles los que agradecían esa terapia televisiva.

Al tercer *show*, llegó el nuevo juez titular, y me regresaron a mi segmento donde entrevistaba a las chicas, al cual el público terminó llamando la Jomari-terapia. Yo soñaba con quedarme en esa silla de juez, donde sentía que podía aportar más cosas, pero me resigné y regresé agradecido a mi otro papel.

Entonces, otra de esas llamadas misteriosas de los ejecutivos de Univisión llegó de la nada.

—Hola, soy Alberto Ciurana. —¡Era nada menos que el presidente de entretenimiento de Univisión! —Te llamaba para comunicarte personalmente que vuelves a ser el juez de Nuestra Belleza Latina, empezando este domingo. La audiencia te quiere, y creo que te lo has ganado.

Casi me muero de la ilusión. Me sentí como niño en feria de pueblo. Mi deseo de regresar a la silla de juez se veía cumplido. Cuando recibí esa llamada estaba en la alfombra roja de los Premios Soberano en Santo Domingo, y a mi regreso pasé por Miami y me fui de compras. Me compré aquel traje azul carísimo de Tom Ford con los ahorros que me quedaban. Como dije, se lo debía al público que fue quien me puso de vuelta en esa silla. La audiencia pidió mi regreso, y los ejecutivos se guían simplemente por lo que funciona y lo que no funciona. Yo debía de funcionar ahora, con mi mejor *look* y mis mejores galas. Y cuando llegó la hora del *show*, llegó la hora del gran ridículo, de esos ridículos que te enseñan a ser más fuerte. Porque, justo cuando el técnico de sonido me estaba conectando el cable y la cajita del micrófono, escuché esa frase funesta:

—¿Por qué le pones ese micrófono? Ese es para los jueces.

Y así fue como me destronaron antes de coronarme. No iba a ser juez, y nadie me había avisado del cambio de última hora. El corazón, el alma, el ego, los calzoncillos, todo se me cayó al suelo. Sentí un verdadero deslave en mi pecho, todo se desmoronaba y caía al vacío, mientras salía del set con la cabecita bien bajita y mi traje de cuatro mil dólares. No soy el típico que se va a quedar a discutir o a responder groserías. Con los años ya había aprendido que el silencio era mi mejor aliado. Igual que hacía cuando me insultaban en clase, y yo miraba para el otro lado, pretendiendo que no había oído nada. Esta vez, sin embargo, el *shock* fue tan fuerte que las lágrimas me empezaron a brotar. No sabía a quién preguntarle qué estaba pasando, si es que se trataba de un malentendido o de una broma pesada. Mientras veía a productores, asistentes y técnicos correr de un lado para otro, no sabía en quién podía confiar, y quién podía ayudarme sin luego ir con el chisme a medio mundo de que me habían dejado plantado como árbol.

Mientras me escondía en un rincón, para hacerme invisible, otro de mis grandes trucos cuando suceden cosas que no me gustan, me llamó una de mis jefas, Sandra Smester, y le conté lo sucedido.

—Controla tu ego de una vez. Estas cosas suceden y no te las tomes personales. La televisión es una democracia y es el público quien decide al final —me dijo dándome una dosis de amor del duro—. Si el público te quiere ahí de juez, ni mil ejecutivos ni mil productores te podrán detener, sean cuales sean sus razones. Dale tiempo al tiempo.

Gran lección que todavía tengo presente hoy. Ese día aprendí, a las duras y a las maduras, que en el mundo de la televisión te quitan para poner a un amigo, a un amante, o a un vecino, o te quitan porque no le caes bien a otro talento, o porque creen que no vas a funcionar, o no creen en ti. Pero el público será quien tenga siempre la última palabra.

—Ahora, componte, sonríe, y sal allá afuera a hacer tus entrevistas con las chicas —me animó mi jefa antes de colgar—. Si estás triste porque te iban a dar tres minutos para hablar, bueno, ahora solo te van a dar treinta segundos. Tienes exactamente medio minuto para brillar. Sal y a ver cómo te las ingenias.

Repitiéndome esas palabras en la cabeza, entré al set de nuevo y sonreí a todos.

—¿Dónde estabas? Te llevo buscando quince minutos —me gritó otra de las productoras.

—En terapia intensiva, pero ya estoy aquí —le contesté en broma, pero en serio.

—Corre, que el jefe te quiere ver —me apremió la productora, señalándome el camino a la oficina de Nelson.

—He tenido una idea —me dijo Nelson, mientras volaba de aquí para allá, ultimando detalles antes de comenzar el *show*—. El público te dice «La Voz del Pueblo», lo están coreando desde las gradas, así que te voy a poner a partir de hoy entre el público, y después de que los jueces comenten sus opiniones, tú das la tuya, representando a la audiencia.

Esa tarde de domingo, salí, me situé entre el público, e inicié una etapa más en mi carrera: la de La Voz del Pueblo en Nuestra Belleza Latina. Pero lo más importante, aprendí la lección más grande de humildad dentro de la profesión, y lo hice bien calladito.

El drama detrás de las cámaras no es fácil de sobrellevar, y de esta lección ya han pasado tres años. Entendí que nada es personal en esta profesión, y que es simplemente parte del *show business*. Luego, con el tiempo y conforme llegaban los reportes de audiencia o los *ratings*, se confirmaron las sabias palabras de Sandra: el público es quien decide. Durante mis intervenciones, los números subían. Sandra tenía razón: la televisión es una democracia en la que el público vota y gana. Y yo salí ganando, porque mi personaje tomaba más fuerza.

Con el protagonismo también empezó a llegar más responsabilidad, más exigencias y más tensión. Es típico en todo trabajo. Si vas subiendo, la gente espera más de ti, y te aprietan más las tuercas. En pleno *show*, en vivo, el jefe me daba más y más órdenes, por el sistema de audio que llevamos escondido en la oreja. «Da tu opinión, pero no comentes las de los jueces». Me decía en plena intervención. «No mires a los jueces, mira a la concursante». «Ya no queda tiempo, di algo muy rápido». A la cuarta semana, decidí sacarme el aparatito de la oreja, y no escuchar más esas voces que me volvían loco.

—Oh, oh, ya no escucho lo que me dicen —anunciaba al público, mientras me sacaba el aparato y lo dejaba colgando sobre mi hombro.

La audiencia aplaudía, y a los productores casi les daba un infarto. Mi rebeldía ganaba esta y otras pequeñas batallas, porque sabía que, si me dejaba cambiar, la gente ya no me querría. Al final de cuentas, la tele es importante si tienes audiencia que te vea. Si no, como diríamos en mi pueblo, «apaga y vámonos».

Al final de esa primera y difícil temporada, terminamos Nuestra Belleza con excelentes números, y Alberto Ciurana me dio la noticia:

—Enhorabuena, te has ganado ser juez en la temporada siguiente.

—¿De veras? —le pregunté con temor a que fuera otra confusión como la vez anterior.

—Esta vez es de veras. Lo que es tuyo es tuyo —me aseguró con un apretón de manos.

La siguiente temporada de Nuestra Belleza fue mágica. Fue el año en el que ganó Francisca LaChapelle, y de ahí nació otra hermana para mí, y una gran amiga para el público. En esa segunda temporada también nació un Jomari un poco diferente. Ya no era un simple crítico de moda que a veces podía ser duro con sus juicios. Ahora ya no me daba miedo mostrar mis sentimientos en cámara, y regalarles a las chicas todo mi Jomari *Love*. Además, me sentí muy orgulloso de que Francisca fuera la reina ese año, la primera ganadora de color en este *show*. En general, el concepto de belleza tiende a ser racista, y en contra de muchas opiniones, yo le di mi voto a ella porque vi que tenía el don y el talento de transmitir y comunicar. Nuestra Belleza no es un concurso donde solo importe el pase en bikini. Es un *show* que busca a la siguiente gran estrella de la televisión. Obviamente tienen que ser bellas, pero deben de tener algo más y Francisca tenía ese «algo más» y otras diez cosas interesantes y únicas que la hacían destacar.

Creo que esa temporada de Nuestra Belleza fue uno de los momentos más satisfactorios de mi carrera porque justo en esa época descubrí otra gran verdad en mi vida: la gente necesitaba sentirse bella porque si no, no podían ver la belleza de los demás. Mientras observaba en las redes sociales cómo los seguidores de una concursante criticaban a los otros y viceversa, comprendí que solo quien se siente feo no puede ver la belleza en el rostro ajeno. Y, como socialmente todos nos sentimos más o menos feos, nos cuesta ver la belleza en los demás, aunque sea obvia. Por eso decidimos meternos en las redes y criticar, herir, insultar, porque no nos queremos, no nos gustamos, y lo proyectamos en los demás. «Quien no se siente bello, no puede ver la belleza». Ese poderoso mensaje fue mi regalo, otro regalo que la abuela me dejaba en el camino, esta vez en el *show* de Nuestra Belleza. Otro regalo para cumplir el destino y los retos que Dios me había puesto delante.

El siguiente reto se llamaría Sal y Pimienta, y vendría a mi vida a cambiarme de ciudad y a darme el empujón final para convertirme en comunicador profesional. En esos años ya había pasado de colaborador a juez de concursos. Me faltaba por conquistar la silla de presentador, y si era parte de mi destino, iba a suceder.

Yo, aunque ya llevaba cuatro años trabajando para Univisión, seguía viviendo en Los Ángeles. Un día a la semana grababa mi segmento de «A la Moda con Jomari» para Primer Impacto, y de viernes a lunes volaba a Miami para participar en Nuestra Belleza Latina. El resto de los días continuaba trabajando en el salón de Beverly Hills para poder pagar mis facturas. La televisión no es tan glamorosa como la gente cree, especialmente a la hora de añadir ceros en los cheques. Lo que ganaba en una hora en mi salón, atendiendo a una clienta, era lo que me pagaban por todo un día de trabajo frente a las cámaras. La matemática no engaña, pero yo tenía un sueño y sentía que mi destino estaba ahí ahora, en la televisión, aprendiendo tantas cosas de la audiencia, y descubriendo tantos regalos de la vida. Para que los números cuadraran, vendí el Porsche Cayenne y me compré un Prius, y poder ahorrar en gasolina, seguros y reparaciones. Economicé en ropa y le bajé a las vacaciones y cenas de lujo. No podía derrochar nada. Sin embargo, llegó un momento en el que tuve que echar mano de mis ahorros, de esos ahorros que inicié con una promesa cuando me vi forzado a dormir en el tejado del salón. Los Ángeles es una ciudad carísima, y pronto vi esa cuenta de ahorros encogerse, hacerse más y más chiquita. Me la pasaba en un avión, y en cuanto pisaba suelo en Los Ángeles me iba a recuperar algo de dinero al salón, aunque fuera a las seis de la mañana o a las doce de la noche. Mis clientas queridas se acomodaban a mis horarios tan sacrificados, todo por no perder ese Jomari *Love* que compartíamos juntos hacía muchos años.

—Lo siento, pero ya no puedo seguir con este ritmo —le dije a uno de mis jefes de Univisión por teléfono—, me estoy quedando sin ahorros.

Dos semanas más tarde, mis súplicas fueron escuchadas, porque ese mismo jefe me llamó para ofrecerme ser presentador de Sal y Pimienta, el programa sobre celebridades de la cadena. Ya había estado de invitado muchas veces y siempre había funcionado muy bien.

—Te haremos un contrato de exclusividad con Univisión, pero con una condición —me anunció el jefe, pensando que yo no aceptaría—, te tienes que mudar a Miami.

—¡Claro que sí! —le contesté viendo la respuesta muy clara frente a mis ojos.

—¿De verdad que vas a dejar Hollywood por Miami? —El jefe quiso asegurarse de que no le había contestado por contestar.

—La vida va y viene, y yo ya cumplí mi ciclo en esta ciudad. Es hora de hacer maletas y mudarme, lo he hecho siempre, desde que tenía trece años —le confesé, muy seguro de que el destino me estaba marcando un nuevo rumbo.

En pocos días, tenía todo empacado en mi apartamento, listo para dar el gran salto a la costa este. No resultó tan fácil echar el último vistazo a esas paredes sobrias y humildes que me arroparon durante trece años. Mi primer y único hogar en Los Ángeles.

Luego me tocó ir a recoger todas mis cosas del salón. Ahí, la sensación de vacío me invadió por completo. Vacía quedaba esa silla en la que tantas grandes mujeres se habían sentado, me habían confesado sus más íntimos pensamientos, y habían depositado su imagen y confianza en mis manos. Vacío se quedaba ese tejado que me sirvió de cama, y ese cajón donde guardaba mis mejores armas: peines, secadores y tijeras afiladas.

Con todo en cajas y sin despedirme de nadie (como dije, las despedidas no son lo mío), solo me faltaba pasar por el banco y cerrar mi cuenta de ahorros. ¡Y cuál fue mi sorpresa al ver el saldo final! *Novecientos dólares. Solo me quedan novecientos*. Pensé, entre el miedo y la confusión. *Otra vez estoy jodido. Aquella vez fue con ochocientos, hoy novecientos. ¿Cómo voy a hacer para empezar mi nueva vida en la Florida?* Regresé por mis dos maletas y dejé el resto de las cajas para el camión de la compañía de mudanzas, que pasaría al día siguiente. Gracias a Dios, eso, por suerte, me lo había pagado Univisión como parte del acuerdo.

Ahí vamos, Miami, me di ánimos cuando despegó el avión rumbo a mi nuevo hogar, *otra vez a empezar casi de cero, con novecientos en el bolsillo y miles de sueños en el corazón. A ver en qué tejado termina esta historia.*

La vida te encamina con golpes fuertes, y solo con el paso del tiempo entiendes el porqué.

JOMARI GOYSO

27.

Novecientos dólares y un millón de sueños

Aterricé en Miami como tantas otras veces había hecho por los últimos tres años, pero ahora era para quedarme. Y al principio me hospedaría en un hotel que me ofrecía Univisión.

En mis sueños, yo siempre me había visto viviendo en una montaña entre árboles, con un río al lado, rodeado de caballos, o en lo alto de un rascacielos, divisando el horizonte, y observando cada día el ciclo de la vida a través del sol. Con o sin dinero, el segundo deseo se me cumplió. Es la magia de Estados Unidos: sin un peso en la cartera, pero con un buen contrato y un buen crédito, te dan lo que pidas. Y yo pedí mi lugar con vistas al mar y al cielo. Con la ayuda de mi amiga y hermana Catalina Maya, la imponente *top model* colombiana que conocí cuando trabajaba para revistas, encontré un apartamentito donde dejar mis maletas y empezar a crear nuevo hogar.

Y, sin perder tiempo, me fui a reunir con el productor ejecutivo de *Sal y Pimienta*, Alex Rodríguez, a quien ya conocía de las múltiples veces que había estado de invitado en el *show*. Esta sería nuestra primera cita como jefe y empleado. Alex era un hombre carismático, muy creativo y honesto, quien, como yo, no tenía ningún problema en decir lo que pensaba. Entré en su oficina todo emocionado y no pasó mucho tiempo cuando me dijo en tono serio y muy tranquilo:

—Te voy a ser sincero, no siento que sirvas para este trabajo y no creo que puedas hacerlo.

¡Bum! ¡Bam! ¡Bum! Así sonaban los pedazos de mi autoestima al romperse y estallar en mil pedazos en mi corazón. Y esa voz traicionera que todos llevamos dentro, se arrancó en gritos: *¿Ves? lo sabía, yo no valgo para esto... esto no es lo mío... para qué me vine a Miami... qué gran error... nunca lo lograré... no me quieren...* De los nervios y de lo tensa que resultaba la situación, se me escapó una risita tonta. Alex me miró fijamente y también comenzó a reír, con esas risas flojas que surgen cuando nadie sabe qué decir.

Esa noche llegué a casa destrozado, y ni las espectaculares vistas de mi nuevo balcón me pudieron sacar del pozo oscuro en el que me hallaba. El teléfono sonó y contesté sin ganas.

—Joche, qué ilusión, felicidades, vas a arrasar. —Era otra de mis hermanas del alma, Danna García, la actriz colombiana, que quería ser la primera en felicitarme por mi nuevo trabajo.

Silencio total.

—Joche, ¿qué te pasa, estás ahí? —Danna pensó que se había cortado la llamada, y yo sin poder articular palabra.

Con el poquito aire que me quedaba, logré contarle lo que me había dicho mi jefe.

—Creo que me han dado este trabajo esperando que falle y así tener una excusa para deshacerse de mí —le confesé aturdido, intentando razonar por qué un jefe le diría eso a un nuevo empleado al que él ha tenido que dar el visto bueno para su contratación.

—Mira, Joche —me animó Danna—, primero, no sabemos si a tu jefe otro jefe de más arriba le obligó a contratarte, eso sucede mucho, dale tiempo para que te conozca, y segundo, no esperes que la gente aplauda todo lo que tú hagas. Vas a tener que demostrar lo que vales cada día, así es este trabajo. Además, si has llegado hasta ahí es porque alguien sabe que puedes hacerlo. Esto de la tele es un negocio, y los ejecutivos nunca quieren perder; ellos siempre apuestan a ganar y alguien decidió que tú eres caballo ganador, y por eso te pusieron en Sal y Pimienta, y punto.

Danna siempre ha sido una de las mejores consejeras en mi carrera, desde el día que la conocí durante un reportaje para la revista *Hola* en Los Ángeles. Ya llevamos más de quince años de verdadera amistad y de esa hermandad tan especial que nos une a pesar de las distancias. Así que, con sus palabras muy presentes, guardé mi adolorido ego en un cajón, y me armé de valor. Comencé a estudiar el uso de *teleprompters*, y a leer en voz alta a todas horas, como loco. Tenía que practicar algo a lo que no estaba acostumbrado. Hasta entonces, mis intervenciones en cámara habían sido siempre improvisadas, *ad lib*, como se dice en la jerga televisiva. Ahora, como presentador de Sal y Pimienta, tendría que leer textos largos en esas pantallas que llaman *teleprompters*, y donde las palabras van pasando a veces rápidas, a veces lentas, y tú tienes que leerlas con naturalidad, y sin perderte ni un segundo. Recuerdo que, en mi afán por aprender y demostrarle al mundo que no se habían equivocado dándome ese trabajo, leía en voz alta hasta en el gym, aunque la gente me miraba como se mira al loquito que habla solo por la calle, mientras yo repetía frase tras frase como si estuviera en el set.

Todavía no habíamos empezado a grabar el primer *show*, y ya solo me quedaban quinientos dólares en el bolsillo. No iba a cobrar mi primer cheque hasta final de mes, como es lógico, y en esa situación tan «apretada», llegó el camión desde Los Ángeles con todas mis cosas. Eran las doce de la media noche, y los cinco empleados de la compañía de mudanzas sonrieron cuando me vieron y me reconocieron de la televisión. Sus ojos decían: propina, propina, porque este tipo trabaja en la tele y es famoso. Y el signo del dólar no se hizo esperar.

—Oh, ¿sabes? En el contrato no decía que tenías un escalón antes de llegar al elevador, y eso cuesta más dinero —me informó el que parecía ser el encargado.

—Ok, aquí tienes —le dije resignado, dándole cincuenta dólares.

—Oiga, mire, nosotros no tenemos por qué subir este sofá... —me comentó otro.

Y así, diez aquí, cuarenta allá, al final de la noche me quedé solo en el apartamento, rodeado de cajas, y con solo doscientos dólares en mi mano mientras que los hombres llegaban a sus casas y les decían a sus esposas: «Ese Jomari de la televisión es un sinvergüenza, tiene todo el dinero del mundo y se hacía el loco para no darnos propinas, y ahí nos tuvo trabajando hasta las dos de la madrugada». La verdad, me daban ganas de irme a dormir a cualquier tejado de la ciudad. A veces no tener nada es mejor que tener poco. Y, como diría mi abuela, las historias tienen siempre dos mentiras y la realidad. Por eso, cuando escucho alguna crítica de algún famoso (que si no saludó, que si no dio propina), no me la creo. Las dos mentiras (la del ofendido y la del ofensor), jamás coinciden con lo que verdaderamente sucedió. ¿Creen que esos empleados les contaron a sus esposas que la propina ya estaba incluida en el contrato con la mudanza? Apuesto a que eso fue parte de su mentira, y parte de mi nueva pobreza.

A la mañana siguiente, me olvidé de mi «escasez de billetes», y me fui dos horas antes a la oficina. Le dije a Alex que quería practicar el *teleprompter* sentado en el set. Luego, le pedí estar con el editor cuando editaba los reportajes. Tanto interés demostré que, poco a poco, Alex me fue conociendo, me fue aceptando y me fue respetando. Cuando llegó el primer *show*, yo ya me sentía más preparado. A pesar de que siempre que salgo de una grabación no me siento cien por cien satisfecho, porque soy sumamente crítico conmigo mismo, ese día todo fue muy bien.

Semanas después, al concluir uno de los *shows*, y enfrente de todos los demás compañeros de equipo, Alex me dijo:

—Sabes que fui bien sincero contigo, y no creía que podías hacer esto, pero te felicito, Jomari, me has sorprendido gratamente, y a la audiencia le gustas también. Buen trabajo.

Sus palabras fueron agua bendita para mí. No hay nada más gratificante que alguien te reconozca públicamente tu trabajo. Yo no sería el mejor ni el más experto, y me faltaba mucho por aprender de esta difícil profesión, pero al menos alguien había apreciado mi esfuerzo, y eso me bastaba para seguir con más ganas todavía.

En Sal y Pimienta, además de presentar, tenía que salir a hacer algunas entrevistas con personalidades y artistas de moda, y una de las primeras que me tocó fue Thalía. La guapa mexicana acababa de sacar una nueva línea de ropa, y nos daba la exclusiva.

—Oh Dios, no, no, es mejor que mandes a otro de los presentadores —le dije aterrado a mi productora—, yo he comentado sobre su ropa muchas veces en las alfombras rojas, y no siempre me ha gustado lo que llevaba, y seguro que alguien le ha dicho.

—Hmm, qué raro, porque fue la gente de Thalía la que pidió que fueras tú quien la entrevistara —me aclaró la productora.

—¿Yo? ¡Mentira! —grité incrédulo.

A los dos días, acudí a la cita con Thalía como corderito al matadero, y esperé turno en el hotel donde ella nos recibiría. La noche anterior me había estudiado su vida y obra de pe a pa. Desde sus inicios como estrella juvenil en Timbiriche, hasta sus días gloriosos como María la del Barrio y todos los demás éxitos que le siguieron a ese personaje. Me devoré diez horas seguidas de video-clips musicales, novelas y entrevistas, y anoté mil cosas en mi cabeza.

—¿Qué tanto quieres encontrar ahí? —me regañó mi productora, harta de verme pegado a la pantalla como zombi.

—La estoy analizando, quiero saber qué temas le incomodan, no quiero que se sienta mal por lo que yo le vaya a preguntar —le expliqué sin quitar los ojos de esas imágenes de Thalía bailando y conversando con famosos periodistas.

Cuando esa mañana me tocó mi turno y entré en el set improvisado para promocionar su nueva colección, Thalía se levantó de la silla y me recibió con los brazos abiertos, como el Cristo de Copacabana.

—Ven Jomari, dame un abrazo —me dijo esa estatua casi perfecta, de mármol cálido y fino.

En medio del abrazo, un abrazo mejor incluso que los míos con todo mi Jomari *Love*, me susurró algo al oído:

—Desde que vi una entrevista tuya en Despierta América, quise abrazar al niño que llevas dentro.

Se me congeló la sangre. No podía dar crédito a lo que estaba escuchando. Thalía, una artista mexicana de gran renombre, una mujer a la que yo nunca había visto en persona antes, que vivía en Nueva York en su mundo de lujo y confort, con su esposo y sus miles de proyectos, me acababa de hablar de ese niño que todavía jugaba a *cowboy* con su caballo imaginario dentro de mí. Thalía intuyó y comprendió a ese niño que nadie veía, sin necesidad de conocerme primero.

¡*Wow*! Ese día entendí que estaba donde Dios quería que estuviera, y que haber aceptado este trabajo en Sal y Pimienta no había sido un error. Ese día también me enamoré de Thalía, de esa mujer que sabía ver cosas pequeñas y escondidas en los demás. Entendí que es un ser de luz cuyo destino es alumbrar a muchos. Con el tiempo surgió una bonita amistad entre los dos, y en uno de sus conciertos, le dije:

—Thalía, tu magia no es cómo cantas, cómo vistes o cómo bailas, tu verdadera magia es tu luz, que hace sentir especial a la gente que se siente despreciada, o que siente que nadie los ve; tú los ves y los admiras, y ellos lo saben, como yo supe que veías a ese niño que llevo siempre conmigo.

Thalía me respondió como ella siempre responde a los cumplidos de corazón: con otro de sus tremendos abrazos.

Después de Thalía, otros artistas comenzaron a solicitar que yo los entrevistara. Tal vez les gustó que mis preguntas se centraban siempre en mostrar esas partes bonitas de ellos mismos que la gente todavía desconocía. Mis entrevistas buscaban amor, y eso les gusta a famosos y no famosos. Un poco de amor y atención a las cosas pequeñas nunca le cae mal a nadie.

Desafortunadamente, y después de dos años de entrevistas con corazón y *shows* dinámicos y divertidos, esta bella experiencia de Sal y Pimienta estaba llegando a su fin. Yo lo vi venir, mientras que otros de mis compañeros ni cuenta se dieron. Cada semana, hacían muchos cambios dentro del programa: cambiaban segmentos, cambiaban productores, cambiaban de opinión constantemente. Era señal de que los de arriba no estaban muy contentos, aunque nos iba muy bien en niveles de audiencia. *Prepárate para lo que venga*. Me dije un viernes, cuando nos llamaron a todos en conferencia.

—Les tengo que comunicar que, por decisiones de la empresa que no tienen nada que ver con ustedes o con el éxito del *show*, este fin de semana será el último programa. —El productor jefe, que ya no era Alex, dio el anuncio sin más explicaciones, pero con la tristeza que acompaña tener que decir adiós a todo un equipo que tanto se esmeró por hacer un buen trabajo.

Fue una despedida rara, como son todas las despedidas, y más porque Alex, el «papá» que parió este *show* y lo hizo realidad, ya no estaba con nosotros. Había caído muy enfermo y, desafortunadamente, su estancia en la tierra pronto se terminaría. Un hombre muy real, que me enseñó tanto durante mi etapa de presentador. Alex me mostró un lado de mí que ni yo mismo podía ver. Él fue otro de estos bellos seres que el destino iba poniendo en mi camino. En los meses que trabajamos juntos, nos dio tiempo de decirnos el afecto que nos teníamos, y eso me da cierto consuelo. Gracias, mi respetado Alex, allá donde te encuentres, Dios te tenga en su gloria.

¿Y ahora qué? ¿Qué sería de mí y de mi carrera? Sin Sal y Pimienta, volví a concentrar todas mis energías en mi segmento de Primer Impacto que, por cierto, nunca he dejado de grabar. Durante los dos años de contrato con Sal y Pimienta, en los que trabajaba con el *show* cinco días

a la semana, me iba en mis dos días libres a hacer las entrevistas para
«A la Moda con Jomari». Y allí estaba ahora, otra vez en las calles, justo donde comencé, con toda esa gente bonita a la que abrazar, con la
que platicar y compartir experiencias. En esos días me esforcé más que
nunca en conseguir cosas para las protagonistas del segmento: cambios de imagen, vestuarios nuevos, ese bolso con el que siempre soña-
ron, o esos zapatos que les iban a devolver la confianza para ir a sus
entrevistas de trabajo. ¡Eso era lo que me hacía verdaderamente feliz!
Ya había demostrado que podía ser presentador, a pesar de los pronós-
ticos negativos que me habían rodeado todo ese tiempo dentro de mi
mismo equipo. Ahora era el momento para darle duro al #JomariLove.

Aunque, lo que me iba a pegar duro a mí era el amor de un ser llamado David. Como el mismo David de Goliat, este ser poderoso me iba
a disparar con la resortera de su mirada, y yo caería fulminado. David
sería mi último gran maestro, y vendría a darme la última gran lección
que todavía me faltaba para completar el rompecabezas de mi vida.

Todo tiene consecuencias y muchas veces son lecciones que nunca olvidarás, aunque el precio sea una cicatriz de por vida.

JOMARI GOYSO

28.

Desnudo por la calle

—Oye, ¿por qué estás haciendo una habitación más aquí, y dejando tu oficina tan chiquita? —me preguntó una amiga hace poco, en plenas obras de remodelación de mi apartamentito—. Mira, ya tienes dos recámaras, una para ti y otra para invitados, ¿para qué quieres otra? —mi amiga, muy astuta, insistía.

—Es una larga historia —le contesté con una enorme sonrisa—. Te la voy a contar. Empezó con uno de mis viajes a Santo Domingo...

Luz García, una respetada presentadora de televisión en República Dominicana, fue de las primeras en entrevistarme, recién empecé mi carrera en televisión. Recuerdo que me sorprendió su invitación. Con tanta gente verdaderamente famosa, no comprendía por qué me eligió a mí en esa ocasión para asistir a su programa nocturno. Pronto descubrí que esa entrevista no fue banal ni casualidad. Era otro de esos capítulos que Dios tenía escritos para nosotros, y que tenían que suceder. De la entrevista surgió una amistad muy especial, que fue creciendo con los años, y terminamos celebrando los *Thanksgiving* juntos en su casa de Santo Domingo para dar gracias por tantas cosas buenas que encontrábamos en nuestro camino. Ese año, decidí que aprovecharía la oportunidad para grabar uno de mis cambios de imagen a una de nuestras televidentes en ese país que tantas cosas buenas me ha dado.

Antes de emprender viaje rumbo a la bella isla, soñé con una cena en la calle, como el cuadro de Jesús y los Apóstoles que mi abuela tuvo toda la vida en la sala. En esa imagen Jesús compartía la comida con unos y otros, y el paisaje que lo rodeaba era en plena plaza. Yo quería una cena así para dar gracias a manos llenas.

Al llegar a Santo Domingo, el director comunitario de un barrio llamado Los Praditos me dijo quién sería la mujer con la que grabaríamos el segmento de Jomari *Love*. Se llamaba Ruth, y había enviudado hacía escasos diez meses. A su esposo lo mataron de un balazo jugando a dominó, en esas calles donde la vida y la muerte paseaban juntas a diario. Ruth había quedado sola, sin más familiares que la ayudaran, pues su padre y su madre también habían fallecido en los últimos años. Huérfana y viuda, y con seis chiquillos que sacar adelante, Ruth vivía en un cuarto semiderruido, con solo cuatro paredes y techo de uralita, sin puertas ni luz eléctrica.

Una cosa es que te cuenten, otra es que lo veas, y cuando yo llegué frente a la casa de Ruth, se me cayó el alma a los pies. Lo primero que vi fue un bebé de año y medio, vestido solo con un calzón, que caminaba descalzo sobre basura y cristales rotos. Nunca me imaginé que este ser diminuto sería el encargado cambiar mi vida drásticamente. Una vez que me miró con esos ojos negros enormes, iguales que los de mi abuela, caí hechizado para siempre.

—¡Esta mañana le pedí a Dios de rodillas que me enviara un ángel! —gritó Ruth, saliendo a nuestro encuentro, rodeada de los otros cinco chiquillos—. No tenía con qué alimentar a mis bebés hoy y Dios me escuchó.

Cuando Ruth terminó de darnos las gracias uno por uno, el niñito de los ojos enormes extendió sus bracitos para que yo lo alzara. Una vez en mis brazos, se agarró a mi cuello y ya no me soltó en todo el día.

—¿Cómo se llama? —le pregunté a Ruth, al darme cuenta de que el pequeño todavía no sabía hablar.

—David —me respondió secándose las lágrimas de la felicidad.

—¿Quién es este hombre? —preguntó uno de los niños más grandes que nos miraba desde una esquina del cuartito.

—No te preocupes —le dijo otro de los hermanitos mayores—, él sabe quiénes somos.

—A ver —me retó el primero—, ¿pero tú sabes quién soy yo?

—Sí, claro que sí —le respondí todavía con David colgado de mi cuello—. He pedido por ti muchas veces, por todos los niños que necesitan amor, fe, y siempre voy a pedir por ti.

La desconfianza desapareció de los ojos del pequeño, y corrió a contarle a Ruth.

—Mamá, mira, este señor pide por nosotros, para que estemos bien, sin conocernos. —El hermanito de David no podía creer que unos extraños hubieran llegado con buenas intenciones a su vida.

Y nuestra buena intención de regalarle a Ruth un cambio de imagen no sería suficiente. Ruth no necesitaba un nuevo peinado ni un nuevo vestido, lo que le urgía a esta viuda con seis hijos era un techo digno y propio, pues el cuartito donde vivían era rentado y no reunía ni las condiciones básicas de higiene para tanto pequeñito. El tejado se podía derrumbar en cualquier momento, y los ratones ya les habían mordido los piecitos a los nenes mientras dormían en el único colchón que tenían en el suelo para todos. Lo que David y su familia necesitaban era, sin duda, un techo digno, comida en la mesa y zapatos para los nenes. Y, lo más importante, Ruth necesitaba recuperar la fe en la vida, después de sentirse abandonada a su suerte.

Llamé a Yuri, la nueva productora ejecutiva de Primer Impacto, y le expliqué la situación. Yuri me comprendió inmediatamente, y me dio permiso para cambiar mi reportaje.

—¿Qué piensas hacer? —me preguntó para planear la nueva producción.

—Ya lo tengo, anoche soñé con una gran cena, una cena en plena calle. ¿Qué tal si organizamos una cena popular para Ruth, sus niños y sus vecinos, y así damos gracias de verdad? Un *Thanksgiving* para Ruth y los suyos —le dije dispuesto a transformar un simple cambio de imagen en un gesto de fe.

—Ok, me parece una gran idea —me animó Yuri—, pero vas a tener que ver tú cómo lo organizas allá solo en tan pocas horas. Va a ser un gran reto.

—No te preocupes, tengo quien me ayude —le respondí mirando a Luz a mi lado—. En Santo Domingo no estamos solos.

Luz, por supuesto, saltó a ayudarme al momento, y empezó a hacer llamadas para cerrar la calle, poner mesas y sillas, y todo lo necesario.

—¿Cuánta gente calculas que llegará? —me preguntó mi amiga dispuesta a complacerme siempre.

—No sé, ¿tal vez cincuenta? —Dudé, pues jamás había organizado una cena así.

¡Y llegaron trescientos! Gracias a Dios que Luz es una *superwoman* que todo lo puede, hizo el milagro de los panes y los peces, y hubo cena para todos. El resto del milagro lo completaron las chicas de la Jomari *Family*, miembros de mis clubs de fans que viven en Santo Domingo. Las chicas vinieron a ayudarme como voluntarias y, por supuesto, como invitadas especiales. En pocas horas organizaron todo el evento magistralmente. Si Luz fue mi hada madrina esa noche, ellas fueron mis ángeles.

En menos de seis horas, no cabía un alma en la calle de Ruth. Madres, abuelas, familias enteras se sentaban, reían, cantaban y aplaudían, mientras los niños corrían y jugaban felices, respirando la magia del momento. Ruth recibía a todos con lágrimas de la dicha que suponía para ella poder llenar los estómagos de sus chiquitos y los de tanta gente buena que llegaban a celebrar con nosotros.

Pronto empezamos a servir los platos de pollo asado, tostones y otras delicias de la cocina dominicana. Y yo, siempre con David colgado del cuello, me serví doble ración. Esa noche, la comida ya no me daba miedo, era como cuando subía a casa de mi abuela, y el amor y la sensación de seguridad me quitaba todas mis manías y prejuicios alimenticios. ¡Qué crueldad, que unos nos matemos de hambre por querer adelgazar, mientras medio mundo no tiene qué llevarse a la boca! Sentado entre tanta gente bella, recapacité a fondo mirando ese plato enfrente de mí. A estas alturas de mi vida, había entendido que mi relación con la comida tenía que basarse en el balance. Atrás quedaron casi veinte años de malcomer y malpasarme, con aquellas malas tretas de no probar prácticamente nada durante días. Ahora ya me había dado cuenta de que todo en la vida es cuestión de equilibrio, y que el control final lo tengo yo; también entiendo que no siempre le voy a ganar a la comida, a veces el plato me gana a mí, pero al final, insisto, yo tengo el control. En esta etapa de mi vida, hay días en los que me permito comer lo que quiero, y simplemente hago un poco más de ejercicio. El éxito de tu control y de tu balance está siempre en el tamaño de las porciones, no en castigarte inútilmente. También he aprendido a comer cada tres horas, como pajarito, y elegir cosas buenas para el organismo. Pero si un día quiero disfrutar unos tostones, los disfruto. Y así comí esa noche en las calles de Los Praditos, rodeado de tanto cariño: comí con el alma, no con el miedo y la ansiedad, como comía antes.

La fiesta pasó volando, y entre platos llenos, fotos y entrevistas para mi reportaje, me di cuenta de que David seguía pegado a mí. Como un osito de amor, se había pasado seis horas en mis brazos, mirándome sin pestañear, mientras me pedía con sus ojos que no lo dejara, que no me fuera, aunque había llegado la hora de despedirse. David regresaría al cuartito en ruinas con su madre y hermanos, y yo a Miami, para continuar con mi vida.

Y mi vida ya no sería igual. Al día siguiente, al llegar a mi apartamento nuevo, a mi cama limpia, mi barrio seguro, y mi refrigerador lleno de comida, supe que mi historia con David no terminaba en un simple reportaje de televisión. Como no podía dormir, llamé a Luz:

—Luchi, tenemos que hacer algo, David no puede vivir en la calle, entre los ratones y los escombros. Ayúdame —le rogué, pensando en esos ojos negros enormes.

—Ok, déjame ver qué puedo hacer. —Mi Luz volvía a iluminar mi vida, y esta vez, sin duda, iluminaría la de mi pequeño David y la de toda su familia.

Esa noche, con tan lindos deseos, empezó la gran pesadilla. Por loco que suene, ayudar a alguien necesitado no es tan sencillo como abrir la cartera y ya estuvo. El dinero y las buenas intenciones no solucionan situaciones como las de David y sus hermanitos. Desde ese día, empezaría para mí y para Luz una batalla a brazo partido para poder hacer una diferencia en la vida de esos pequeñines. David se me había colado en la mente y en el corazón, y no salía de mis pensamientos.

Curiosamente, ni los miles de contactos que Luz tenía en Santo Domingo nos facilitaron nuestro proyecto. Si no se atoraba un permiso, se atoraba el otro, si alguien prometía una donación, no llegaba. El departamento de menores decía que no, la oficina de urbanización decía que necesitábamos más papeleo. Desafortunadamente, mucha gente se estaba intentando aprovechar de la necesidad de Ruth y de sus hijos y querían obtener beneficio para ellos. Algo tan sencillo como construir una casita en ese mismo lote de tierra, se estaba convirtiendo en un verdadero calvario.

Mes tras mes, colgado de los *e-mails* y del teléfono, nunca perdí la fe. David había llegado a mi vida precisamente para recordarme que la fe mueve montañas y construye casas. David se cruzó en mi camino para mostrarme que la fama, ese fenómeno efímero y a veces tonto que tanto ciega a algunos, podía ser muy útil a la hora de ayudar al prójimo. Este niño que me abrazó el alma tan fuerte, me enseñó que la fama sirve para ayudar y hacer el bien. Con la fama puedes conseguir mucho para los demás, y eso iba a hacer yo, aunque tuviera que usar todas mis palancas, mis *hashtags* y mis redes sociales. Si una tienda nos regalaba la cocina y el refrigerador, a cambio, yo los visitaba y los promocionaba en mis plataformas digitales. Con el poder que te dan tus seguidores, y con el maravilloso trabajo que hizo Luz, logramos juntar todo lo necesario.

La fe, como digo, no me abandonó en ningún instante, pero me daba miedo que alguien le fuera a hacer daño a David o a uno de sus hermanitos antes de construir su casita y ponerlos a salvo. Por suerte, la casita se terminó a tiempo y en mayo le pudimos dar la gran sorpresa a Ruth: ya tenía puertas, electricidad, baño pequeñito completo, literas para que los niños durmieran en condiciones y una cocina equipada. Ruth ya tenía una casa de verdad.

Con esta aventura, descubrí que el amor sirve para lograr grandes cosas. Por amor a David moví cielo y tierra hasta conseguir esa casa; por amor a mí y a nuestra bella amistad, Luz trabajó duro hasta lograr esos permisos. Por amor al prójimo, mis amigos y seguidores colaboraron y fuimos capaces de completar este proyecto. Pero lo más memorable que sucedió ese día es que Ruth comprendió que no estaba sola, y sanó esa necesidad que todos tenemos de saber que somos importantes para alguien, que alguien piensa en ti, que alguien tiene fe en que mereces más y puedes llegar más lejos. David nos estaba enseñando a todos, con sus enormes ojos y sin mediar palabra, que el amor construye casas y grandes historias.

Días después, sentado en la nueva cocina de Ruth, comprendí que todo, absolutamente todo lo que había caminado en mi vida, había sido necesario para llegar hasta aquí, a este barrio de Santo Domingo, y poder entender cuál era el propósito de la fama, de mi historia en general, y de esa búsqueda en la que me había embarcado desde adolescente. Esa búsqueda por quererme, sentirme bello y aceptado.

Esa tarde, mirando a David comer un pedazo de mango en esa cocina, también comprendí que conectaba conmigo sin miedo, como todos los niños que se cruzan en mi vida. Observando a David, sentadito en su silla, entendí que esa pureza de la infancia nunca se nos va del todo. Tal vez se nos borra un poco con la edad, pero hay algo que siempre nos queda dentro de ese niño que un día fuimos, como mi pequeño *cowboy* que galopaba en su caballo imaginario. David, con esos ojos que tanto dicen, me comunicó ese día que no me preocupara, que nuestra alma siempre es de niño, que lo único que envejece en nosotros es el cuerpo. También me dijo que Dios era mi maestro, y que mi abuela tenía razón: la belleza es el alma, esa alma que nunca se arruga, ni pierde la esperanza ni la inocencia. El alma es la belleza, y el alma no envejece.

El alma no envejece, pero nuestro cuerpo sí, y a mis más de treinta años, aquellos pellejos que quedaron como recuerdo de mi fallida liposucción colgaban más que nunca. Entre Primer Impacto, Nuestra Belleza Latina y mis múltiples proyectos, decidí ponerle remedio. Mi reinvención, que había iniciado hacía más de veinte años, estaba a punto de completarse tanto por dentro como por fuera. Era el momento perfecto para terminar con viejas cicatrices.

En un viaje relámpago, en plena grabación de Nuestra Belleza Latina, fui a Colombia y me operé. Un buen doctor me quitó con una técnica de láser los restos de grasa que habían quedado encapsulados en la parte baja de mi espalda, en esos molestos *love handles*, y con el mismo láser removió los bultos en el pecho que me habían ocasionado los esteroides. A los pocos días, de regreso en Miami, y una vez que desaparecieron los moratones, me vi reflejado en el espejo y no me reconocí. Vi a un hombre delgado, alto, con forma. Aquel niño gordo del que todos se burlaban había desaparecido por completo. Con esfuerzo, y con errores y aciertos, había logrado moldear mi realidad y había pintado mi propia obra de arte. Igual no era una obra perfecta para muchos, pero para mí era mi obra y por lo tanto era perfecta, y además única, porque todos somos únicos e irrepetibles. Mi rebeldía me había hecho así, como ahora me veía, como siempre me quise ver. No me di por vencido, no me resigné a ser lo que los demás esperaban que fuera toda la vida, y me había logrado reinventar de pies a cabeza. Fue mi rebeldía la que me salvó de ser todas aquellas cosas que me llamaban. Ahora solo faltaban dos pequeños detalles para completar mi proyecto de vida.

Sin esperar, busqué al mejor tatuador de Miami, y le expliqué lo que quería: las palabras EN MANOS DE DIOS en tinta negra, cruzando en lo más alto de mi pecho. A estas alturas ya tenía muy claro que Dios es quien maneja todo, y que yo soy un simple aprendiz, un puente entre él y la gente, entre él y el mundo que me rodea. Porque somos soldados de Dios haciendo su voluntad. Ahí me di cuenta de que no era casualidad, ni cuestión del destino, que hubiera llegado a la televisión. Terminé trabajando en los medios porque mi carrera está EN MANOS DE DIOS. Ese sería el tatuaje que encabezaría mi obra de arte, mi cuerpo, mi nuevo yo.

Al poco tiempo, regresé por el último mensaje que quedaba por escribir en mi piel: *only who feels ugly can't see beauty*, solo quien se siente feo no puede ver la belleza. Esa lección que aprendí gracias a Nuestra Belleza Latina y la que, junto con la lección de mi abuela (el alma es la belleza) me hizo verme a mí mismo bajo otra luz, bajo otro prisma. Me había costado años ver la belleza en mí porque, precisamente, no me quería ni un poco. Nada de nada. Lo mismo que les sucede a todas esas personas que guardan tanto dolor y tanta inseguridad que se la pasan poniendo comentarios negativos en las redes sociales, porque no se quieren nada de nada, y por eso son incapaces de apreciar la belleza en alguien más.

Con mis *tatoos* todavía frescos en mi pecho, regresé a visitar a mi familia. Jorge, mi sobrino, ya había cumplido dos años, es casi de la misma edad que David, y Emma ya tenía cinco. Me pasé las horas pegado a ellos dos, pintando y dibujando, y saliendo a la huerta a coger frutas y tomates. Mirándolos embobado, me planteé por primera vez qué estaba haciendo con mi vida. De la tele al gimnasio, del gimnasio a mis viajes, a mis entrevistas, y de mis entrevistas a mi apartamento vacío, con vistas a la ciudad. Sin querer, mi cabeza volvía a ese barrio de Santo Domingo, a esa calle de David, y a esos ojos negros grandes. Mi destino ya lo tenía claro, pero me faltaba encontrarle sentido a todo, sentido a mi vida.

En mi próximo viaje a República Dominicana, Luz presintió que algo estaba cambiando dentro de mí, y me tiró la bomba:

—Jomari, querido, ¿por qué no adoptas a David? Lo veo en tus ojos, estás preparado para amar y ser amado. —Tantos años entrevistando a un sinfín de personalidades habían convertido a mi amiga en audaz psicóloga, a la que no se le escapa ningún detalle.

Ruth ya me había dicho que David hablaba a diario de mí, y que decía mi nombre en sus juegos y a todas horas. Con cinco bocas más que alimentar, y a pesar de toda la ayuda que le habíamos dado, para Ruth lo más importante era asegurarles un buen futuro a sus hijos, y en alguna ocasión me había mencionado que no se opondría a que su bebé se fuera conmigo a Miami. Así que, después de conversar con Luz y con un abogado, le pregunté a Ruth si me permitiría adoptar legalmente a su hijo, por supuesto, con la promesa y condición de que David la visitaría a menudo, y nunca romperíamos los lazos de madre e hijo.

—Este niño es tuyo desde el día que te vio entrar por la puerta —me respondió Ruth con lágrimas en los ojos, y todo el dolor de una madre que busca lo mejor para sus pequeños.

Y ahí comenzó otra terrible lucha contra la burocracia y este sistema donde es tan difícil hacer oficial los lazos de amor. El obstáculo más grande que enfrentaba era mi situación de hombre soltero. Las leyes de República Dominicana apenas permiten un pequeño número de adopciones internacionales cada año, bajo circunstancias muy especiales, pero ninguno de esos casos se han aprobado para un hombre soltero. Ni modo, no me quería dar por vencido tan fácilmente, así que seguiría insistiendo.

A pocas semanas de terminar de escribir este libro, volé a Los Ángeles por cuestiones de trabajo, y aproveché para hacer *hiking*, senderismo, y subir con Alexis el famoso Runyon Canyon, donde van todos los angelinos a desconectar de los ruidos de la gran ciudad. Es una senda muy concurrida, cerca de las letras de Hollywood.

—Amigo, hacía años que no subíamos esta montaña juntos —me dijo Alexis medio nostálgico.

—Sí, nuestras vidas han cambiado mucho —le respondí, pensativo.

Y mientras me perdía en mis recuerdos, una familia de Dallas, que estaba de visita, acertó a pasar y me reconoció.

—Jomari, Jomari, ¿nos podemos tomar una foto contigo? —me preguntó el más atrevido de todos.

—Por supuesto —les contesté sin dudar un instante, y les di sus besos y sus abrazos antes de posar para la *selfie* de grupo.

Después de compartir anécdotas y un par de bromas, la divertida familia se alejó, y ahora era Alexis el que se había quedado pensativo.

—¿Te has dado cuenta de cuánto has cambiado? —me dijo, intrigado—. Hace unos años, el Jomari que yo conocí en el salón, les hubiera dicho: no, *I am not friendly*, y no se hubiera tomado la foto ni muerto.

—Tienes toda la razón. —Acepté sorprendido. Alexis había dado en el clavo—. Ahora soy *friendly*, ¡quién me lo iba a decir! ¡Guau!

Se me había olvidado aquella época del Jomari tímido, silencioso, que solo quería que lo ignoraran. Ahora, que la gente me quisiera hablar no me molestaba en lo más mínimo, simple y sencillamente porque esa atención que me daban era una verdadera energía de cariño que yo recibía con agrado, como si se tratara del mayor regalo.

Ahora me quería, o por lo menos me aceptaba, porque nadie logra «quererse» ciento por ciento. Yo me aceptaba, y por eso había desaparecido aquel miedo a hablar con la gente. No era que antes yo no fuera amigable (como decía para espantar a todos a mi alrededor), era que no me aceptaba a mí mismo, y por lo tanto no aceptaba a los demás. Era también el miedo a ser rechazado, y era dolor transformado, porque el odio no existe, es simplemente el amor con dolor. Miedo, dolor, inseguridad, todo eso había quedado atrás.

Al terminar nuestra caminata y llegar al carro, me quité la camiseta empapada en sudor. Ir a *hiking* en Los Ángeles es como perderte en pleno desierto, con esas temperaturas de casi cien grados.

—O sea, ¿ya te quitas la camiseta en público? De verdad que has cambiado —me dijo Alexis, muerto de la risa.

—Sí, la verdad es que podría correr desnudo por la calle y me importaría un pepino —le contesté con honestidad.

—Ni se te ocurra —me advirtió Alexis—, no quiero ni imaginar todos los videos que van a subir en las redes sociales si te ven encuerado, corriendo como loco.

—Mientras con el frío no se me encoja, no hay problema —le contesté con astucia.

Pero era cierto, no me importaba ir desnudo, mostrar mi piel, esa piel que había tapado durante años y ahora lucía cubierta de tatuajes. Ya nadie veía a aquel niño gordito, lo único que veían era al hombre que yo había sido capaz de crear, con mi esfuerzo y con ayuda de Dios.

Sí, ya me quiero. Insisto, tal vez no al cien por cien, pero me quiero a mi manera. Y como dicen que los romances son eternos, esta «novela de amor» en la que yo mismo termino amando al hombre que tanto odié, no acaba aquí. El libro concluye en estas páginas, pero el Jomari *Love* que les profeso a ustedes, mis amigos, familia, lectores y seguidores, y que ahora me profeso a mí mismo, tiene gasolina para rato. Si te encuentro por la calle en estos días, te lo demostraré con uno de mis abrazos. Si no te lo doy, perdóname, porque todos somos humanos, y tal vez esté teniendo un mal día. Todos sufrimos de problemas y miedos que hacen que a veces actuemos de la forma equivocada. Pero, lo más seguro, es que terminemos dándonos ese abrazo para que te quieras y me quieras, porque quien no se quiere, aunque sea un poquito, jamás podrá ver y disfrutar la belleza en los demás. ¡Y si no ves la belleza con los ojos cerrados, a través de nuestro abrazo, no verás el alma!

Por cierto, la habitación extra que estoy construyendo en mi apartamento, y por la cual me preguntó mi amiga, tan intrigada, es para la personita que espero que pronto llegue a mi vida. David se quedó en Santo Domingo, donde debe estar. Dios tiene un mejor plan para él, y yo siempre lo iré a visitar y estaré al pendiente de mi ángel de ojos negros. Pero David me dejó su legado: la respuesta que tanto tiempo llevaba buscando y no encontraba. Mi angelito me mostró que yo era capaz de ser «todo» para alguien. Ahora que me quiero, y que me entiendo, puedo querer a alguien más, y mi próximo gran amor va a ser, sin dudarlo, el de padre e hijo. Dios me dirá cuándo, yo solo puedo prepararme para la llegada de ese momento. Es cuestión de tiempo, pero siempre soñé con ser padre. En los años que viví en Los Ángeles, una amiga mía, Silvia, madre soltera, siempre me confiaba a su niña Sasha, desde que tenía seis meses. Yo la cuidaba muchas tardes mientras Silvia trabajaba, e incluso me la llevaba al salón. Sasha se convirtió en mi otra sobrina inseparable, y empecé a pensar que ese sería mi rol para siempre, el del mejor tío del mundo, y me resigné. David, en cambio, llegó para decirme que este tío fantástico también puede ser papá.

No sé si adoptaré o decidiré ser padre por otros métodos, pero estoy seguro de que este es mi nuevo destino: cuidar de una personita y entregarme completamente a ese nuevo amor, sin miedos ni reservas, porque todos estamos en búsqueda del amor, de una manera u otra. Después de todo, tal vez aquel niño que siempre he visto jugando con su caballo en mi corazón, no haya sido más que un reflejo del futuro, del próximo gran capítulo que está a punto de escribirse en mi vida. Otro capítulo más del Jomari *Love*.

El regalo más grande que todos poseemos y podemos ofrecer es el acto de amar generosamente a los demás. Solo ese acto tan sublime es capaz de devolver la fe.

JOMARI GOYSO

Ama hasta a quien odias, abraza hasta a quien huye de tus brazos, y saluda a quien te gira la cara, porque solo los actos que nacen del corazón serán recordados.

JOMARI GOYSO

Hasta siempre Josemari

Querido Josemari:

Con esta carta final, quiero pedirte perdón. Fueron muchos años de odiarte, de querer cambiarte y de querer dejar de ser tú. No me gustaba tu voz. Esa forma tan sensible con la que percibías las cosas a tu alrededor hacía que todos pensaran que eras frágil, y eso me hizo mucho daño por mucho tiempo. Quise alejarme de cualquier pensamiento que me recordara a ti y hasta intenté crear otra persona que fuera como yo quería, a mi gusto y manera. Confieso que intenté terminar contigo, pero algo me frenó, y ahí fue cuando me di cuenta de que te odiaba porque te amaba. Me di cuenta de que todo lo que odiaba en ti era todo lo que hoy me hace ser especial y me diferencia de los demás.

Perdóname por haber deseado tu final, pero el dolor era tan fuerte que me resultaba asfixiante. Precisamente de este sentimiento tan cruel surgió la lección más grande y valiosa que tú me regalaste con tanta generosidad. Gracias a ti, mi querido Josemari, comprendí que la fuerza de mi personalidad, que ni yo puedo controlar a veces, es mi más preciado tesoro, lo que me hace ser fuerte y sobrevivir.

Sé que el público siempre te ha amado a ti, Josemari, y no al Jomari que firma esta carta. Ese amor del público ha sido tu otro gran regalo hacia mí. Porque te ven a ti en lo más profundo de mi ser, y esa es la razón por la que me aceptan y me aprecian. Es gracias a ti, Josemari, gracias a ese niño gordito y solitario que galopa con su caballo, que tengo esta carrera y este trabajo que tanto amo y tantas dichas me da. Yo solo he sido el vehículo, porque a través de mí, Jomari, este público querido llegó a ti, Josemari, a ese niño que nunca me ha abandonado y nunca me ha guardado rencor, a pesar de todo lo que te hice. Este público maravilloso ha sanado cualquier herida que quedara entre nosotros dos; nos ha sanado a ambos, con estilo y con cariño.

Te amo, Josemari, más que a nada en este mundo. Me perdono por haber sido tan ignorante en muchas cosas que te hice; me perdono por haber querido cambiarte influenciado por los demás; me perdono porque, en cierta manera, todo lo que hice y todo por lo que pasé nos ha traído juntos hasta aquí.

¡Hasta siempre Josemari!
Quien me abraza a mí te abraza a ti.

4:20. El número divino

Este libro terminó, pero ese cuatro y veinte (4:20) que tanto aparece en mi vida continúa visitándome. Anoche, después de que entregué este manuscrito a mi editor, volví a despertar con esa hora en el reloj.

La primera vez fue cuando mi madre enfermó de cáncer y me lo ocultaron, después cuando enfermó mi abuela, y en un sinfín de noches en las que mi corazón presiente algo o está demasiado agitado. En el nacimiento de mi sobrina Emma, en el nacimiento de mi sobrino Jorge, o en la noche anterior a la boda de mi hermana. Siempre que siento algún miedo o tengo alguna preocupación por situaciones que no puedo controlar, termino despertándome a esa hora, y siempre me he preguntado por qué. La respuesta me llegó finalmente hoy, después de haber entregado mi libro.

Cada mañana, antes de iniciar el día, leo un poco de la Biblia, y hoy, al abrir al azar esas páginas mágicas, apareció ante mis ojos el capítulo cuatro de 1 de Juan, versículo veinte: 1 Juan 4:20.

Si alguno dice: Yo amo a Dios,

y aborrece a su hermano, es un mentiroso;

porque el que no ama a su hermano, a quien ha visto,

no puede amar a Dios, a quien no ha visto.

(LA BIBLIA DE LAS AMÉRICAS)

Es curioso que este mensaje me quisiera llegar en esos momentos de tribulaciones y dudas. ¿Será que mi abuela me está enviando otro de sus maravillosos regalos? La abue, como he contado en esta historia, era mujer de gran fe, mujer que amaba a sus hermanos, al prójimo, como a sí misma; por eso era capaz de amar a Dios como nadie.

Ahora, ya sé quién está ahí cuando me preocupo y me desvelo: ella, la que siempre ha estado a mi lado.

Carta para mi Jomari *Family*

Querida Jomari *Family*:

En este libro he hablado mucho de mi familia, la que Dios me regaló en el instante de nacer y a la que le debo todo. Pero esta historia no estaría completa sin una carta de amor a ustedes, mi otra gran familia.

La Jomari *Family* nace en el momento que entiendo que he sido puesto en este camino para hacer una lucha de amor. La vida es una lucha, y la batalla más grande que debemos librar es la de aceptarnos a nosotros mismos, tal y como somos. En esta lucha, me di cuenta de que no estaba solo. Vi que había un movimiento de amor que era más fuerte que yo como individuo, un torrente mágico que se convertiría en el regalo más grande que me ha traído esta profesión: ustedes.

Cada seguidor, cada comentario ha sido siempre tan importante como un voto para elegir a un presidente porque, al final, los jefes solo hablan de números: «Tiene dos millones de seguidores que dejan quinientos comentarios por publicación, y tiene quince millones de impresiones a la semana». Para ellos son cifras de *marketing* que justifican mi contratación, y para mí es la mejor bendición. Cada vez que me han disparado un cañonazo en esta difícil carrera en los medios de comunicación, han sido ustedes, esos millones de seguidores, los que me han servido de escudo, los que han detenido las balas y las han convertido en abrazos.

Y ustedes, los que se agrupan en mis clubs de fans o en el chat RANCHODEJOMARI para divertirse, quererme y dejar que yo los quiera, o las personas que simplemente me siguen y regalan *likes*, continúan siendo la sorpresa más grata, el regalo más inesperado que esta profesión me ha dado.

Por eso, sobra decir que sin ustedes este libro no hubiera existido. Para mi familia en España no habrá resultado fácil leer algunos capítulos, pues siempre los he mantenido alejados de mis problemas y experiencias complicadas. Pero les servirá de consuelo saber que llevo años sin estar solo, que ustedes, mi otra familia, me saludan cada mañana, deseándome un buen día, se preocupan si me enfermo, o si alguien decide atacarme, reviviendo aquellas viejas heridas del *bullying*. Ellos saben que estoy rodeado de este movimiento del #jomarilove que ustedes iniciaron. Con el #jomarilove hemos sido capaces, en equipo, de hacer cosas para los demás, hacer sueños realidad, regresar la fe a mucha gente, conseguir casas, ropa, comida para aquellos que más lo necesitaban, y hemos sido capaces de llevar regalos a niños que sienten que nadie los recuerda. Y todo eso ha sido gracias a la unión. Yo solito jamás hubiera podido.

Si la unión hace la fuerza, su #jomarilove hizo esta familia invencible.

Gracias, Jomari *Family*, por su amor. No puedo pedir más.

Dosis de moda y estilo

Ahora que te aclaré a través de mi historia qué es la belleza, y dónde reside, hablemos de moda y estilo, porque también son importantes en el mundo en el que vivimos. Ya nos quedó claro que nuestra apariencia física no tiene nada que ver con la verdadera belleza, ni con tu amor propio o el amor que le profesas a los demás. Tu físico tampoco va a determinar tu felicidad a largo plazo. Pero, nos guste o no, los *looks* juegan un papel importante en la sociedad visual en la que vivimos.

Es innegable que la primera impresión cuenta, y es innegable también que nos expresamos a través de nuestra imagen. Cómo te vistes, cómo te peinas y cómo te maquillas lanzan un mensaje fuerte y escandaloso al mundo. El hábito no hace al monje, y tus *looks* no te limitan ni te definen, pero sí que proclaman mensajes poderosos que los que te rodean pueden leer y, en muchas ocasiones, malinterpretar. Un *look* no debería marcar tu vida para siempre, pero de cada *look* sale una historia de ti sin que tú digas nada. Debes tener eso muy presente en tu mente. Sin que abras la boca, hoy, nada más salgas a la calle, tu imagen hablará por ti y todos la escucharán. Por eso, la moda, el estilismo, los accesorios y tu imagen personal importan.

DIME DÓNDE VAS Y TE DIRÉ CÓMO VESTIRTE

Estilos y modas hay muchos, y todos son válidos. Puedes ir de sexi, de casual, de elegante, de soñador, de deportista o de recatado. Lo que importa no es tanto el estilo o la tendencia que elijas, sino dónde vas a ir. Tienes que vestir siempre acorde a la situación, y eso te dará el éxito que buscas, porque estarás comunicando el mensaje adecuado. Por ejemplo, no vas a ir de sexi a una entrevista de trabajo ni a un funeral. Tampoco vas a ir de monja a una fiesta en Las Vegas. Si decides ir vestida como una prostituta (con todo mi amor y respeto para las prostitutas) a conocer a tu suegra, no creo que sea lo más acertado. Luego no me llames para decirme que tu novio te dejó. Al igual que si vas a una boda vestida de blanco, y todas tus amigas te miran con cara de desaprobación. De todos es sabido que el blanco es solo para ella, para la que se casa, para la verdadera protagonista de ese día.

En resumidas cuentas, te voy a dar unos consejos, tips o pequeñas dosis de moda y estilo, para que no te equivoques a la hora de lanzar tus mensajes al mundo. Sin embargo, recuerda que consejos son solo consejos, y al final, cada mañana frente al espejo, serás tú y solo tú quien elija quién quieres ser y qué quieres comunicarle al mundo. Sé libre, sé tú misma, y sé feliz, pero también sé consciente de lo que los demás están leyendo en ti cuando te ven llegar.

EL VERDADERO SECRETO DEL ESTILO

«Mira la Princesa Diana, qué estilazo tiene». Esa era la frase que le escuché decir a mi madre toda la vida, cuando ojeaba el famoso *Hola*. Ahora, tras largos años en mi carrera dentro del mundo de la moda, entiendo por qué mujeres como Lady Di son consideradas «estilosas». Simplemente destacan y marcan tendencias porque le ponen su toque personal a todo. Puedes llevar el vestido Chanel más bello del mundo, pero si no le imprimes tu toque personal, no brillarás. El mensaje que comunicarás será simplemente: «Tengo dinero». Si quieres que digan: «Qué estilo… qué clase», vas a tener que combinar ese Chanel con unos zapatos que te identifiquen, o unas joyas que me digan quién eres, o un peinado que me deje saber cuál es tu personalidad. Por ejemplo, Diana siempre llevaba su cabello corto, con unos pequeños brillos, con corte clásico, y nunca se hacía peinados elaborados. Jamás cambió su cabello, porque ese era su sello personal. La famosa y amada Lady Di era sencilla y sobria, y así lo reflejó en todo momento. ¿Te has parado a pensar cuál es tu sello personal, tu ID, lo que te hace diferente a todos los demás y dicta tu estilo? En mi caso creo que son la barba y los tatuajes. Sin la barba y los *tatoos* yo no sería yo. Igual que sin las cejas unidas con toque masculino, Frida Kahlo nunca hubiera sido Frida, ni se hubiera convertido en un icono de sensualidad. Y en ti, esa firma personal tal vez sean el tono de tu cabello, o tus anillos exóticos, o tus piernas bronceadas. Piensa cuál es tu firma, y firma con ella tu obra de arte cuando te termines de vestir ante el espejo.

CONOCE TU CUERPO

Si quieres ver una desconexión total entre cómo es nuestro cuerpo y cómo nos vestimos, simplemente observa a los adolescentes. Si son altos, se ponen pantalones que les quedan cortos del tobillo, si son delgaditas se ponen ropa que les queda cuatro tallas grande. Si tienen piernas largas, se las cubren con faldas hasta el suelo. ¡No le atinan a una! Por lo general, todos pasamos por un proceso de aprendizaje, y nos toma años descubrir qué favorece a nuestro cuerpo y a nuestra piel, y qué ropa y colores no nos funcionan. No tengas miedo a ser sincera contigo misma, pero sin castigarte. Si tu torso es más largo que tus piernas procura no ponerte pantalón de talle bajo. Si tu cuello no es muy largo, siempre usa cuello en pico o V-neck. Si eres de cabello y tez oscura, evita los colores grisáceos porque apagan tu brillo. Si eres rubia y pálida, no uses colores claros porque lavan tus facciones. Tú sola ante el espejo irás aprendiendo a conocer tu cuerpo y sacarle partido. No te dé miedo a sacar de tu armario aquellas prendas que no te lucen, aunque te gusten mucho. Te vistes para ti, o eso decimos todos, pero no seamos hipócritas, a mí no me convencen con ese cuento, porque también nos vestimos para agradar a los demás, o para que nos vean bien, si no, todos iríamos en nuestros pijamas viejos y cómodos, sin peinar. Resumiendo: si ese vestido te hace ver mal, ¿para qué lo quieres?

LA COMADRE «ESPEJO»

La comadre, la amiga, la cuñada, la amiga de la amiga, no son estilistas, son amigas con diferentes conceptos de estilo y belleza y probablemente con unos cuantos traumas que no les permiten ser consejeras a la hora de ayudarte a lucir mejor que nadie. ¿Quién es tu mejor amigo? Tu espejo, y quién mira tu espejo, o sea tú. Lo complicado ahora será educarte a ti misma para aprender qué es lo que te funciona a la hora de vestirte. Una forma de «educar» tu ojo es seguir a una persona que se parezca físicamente mucho a ti, pero que el parecido sea de verdad, no solo en tu imaginación. Haz que ella o él sea tu espejo, y deja a la comadre que mejor te dé consejos de amor y no de vestimenta.

LA EDAD... ¡SÍ QUE IMPORTA!

Si te estancas, perdiste la batalla; si pretendes ser siempre la sexi de veinte años a la que todo le queda perfecto en su cuerpo, te vas a ver desesperada intentando ser alguien que ya no eres. Esa desesperación por seguir siendo quien eras se ve un poco patética. Recuerda que sexi es una actitud, un estado mental, no una minifalda con tacones ni un escote hasta el ombligo. Conozco a mujeres que van tapadas de pies a cabeza, pero caminan sexi, miran sexi y hablan sexi, porque son mujeres muy seguras de sí mismas. Si quieres jugar a la sexi a tus cuarenta o cincuenta, me parece fabuloso. Pero, ¿tú crees que una mujer de cincuenta que se viste como una de veinte es una mujer segura de sí misma? Recuerda que sexi no es escote, es seguridad. Sé tú misma, con la ropa que va de acuerdo a tu edad. Ser sexi está en tu mente, no en tu clóset. No te estoy diciendo que no te pongas algo que se pondría una de veinte porque ya no tienes el cuerpo para ello, sino porque tienes muchas más cosas a tu favor, y tú y tu estilo ya habéis evolucionado y crecido. Además, a tus cuarenta vas a tener que considerar más que nunca mi primer gran consejo: dime dónde vas y te diré cómo vestirte. Conforme envejecemos, hay que saber vestirse más de acuerdo a la situación. A una adolescente le perdonaremos que llegue a un bautizo con un vestido tipo alberca porque todavía está experimentando. Pero para ti, que ya deberías de haber aprendido lo que te funciona y no te funciona, es muy tarde para andar probando y equivocándote.

MODA Y TENDENCIA

Siempre hablamos de moda y tendencia como si fueran lo mismo. Sin embargo, son dos conceptos muy diferentes. Moda es la apuesta que, temporada tras temporada, sacan los diseñadores, es la visión que proponen en cada una de sus colecciones. Tendencia es una de esas prendas de dichas colecciones que se vuelve más popular. Es la prenda que usan para promocionar el resto de la colección. Es como un cantante que saca un disco de diez canciones, pero elige una sola como *single* para tocar en la radio y promocionar todo el álbum.

Una tendencia puede ser el vestido de estampado de tigre, pero la moda de esa temporada sería inspirada en África.

TENDENCIA: EL ROLLO *TRENDY*

Estar en tendencia es algo que está de tendencia, nunca mejor dicho, y por lo tanto es pasajero y se va a terminar. Nos han hecho creer que para ser alguien en la vida, o ser *cool*, tienes que ser *trendy*, tienes que vestir con ropa que está en ese momento en tendencia. Antes, nuestras madres solo hablaban de moda. Hoy todo es *trend*, *trendy* y tendencia. Pero este concepto es una invención del todopoderoso *marketing* y de la industria billonaria de la moda. Los expertos se dieron cuenta de que la moda es un fenómeno circular. En la moda ya está todo prácticamente inventado. Creo que desde los locos y estrambóticos ochentas no ha salido nada nuevo, y llevamos casi treinta años a puros *revivals*. Entonces, ¿cómo hacer para que sigamos comprando, consumiendo y gastando? Muy sencillo: con las tendencias. Ahora se llevan las rayas marineras, ahora ya no, ahora se llevan los *jeans* de campana o *bell bottom*, ahora ya no. Ahora se llevan los zapatos de plataforma, ahora ya no. Con ese «ahora sí, ahora no» que predican las revistas, los blogueros y los anuncios (todos pagados por la industria de la moda), lo único que logran es crearnos una necesidad que no teníamos: tengo que comprarme unos *bell bottoms* si quiero estar a la onda, tengo que comprarme un bolso de estampado animal si quiero verme moderna. La necesidad ya está inventada, y todos la sentimos. Si no estás *trendy* significa que estás *out*, estás fuera de la jugada. Yo te digo: puedes estar *out* y todavía verte *in*, si usas tu inteligencia y tu independencia. Aquí te van dos consejos para que puedas seguir las tendencias sin endeudarte ni dejar que te coman el coco:

1. Capricho no es necesidad. Antes de gastar, recuerda que una tendencia es un capricho, no una necesidad. No «necesitas» esos zapatos, simplemente «deseas» esos zapatos. ¿Tienes dinero para un capricho? Si no lo tienes, no te los compres con el presupuesto que tienes apartado para «necesidades». Al final de cuentas, te estás haciendo un regalo.

2. Si compras tendencia, compra siempre lo más barato. No gastes mucho en tendencias pasajeras que no sabes si te las vas a poner más de una vez. Además, cuando algo es *trendy,* todas las marcas, caras o baratas, te ofrecen el mismo *look,* así que vete y compra esa prenda que te gusta en la tienda más barata. Al final del día, nadie se va a dar cuenta. Ahora, si planeas comprar ropa básica que vas a usar por mucho tiempo, como por ejemplo unos buenos *jeans,* o el clásico vestido negro, ahí puedes gastar más dinero porque es una inversión a largo plazo. Con el tiempo, esa prenda de calidad se convertirá en el sello personal del que te hablaba, y te ayudará a crear tu propio estilo. Y recuerda que el estilo no lo compra el dinero, sino tu visión de crear tu propia identidad.

BOLSO Y ZAPATOS: LOS NUEVOS DIAMANTES

El bolso y los zapatos se han convertido en la posesión más preciada. ¿Gracias a quién? Al bendito *marketing.* Los zapatos y el bolso son los nuevos diamantes. Antiguamente, en el tiempo de nuestras abuelas, eran las joyas de verdad las que marcaban la diferencia: oro, perlas, piedras preciosas. Esas piezas vestían a la mujer y dictaban la clase y el estatus al que pertenecía. Hoy en día, si no llevas unos Louis Vuitton y un bolso Hermes, no eres nadie. Obviamente que para mí esta regla no aplica. Conozco grandes mujeres que salen de casa con unas zapatillas Converse y una bolsa de playa de paja, y todo el mundo las mira y les aplaude su *look*. Aunque si me das a elegir entre bolso o zapatos, yo me inclino a que gastes más en el bolso. La bolsa, bolso o cartera es un gran complemento en el que vale la pena que inviertas un poco más. Un bolso de buen material, que no tiene que ser necesariamente de una marca cara, jamás pasa de moda, y siempre lo podrás admirar. Es un complemento o accesorio que cargas en tu mano, lo dejas sobre la mesa, y luce mucho. En cambio, gastar en zapatos muy caros es tirar el dinero. Si lo analizas, los zapatos sirven para pisar suelos sucios y banquetas con caca de perro. ¿Por qué querrías poner por los suelos quinientos dólares? Además, te sudan los pies, y se llenan de polvo. Y para colmo, la tendencia de los zapatos es la que más rápido cambia. Hoy están de moda, mañana los arrinconas. Y los zapatos clásicos, de los que puedes usar toda la vida, se ven de abuelita y nunca te los pones. Insisto en mi recomendación: gasta poco en zapatos, intenta que sean cómodos y vayan con tu *look* (sea cual sea el *look* que elegiste), y guarda el dinero que antes las abuelas se gastaban en diamantes para comprarte un buen bolso, y hazlo tu fiel compañero. Eso te dará clase.

Para finalizar con los zapatos, solo añadiré que ese refrán de «para presumir hay que sufrir» yo excluiría los pies, porque solo tienes dos para caminar el resto de tu vida. Los zapatos no deben dañarte los pies, mejor trátalos con cariño y no los hagas sufrir.

ERRORES AL ENTRAR EN UNA TIENDA

Entramos a las tiendas como ovejitas indefensas en la boca del lobo. Entramos a las tiendas sin pensar, sin estar preparados mental ni psicológicamente. Y por eso, muchas veces, esa aventura que tendría que resultar placentera y divertida, termina estresándonos y haciéndonos sentir mal, culpables, o insatisfechos. Aquí te digo los errores que cometemos para evitar que la fiesta no termine en tragedia:

3. El primer error es seguir la moda. Te guste o no te guste, te quede bien o te quede mal, si ves que las rayas marineras están de moda, tú te compras una camiseta y un vestido blanco y azul marino. Luego, no te lo pones, y dinero tirado. Cuando entres a una tienda, simplemente no mires qué te pusieron en el maniquí del escaparate, no dejes que te dicten qué vas a comprar. Entra, camina, revuelve, mira, y elige lo que te guste, así saldrás satisfecha y no tendrás la sensación de que malgastaste tu tiempo y tu dinero. De la moda, lo que te acomoda, no lo que te dicten.

4. El segundo error al ir de tiendas es comprar como si compraras para alguien más que no eres tú. Tienes que ser realista, no estás comprando para Thalía ni para Kim Kardashian ni para Salma Hayek, aunque te fascinen sus *looks*. Compra contigo en mente, pensando en tu imagen y tu cuerpo, o no te saldrá bien la jugada. Porque le quede bien a Salma, no significa que te vaya a quedar bien a ti. De igual manera, si Salma se metiera en tu armario, tampoco le lucirían muchas de tus prendas que a ti te quedan fantásticas.

5. Y el error más grande a la hora de abrir la cartera es pensar que el dependiente o la dependienta que te está vendiendo la ropa es tu estilista, aconsejándote qué llevarte y qué te queda mejor. JAMÁS confíes cien por ciento en esa situación. Recuerda que es un vendedor haciendo negocio, y su trabajo es vender cuanto más pueda, y hacerte creer que te está aconsejando con el corazón, no con la caja registradora. A un vendedor trátalo como lo que es, con respeto, y sabiendo en todo momento que es un vendedor, para que no se ponga a jugar contigo al «estilista amigo».

GUERRA A LA LICRA

La licra es una de las telas más baratas de producir en el mercado, y no importa la talla que seas, siempre cede y te queda, así que como negocio y como *marketing* es infalible, es la mejor opción... ¡para la industria, no para ti! Como te dije, dime dónde vas y te diré cómo vestirte, y la licra es una tela que solo puedes llevar a ciertos eventos. También, recuerda que, la manera cómo te vistes está lanzando mensajes al mundo. La licra, por la forma en la que marca tu silueta (y hasta la goma del calzón), conlleva un mensaje muy sexual, que no tiene nada que ver con la moda o el estilo. La cultura del sexo en la que vivimos se manifiesta en esa licra, y en cómo posamos en las fotos, o cómo las celebridades van a una alfombra roja. Hace veinte años, ver a una celebridad con licra en un evento de gala era impensable. Ahora, la atracción sexual es un accesorio más, que se lo ponen a todas horas. De ti depende si quieres ponerte licra a todas horas también. Estás en tu derecho. Solo que luego no te quejes si te malinterpretaron, o no supieron leerte bien. La licra deja hablar a tus curvas por ti, y a veces, tus curvas no tienen la razón. Mi consejo final: no pienses que la licra es tu mejor amiga; porque te apriete por todos los lados no significa que te haga ver bien.

LOS BENDITOS TACONES

El tacón sigue siendo el mejor aliado de la mujer, seas alta o bajita. Las cosas estilizadas siempre lucen mejor, es cuestión de estética. Un edificio de treinta pisos impresiona más que uno de diez. De igual manera, el tacón te añadirá seguridad, clase y estilo. Sin embargo, hay que saberlo llevar y combinar, porque si no, te puede arruinar tu *look*. Regla número uno: tienes que saber andar en tacones. No hay nada más penoso que ver a una mujer caminar con apuros. Si, por ejemplo, lo tuyo no son los delgados y afilados *stilettos*, elige un tacón más cómodo y más bajo. Hay muchas clases de tacones, y no solo los de aguja son sexis. Lo que es sexi en el tacón no es su forma, sino que te da seguridad en ti misma. Regla número dos: si nada más probarte ese zapato de tacón en la tienda no te resulta supercómodo, no te lo compres. Así de claro. Y ahora que sabes mis dos secretos sobre zapatos de altura, disfruta de tus tacones y «pisa con garbo», como dice una de las coplas que cantaba mi abuela.

LA BATALLA DE LAS TALLAS

Este es uno de mis más grandes secretos: las tallas. No todos estamos hechos con un mismo patrón, y no todos somos la misma talla seis ni la misma talla cuatro. Por eso nunca entenderé que nos vistamos con ropa fabricada en masa y para las masas. No todas las que son talla ocho tienen las mismas caderas ni los mismos hombros, pero desde que se inventó el *pret a porter* se acabó la individualidad.

Si me preguntas cuál es el mayor secreto de toda la gente con estilo que conozco, te responderé que lucen como lucen porque visten «a la medida». Simplemente se compran la ropa un poco más grande y la envían a ajustar a su cuerpo. El reto aquí es encontrar un buen sastre o costurera, y que con el tiempo termine conociendo tu cuerpo al milímetro, y te arregle toda la ropa que te compres. Por supuesto esto te va a salir más caro, por eso te recomiendo que siempre, cuando vayas a comprarte una prenda, tengas un dinerito extra para que te quede perfecta. Además, cuando nos vestimos con las medidas estándar de las tiendas, nunca salimos satisfechos, los gordos por gordos, los flacos por flacos, las que tienen mucho busto por las que tienen poco. Y eso nos hace querernos menos y juzgarnos muy duro. Si llevas la ropa a arreglar y ajustar, te vas a sentir más tú, y menos un número colgado en una percha.

EL CABELLO

El cabello es el marco que Dios te dio para realzar tus facciones. Por eso es tan importante y gastamos tanto tiempo y dinero en cuidarlo y estilizarlo. Y te voy a recodar una cosa: yo soy peluquero y he tenido un salón. Eso es un negocio, mientras que tu pelo es tu imagen. Así como te dije que el dependiente que te vende ropa en la tienda no es tu mejor amigo, ni tu estilista personal, te digo con honestidad que tu peluquero también vela por su negocio. Por lo tanto, vas a tener que ser tú y solo tú quien tome las decisiones para mantener un cabello sano. El problema es cuando tu pelo se convierte en un circo que llama la atención constantemente por tanto cambio de estilo. Te aconsejo que tu cabello sea solo un complemento para realzar las facciones de tu cara, y no permitas que sea el protagonista de toda tu imagen. El marco no se debe robar el ojo cuando estamos mirando una obra de arte.

Una vez estaba con Diana Jiménez, la mamá de Salma Hayek (¡cómo adoro a esa madre dulce y poderosa!), y me contó algo muy interesante. Diana me explicó que, en nuestra juventud, el pelo es grueso y brillante para que podamos lucir esas melenas frondosas y largas, típicas de anuncios de champú. Conforme vamos envejeciendo, el cabello va perdiendo esa fuerza, por eso lo vamos cortando, y nos inclinamos más por cortes de media melena, *bob* o estilo *garçon*. Luego llegan las benditas canas, primero alrededor de la cara, para darle luz a las arrugas y suavizarlas, y seguimos perdiendo espesor, por eso tenemos que seguir cortándolo y manteniéndolo en estilos más conservadores. Diana me hizo ver, con esta explicación tan sencilla, que nuestro cabello tiene un ciclo de vida y, por lo tanto, nuestro estilismo también. No nos debería dar miedo a cambiar el *look* de nuestro cabello con la edad. Las extensiones, los tintes, las mil técnicas de cortar el cabello, no siempre son para tu beneficio, sino parte de un negocio. Úsalos a tu conveniencia, pero no pienses que van a frenar ese ciclo de la vida. Como mucho, lo van a hacer un poco más lento, pero jamás lograrás detener el paso de los años. Por eso siempre te diré: cuida tu cabello, no lo modifiques ni castigues mucho, busca un estilo cómodo que vaya con cada etapa de tu vida, y no te lo cambies muy a menudo. Eso de cambiar de estilo con cada estación del año es una tontería, porque es puro *marketing*. Tu cabello no es un vestido de quita y pon, sino esa firma personal de la que te he hablado, que necesitas para crear estilo y personalidad.

Y un último consejo: no te tiñas el pelo si no es necesario. El tinte se inventó para cubrir canas, no para transformarte en alguien que no eres.

MAQUILLAJE

El maquillaje es el mejor amigo de la simetría, y la simetría es la mejor amiga de la perfección. Ahora te voy a explicar por qué te cuento esto:

El maquillaje no es para transformarte en otra persona, a no ser que seas mi querida Leslie que trabaja imitando a artistas. El maquillaje no debería ser tampoco una máscara tras la cual ocultarte. El verdadero objetivo del maquillaje es crear una ilusión de simetría en tu rostro, pero sin transformarlo. Subir un poco esa ceja, rasgar un poco más el otro ojo, todo para crear ese efecto de simetría, equilibrio y armonía. El maquillaje sirve para crear la mejor versión de tu cara, pero sin que deje de ser tu cara. Un buen maquillaje, cuando te lo quitas, te tiene que dar la sensación de que todavía te gustas. Si después de limpiarte el rostro con una toallita desmaquilladora, no te agrada lo que ves en el espejo, y no te reconoces, es señal de que te estás maquillando demasiado. Si tienes miedo de que el amor de tu vida se enamore de ti con maquillaje y te deje cuando te desmaquilles, estás rozando el transformismo. Amo a las travestis y a todos los transformistas, pero ellos tienen claro que es parte del *show* y del escenario. Si te amas con dos toneladas de maquillaje, difícilmente te vas a poder querer con el rostro desnudo. Mejor, quiérete como decía Manolo Escobar en otra de las famosas coplas que escuchaba mi abuela: «... con la cara lavada y recién peiná, niña de mis amores qué guapa estás».

EL MEJOR PIROPO

¿Cuál crees que es el mejor piropo que te han dedicado? ¿Guapa? ¿Sexi? ¿Qué ojos más bonitos tienes? Deja que te cuente que el mejor halago que te pueden dar es: «Te ves fantástica, ¿qué te has hecho?». Ese misterioso «qué te has hecho» es la señal de que vas por buen camino con tus *looks* y tu estilismo.

Si te dicen «qué zapatos tan divinos llevas», o «qué pelo tan bonito», o «qué maquillaje tan espectacular», estás fallando. Cuando solo una parte de tu vestuario o de tu cuerpo resalta, estás desviando la atención. La magia está en que te digan «guau, qué bien te ves» y ni sepan por qué te lo dicen.

Por ejemplo, yo tenía una conocida que se ponía una sombra de ojos azul intenso todos los días. Era imposible no mirarla de lo espantoso y llamativo que era ese azul. Aún no me había quitado yo mis legañas en la mañana y ella ya estaba con su dichosa sombra azul. Un día, me armé de valor y le dije:

—Tienes unos ojos muy bonitos, pero como te pones siempre esa sombra tan llamativa, no te lucen. Deberías de probar un maquillaje de otro color de vez en cuando.

La mujer se molestó y me dejó de hablar automáticamente. Al cabo de unos días, le envió un texto a nuestra amiga en común, María. El mensaje decía: «Qué envidioso tu amigo Jomari, nadie me había dicho eso en la vida. ¡Al revés! Todos los días la gente me chulea mi sombra de ojos».

De esta experiencia aprendí que todos necesitamos atención al precio que sea, que vivimos en una sociedad muy hipócrita en la que casi nadie se atreve a decirte la verdad, y que para ser honesto con alguien tiene que haber cariño y verdadera amistad de por medio, sino te mandarán a volar en cuanto les des tu sincera opinión. La gente rara vez quiere que seas honesto, lo único que buscan es que apruebes sus *looks*. Y, por último, también aprendí que los que te rodean, cuando no les gusta algo de lo que llevas, te lo presumen para disimular que no puedan quitarle ojo. «Oh, qué bonita corbata». Le dijo una vez un amigo mío a un señor que pasó con una corbata de lunares de colores que parecía de Micky Mouse. Cuando le pregunté por qué dijo eso, me contestó: «Para disimular, porque me quedé mirando la corbata tan horrible y temí que el hombre se diera cuenta de que la miraba por lo fea que era».

Por eso, el resumen está claro: la gente se olvidará de tu maquillaje o de esos zapatos caros, de tu pelo lleno de extensiones o de tu pestaña postiza, pero nunca olvidarán cómo se sintieron cuando los mirabas, cuando los atendías, y les mostrabas quién eres. Al final de cuentas, si te lanzan el piropo de «qué te has hecho que luces tan bien», date por satisfecha. Eso es que sintieron tu alma bella, porque la belleza es el alma.

Gracias, abuela.

Dosis de Jomari *Love*

C on esta última sección, quiero compartir algunos de los pensamientos locos, sensatos, acertados o descabellados que han ido tomando forma mientras escribía este libro y recapacitaba sobre mi propia vida y sobre aquellos que amo. Son pensamientos sueltos, revoltosos y rebeldes, como me gusta ser a mí.

Son pequeñas dosis de Jomari *Love* que espero te surtan algún efecto, o como mínimo, te pongan a pensar. Piensa y ama con el mismo cariño que yo te escribo esto.

TU PROPIA HISTORIA DE AMOR

La vida es una película en la que tú eres el protagonista de tu propia historia de amor. Como en toda gran historia de amor, vas a pasar momentos oscuros, crisis, y muchos «sube y baja» en esa lucha por amarte. Pero en esta clase de películas, el protagonista siempre termina queriéndose un poco más de lo que se quería al inicio. La pregunta es ¿cuánto más te vas a querer, y cuánto más te vas aceptar cuando salgan las letras *The End* en la pantalla?

QUÉ BONITO SOY, CUÁNTO ME QUIERO

Quien me dice que se quiere y se ama y se adora al cien por cien, yo le respondo: cuando despiertes de tu fantasía ven y cuéntame la verdad. Jamás nos vamos a querer en nuestra totalidad. Nos olvidamos de que nuestra propia naturaleza de ser humano nos hace imperfectos, y ahí reside nuestro conflicto: una mente que busca desesperadamente la perfección atada a un cuerpo que es bello precisamente por imperfecto. Nuestro mayor atributo es la imperfección.

PASADO, PRESENTE, FUTURO

Del pasado lo único que queda son los recuerdos, y muchas veces nos pasamos el presente intentando olvidarnos de ellos. Del futuro no te diré nada porque simplemente no existe.

ESCUELA DE LA VIDA

La vida la tienes que vivir sabiendo que es como un aula de colegio. En esta escuela de la vida, tu maestro es Dios, y no importa qué nombre le pongas, es el mismo Dios y maestro para todos tus semejantes. Este Maestro siempre va a tener tu mejor interés presente, aunque a veces no lo veas claro. No siempre se ve bien el pizarrón desde atrás del salón.

SUEÑA Y DEJA SOÑAR

Los que no nos dejan soñar, muchas veces es porque nos aman, y nos quieren proteger de una dolorosa caída. Es impresionante cómo creemos que la forma de proteger a nuestros hijos, hermanos o amigos es aconsejándoles que no arriesguen nada. La realidad es que el que no arriesga, no gana (sabio refrán de las abuelas). Sueña y deja soñar.

BAÑO DE HUMILDAD

La humildad me parece el tesoro más grande en un ser humano. Muchas veces es confundida con la pobreza. Una de las cosas que nos hace perder la humildad (aparte del dinero y del poder) son las clases sociales, que a mí me parecen la cosa más estúpida que el hombre ha inventado. Cuídate del orgullo que te genera el dinero, el poder, la clase social en la que naciste, e incluso la raza o la nacionalidad, porque son mentiras que te alejan de nuestra única gran verdad: la humildad de saber que todos somos iguales.

ROMPE EL MOLDE

Me identifico con la gente que intenta ser única, diferente a lo establecido, aunque eso a veces parezca ir contra la corriente. Para mí, aquellos que prefieren «encajar» en lo establecido, aunque eso les cueste su esencia y su identidad, me parecen locos que desperdician esta gran y única oportunidad que se llama ser diferente.

RÍETE DE TUS DEFECTOS

Cuando te ríes de los defectos que los demás ven en ti, estos dejan de ser defectos y pasan a ser virtudes. Mi terapia siempre ha sido chillar a los cuatro vientos los defectos y fallas que a la sociedad le molestan de mí. Grito todo aquello que también me da miedo de mí, que me genera inseguridad, en lugar de ocultarlo. Cuando dices las cosas en voz alta pierden fuerza ante los demás, porque les muestras que no son importantes para ti. Todo lo que ocultas te destruye.

LA VIDA ES UN CÍRCULO PERFECTO

Todo en la vida es circular, y nada desaparece para siempre. Como un *boomerang*, todo lo que se va de tu vida regresa en algún otro momento, aunque solo sea para pedir perdón, cerrar capítulos o pasar factura.

LA MAGIA DE SOÑAR

Los sueños en sí son mentira, son una fantasía, y muchas veces no se cumplen. Pero eso no le quita la magia al soñar, porque soñar te da la fuerza, te regresa la fe necesaria para llegar a un destino fabuloso, que no tiene por qué ser ese mismo con el que soñabas. Así de mágico es soñar: nunca sabes dónde te va a llevar.

AMA TUS CICATRICES Y NO LAS OCULTES

Tus cicatrices son tu mejor tesoro. Todo tiene una lección y esas cicatrices en tu alma son el recordatorio para que no olvides que eso ya lo aprendiste. Cuando ocultas esas marcas y pretendes que todo es perfecto, te conviertes en un ser más vulnerable. Muestra tus heridas sin temor, porque le demostrarás al mundo que eso ya lo superaste. Solo los guerreros que triunfan están llenos de cicatrices.

LA ENERGÍA ES FUERZA

Imagínate que todo lo que ves, percibes y sientes es energía. El secreto siempre es saber leer esa energía. Tienes que interpretarla para decidir cuándo irte, cuándo quedarte y cómo reaccionar. Olvídate de que existen los idiomas y ten presente que el único lenguaje que te va a salvar es el de las energías. Escúchalas, porque son las verdaderas voces del universo. El sexto sentido es precisamente el que te ayudará a entender este lenguaje de las energías del que te hablo.

RECUERDOS PELIGROSOS

Nos hemos acostumbrado a vivir de los recuerdos, y los recuerdos no nos dejan vivir el presente.

CADA VEZ...

Cada vez que le dices no a un amigo que sabes que te está usando, es señal de que te quieres un poco más.

Cada vez que dejas una pareja porque no te valora como te mereces, estás caminando en la dirección correcta.

Cada vez que algo te duele es porque estás creciendo.

Cada vez que te sientes incómodo es porque estás madurando.

Cada vez que exiges tus derechos, te haces más fuerte.

Cada vez que gritas quien eres, aunque nadie te escuche, estás purificando tu alma.

Cada vez que te caes y te levantas estás triunfando.

Cada vez que lloras estás sanando por dentro.

Cada vez que piensas estás viviendo.

Todo es una prueba de resistencia. ¿Hasta cuándo
vas a aguantar?

ACERCA DEL AUTOR

Experto de moda y belleza, presentador a la vez que humanitario. Jomari Goyso comenzó en Primer Impacto con su popular segmento "A la Moda con Jomari" y el famoso "Jomari *Love*" con el que fue nominado a los Emmys en el 2015. Inició en el mundo del estilismo a la edad de 16 años en su tierra natal, España. Reconocido internacionalmente en el mundo de la moda, por sus manos han pasado celebridades como: Penélope Cruz, Salma Hayek, Naomi Campbell, Demi Moore, Kate del Castillo, Kim Kardashian, Morgan Freeman, Kendall and Kylie Jenner, Celine Dion, entre muchas otras. Ha trabajado para revistas como *Vogue*, *Elle*, *Harper's Bazar*, *Cosmopolitan* entre otras muchas. En el 2016 ganó el METROPOLITAN FASHION AWARD como el mejor comentarista de moda en la televisión de USA. Fue copresentador de "Sal y Pimienta" por 2 años consiguiendo importantes exclusivas y recibiendo en el 2015 el premio TVyNOVELAS como presentador revelación del año, premio otorgado por el público. Uno de sus roles más importantes fue como juez de "Nuestra Belleza Latina" en el que fue nombrado por los televidentes como "La voz del pueblo" por su manera única y contro-versial de hablar de belleza.

En sus segmentos semanales de "Jomari *Love*" en Primer Impacto se dedica a ayudar a las mujeres a comenzar de nuevo, transformando la manera en que se ven a sí mismas y reforzando su autoestima. En sus propias palabras, una "transformación emocional que empieza en tu interior y se ve en tu exterior".

En el 2018 se convierte en el experto de belleza y moda de Univisión al anunciar un nuevo segmento en El Gordo y La Flaca que permitirá complementar su exitosa carrera junto a Primer Impacto.